Waris Dirie

Nomadentochter

Waris Dirie
und Jeanne D'Haem

Nomadentochter

Deutsch von
Theda Krohm-Linke

Blanvalet

Die amerikanische Originalausgabe erscheint unter dem Titel
»Desert Dawn« bei Warner Books, New York.

Umwelthinweis:
Alle bedruckten Materialien dieses Taschenbuches
sind chlorfrei und umweltschonend.

Der Blanvalet Verlag
ist ein Unternehmen der Verlagsgruppe Random House

14. Auflage

Satz: Uhl + Massopust, Aalen
Druck und Bindung: GGP Media, Pößneck
ISBN 3-7645-0138-3
www.blanvalet-verlag.de

Ein Mann kam zum Boten Gottes und sagte: »O Bote Gottes, wer hat meine Freundschaft am meisten verdient?« Der Prophet sagte: »Deine Mutter.« Der Mann fragte: »Und wer danach?« Der Prophet sagte: »Deine Mutter.« – »Wer danach?«, fragte der Mann wieder. Der Prophet sagte: »Deine Mutter.« – »Und wer dann?«, fragte der Mann. »Dann dein Vater.«

(Somalische Überlieferung des Propheten Mohammed)

1

Wüstenträume

In Somalia sind Teufel weiß. Wir nennen sie *djinn*, und sie lauern überall. Einfach überall! Sie kriechen in Menschen und Tiere, verursachen Krankheiten, spielen ihnen Streiche und machen sie verrückt. Wenn du etwas irgendwo hinstellst und es ist auf einmal nicht mehr da, dann weißt du, ein *djinn* steckt dahinter. Meine Mutter hat ihnen immer zugerufen: »He! Teufel! Geh von meinen Sachen weg! Sie gehören dir nicht, du bist hier nicht erwünscht!« Dann hat sie mir gezeigt, dass man sich abwenden muss und am besten etwas anderes tut; wenn der *djinn* weg ist, findet man das Verlorene bald schon wieder. Meine Mutter wusste alles über *djinns* und wie man sie loswird. Sie kannte viele Zaubersprüche und Rezepte, mit welchen Blättern oder Rinden man den *djinn* vertreiben konnte, wenn man krank war. Sie sammelte Pflanzen, kochte Wurzeln oder gab sie uns roh zu essen. Besondere Blätter und Pilze verwahrte sie in Lederbeuteln. Im Rauch und in den Sternen konnte sie lesen und wusste stets den richtigen Zeitpunkt. Wegen ihrer magischen Kräfte wurde sie hoch geachtet, und die Leute brachten kranke Tiere zu ihr – ich erinnere mich gut daran aus der Zeit, als ich ein kleines Mädchen war.

Ich wurde in der somalischen Wüste geboren, und ich weiß nicht, wie viele Kinder meine Mutter auf die Welt gebracht hat. Denn viele Babys starben gleich nach der Geburt. Wie die meisten Somalis besaßen wir Kamele und Ziegen und lebten von deren Milch. Traditionsgemäß hüteten meine Brüder eher die Kamele, und wir Mädchen kümmerten uns um die kleineren Tiere.

Eines Tages, als ich seit ungefähr acht *gu*, also Regenzeiten, auf der Welt war, hütete ich, nicht weit vom Lager meiner Familie entfernt, unsere Ziegen. An diesem Morgen war ich über die steilen, sandigen Ufer des *tuug*, des trockenen Flussbetts, zu einem Platz geklettert, den ich am Tag zuvor entdeckt hatte. Dort gab es frisches Gras und ein paar Akazienbäume. Die größeren Ziegen richteten sich auf den Hinterbeinen auf und zogen die Äste herunter, sodass sie an den unteren Blättern knabbern konnten. In der Regenzeit weiden die Ziegen rings um das Lager, ohne dass man viel Scherereien mit ihnen hat; aber während der Dürreperiode muss man Grasflecken finden und auf sie aufpassen, weil dann auch die anderen Tiere hungrig sind. An diesem heißen Nachmittag saß ich im Schatten, sang und spielte mit den Puppen, die ich mir aus Stöckchen gebastelt hatte. Seit eh und je wusste ich, was ich werden wollte. Schon als kleines Kind hatte ich feste Vorstellungen. Auch mein künftiger Mann stand mir klar vor Augen. Ich spielte, dass ich ein Haus besaß. Kleine Steine waren meine Ziegen und größere waren Kamele und Rinder. Mein Haus war groß und rund. Mit nassem Sand ging es am besten, weil ich es dann genauso formen konnte wie unsere Hütte – nur dass meines besser war, weil ich es selbst gestalten konnte. Meine Mutter baute unser Haus aus Matten, die sie aus langen Gräsern flocht, sodass es schnell abgebaut und auf die Kamele verladen werden konnte, wenn wir weiterzogen. Mein Spielhaus war so sicher und schön wie ihres, mit einem Ehemann und Kindern. Wir lebten weit weg von meiner Familie.

Unter der Mittagssonne schien alles zu erstarren. Ich konnte in beide Richtungen des sandigen *tuug* schauen. Am Abend zuvor hatte ich auf dem Weg zurück ins Lager die bösen gelben Augen eines Hyänenrudels gesehen, die mich und die Ziegen beobachteten. Obwohl mein Vater gesagt hatte, sie kämen nicht näher, solange ich da wäre, hatte ich Angst. Sie sind gerissen, und wenn man sie nicht scharf im Auge behält, dann schnappen sie sich eine der Ziegen, während man auf die anderen achtet. Man muss sich groß und furchtlos geben, denn wenn sie Angst spüren, lassen sie einen nicht in Ruhe.

Whitey, die Lieblingsziege meiner Mutter, schaute hoch und witterte, deshalb sah auch ich mich um. Ein Mann kam am Rand des *tuug* entlang und zog an einem geflochtenen Strick ein Kamel hinter sich her. Für gewöhnlich folgen Kamele einem Leittier, das eine hölzerne Glocke trägt. Sie bimmelt hohl, und die anderen gehen einfach einzeln hinterher, in einer Reihe wie Elefanten – wobei sie sich am Schwanz des Vorgängers festhalten. Dieses ulkige Kamel zuckte und drehte sich auf eine merkwürdige Art zu einer Seite. Es wehrte sich nicht, sondern zitterte und hatte Schaum vor dem Maul. Ab und zu blieb es stehen. Das Tier war zweifellos von einem *djinn* besessen, ein Teufel steckte in seinem Leib. Ich sah zu, wie der Mann das arme Ding am Hang entlang hinter sich herzerrte. Plötzlich brach es zusammen. Er schrie und brüllte es an, es solle wieder aufstehen. Wild schlug er mit einem Stock auf seinen Bauch ein, aber das Kamel lag nur heftig zuckend im Sand. Ich glaubte zu erkennen, dass es eine *hahl*, ein schwangeres Weibchen war, ein wertvolles Tier. Der Mann setzte sich hin und barg den Kopf in den Händen. Es überraschte mich, einen erwachsenen Mann im Schmutz sitzen zu sehen. Nomaden bleiben immer stehen, und wenn sie sich ausruhen, heben sie einen Fuß an den anderen Schenkel und hängen die Arme über einen

Stock über den Schultern. Manchmal hocken wir Frauen uns hin, aber Männer sitzen niemals auf der Erde. Auch geschlagen hatte hier noch keiner ein Kamel. In meiner Familie erachtete man Kamele als wertvoll. Mein Vater und meine Onkel waren streng mit unserer Herde; aber sie schlugen die Tiere nur wegen Eigensinn und Ungehorsam. Kamele können gemein sein, und ich hatte früh gelernt, mich vor ihren Tritten und Bissen in Acht zu nehmen.

Ich versteckte mich, damit er nicht merkte, dass ich ihn beobachtete. Vielleicht würde er auch mich schlagen. Am liebsten wäre ich nach Hause gerannt und hätte es meiner Mutter erzählt; aber ich wagte es nicht, die Ziegen allein zu lassen. Mein Vater würde außer sich sein vor Wut und mich verprügeln, wenn die Tiere davonliefen oder eine Hyäne sich eins schnappte. Also stand ich still wie eine Babygazelle hinter einem Busch und wagte kaum zu atmen.

Schließlich hörte die *hahl* auf zu zittern. Sie blickte sich einen Moment um und schien erst jetzt zu merken, dass sie auf dem Boden lag. Zuckend zog sie ihre Beine unter den Bauch und erhob sich. Zwar war sie so anmutig wie die meisten Kamele, aber Schaum und Geifer tropften ihr aus dem Maul. Auch der Fremde stand auf – fast so, als hätte er das schon viele Male mitgemacht – und zerrte sie weiter. Sie schleppten sich den *tuug* hinunter und an der anderen Seite wieder hoch, auf unser Lager zu. Bestimmt machte er sich große Sorgen um sein krankes Kamel; denn wenn es starb, würde er das Fohlen auch verlieren.

Länger als ich denken konnte, war es heiß und trocken gewesen. Ich wusste, dass meine Eltern sich Sorgen machten, obwohl sie nichts sagten. Wir hatten nicht viel Wasser, weil auch die Wasserlöcher im *tuug* immer mehr austrockneten. Schon ein paar Mal waren wir weitergezogen, um Wasser für die Tiere zu finden. In der Nacht war ein neu geborenes

Kamelfohlen gestorben. Mein jüngerer Bruder, den wir Alter Mann nannten, weil seine Haare sehr früh weiß wurden, hatte es am Morgen gefunden. Alter Mann schien immer alles vor den anderen zu wissen, obwohl er noch so klein war. Mein Vater stubste das winzige Ding an, das nur aus Beinen und Hals bestand, und blickte zum wolkenlosen Himmel. Wenn es trocken war, sah er immer zum Himmel und betete zu Allah um Regen. Wir konnten das Fleisch nicht essen – weil es für uns als Muslime unrein ist, ein Tier zu essen, das nicht auf die richtige Art geschlachtet wurde. Die Geier kreisten schon so niedrig, dass ihre langen Flügel Schatten warfen, wenn sie über unsere Köpfe flogen. Ich erinnere mich noch gut an das Geräusch des heißen Windes und das leise Murmeln meiner Mutter, die betete.

Meine Mutter versäumte ihre täglichen Gebete nie, ganz gleich, wie verzweifelt die Lage war. Wenn man krank ist, muss man nur dreimal am Tag beten statt fünfmal, und man muss sich auch nicht zu Boden werfen; aber meine Mutter betete unbeirrt immer fünfmal. Bevor Moslems beten, waschen sie sich, damit sie sauber und rein sind, wenn sie mit Gott sprechen. *Allah, möge diese Waschung meine Seele reinigen…* Wir hatten kaum genug Wasser, um am Leben zu bleiben oder die Tiere zu tränken, also gab es keines zum Waschen. Wenn Mama kein Wasser fand, wusch sie sich mit Sand. Fünfmal am Tag grub sie den Sand unter einem Busch aus, an einer Stelle, über die noch niemand gelaufen war. Sie wusch sich damit die Hände wie mit Wasser, rieb es sich durchs Gesicht und über die Füße. Dann rollte sie ihre gewebte Gebetsmatte nach Osten aus, in Richtung der heiligen Stadt Mekka, kniete nieder und betete. *Es gibt keinen Gott außer Allah, und Mohammed ist sein Prophet…* Da wir keine Uhr besaßen, teilten wir die Zeit durch die täglichen fünf Gebete ein.

Wenn meine Mutter mit ihrer religiösen Verrichtung fertig war, rollte sie ihre Matte wieder ein und legte sie in unsere runde Hütte. Sie baute sie selbst mit den langen Wurzeln des *galol*-Baums. Die biegsamen Wurzeln grub sie aus und bog sie zu einer Kuppel. Darüber kamen die Matten, die sie aus Gräsern wob. Meine Mutter war diejenige, die die ganze Arbeit in der Familie erledigte. Sie kochte das Essen, nährte die Säuglinge, baute das Haus, wob die Matten, auf denen wir schliefen, und fertigte Körbe und Holzlöffel an. Sie war die Köchin, die Baumeisterin, die Ärztin und meine einzige Lehrerin. Meine Mutter sagte nichts zu dem toten Kamelfohlen, sie fuhr einfach in ihrem Tagwerk fort. »Gott helfe uns, dass die Ziegen heute Morgen Milch geben«, sagte sie. Das tat sie jeden Tag, wenn wir die Ziegen und die Kamele molken. Meine Mutter konnte gut mit Tieren umgehen – sie blieben ganz ruhig stehen, wenn sie sie berührte. Ich musste immer den Kopf des Tieres zwischen meine Beine in mein Kleid stecken und mich über seinen Rücken beugen, damit es nicht austrat oder in den Eimer schiss, wenn ich versuchte, es zu melken. Aber alle Tiere liebten es, neben ihr zu stehen und ihre seidigen Zitzen von ihr berühren zu lassen. Mutter war immer zu Scherzen aufgelegt und sang bei der Arbeit.

Whitey hatte an diesem Morgen die meiste Milch gegeben, und Mutter teilte sie für uns auf. Sie blickte meinem Vater direkt in die Augen, was sie selten tat, und als sie ihm ihre Schüssel Milch reichte, hielt sie seine Hände einen Moment lang fest. Mein Papa war so stark, dass er unsere größte Ziege hochheben konnte. Er war ein Darod. Die Darod sind der größte und stärkste Stamm in ganz Somalia. Mit Spitznamen heißen die Darod *La'Bah*, Löwen. Er war größer als jeder andere Mann, den ich kannte, und seine Augen waren so scharf, dass er schon von weitem eine weibliche Gazelle von einer männlichen unterscheiden konnte. Ich ahnte, dass er gut aussah, denn die Frauen gaben sich immer große Mühe, seine Aufmerksamkeit zu gewinnen.

Der Fremde führte das Kamel in unser Lager. Leider konnte ich ja die Ziegen nicht allein lassen; aber ich wollte schrecklich gerne wissen, was mit dem Griesgram und seinem merkwürdigen Kamel los war. Plötzlich sah ich Alter Mann am anderen Ufer des *tuug* entlangschlendern. Er sammelte Holz.

»Komm her, *calli*«, rief ich ihm zu und winkte. Warum sammelte er wohl jetzt Brennholz?

»Was ist los?«, schrie ich.

»Mutter will ein größeres Feuer«, erklärte er. »Ein Vetter hat ein krankes Kamel gebracht, damit sie es wieder gesund macht.« Alter Mann hatte ein süßes Gesicht unter seinen verblüffenden weißen Haaren, und mit seinen runden, weihrauchfarbenen Augen sah er aus wie meine Mutter, die immer die Schönste in unserer Familie gewesen war. Allerdings durfte man das nie sagen; sobald man es aussprach, würde ihm etwas Schlimmes zustoßen.

»Alter Mann«, schrie ich. »Komm her, du darfst auf die Ziegen aufpassen! Ich muss zu Mama.« Mein Bruder zögerte, aber er wollte schon längst alt genug sein, um auf die Ziegen aufpassen zu können. Bevor Jungen die angesehenste Aufgabe übernehmen, die Kamele zu hüten, kümmern sie sich um die Ziegen und Schafe. Normalerweise ließ ich ihn nicht in ihre Nähe und behauptete, er würde ihnen Angst einjagen. Aber heute wollte ich unbedingt wissen, was los war, und riskierte es sogar, verprügelt zu werden – falls Alter Mann eine der Ziegen verlor.

Damit niemand merkte, dass ich die Ziegen im Stich gelassen hatte, schlich ich vorsichtig auf unsere Hütte zu. Es kümmerte sich jedoch keiner um ein weiteres mageres Kind, das herumlief. Ich roch den Rauch des Feuers und den Duft von Tee. Meine ältere Schwester schenkte ihn gerade in eins von unseren zwei Gläsern. Sie hielt die Kanne hoch und goss den Tee in einem langen, dünnen Strahl ein, damit der heiße, würzige Duft in die Luft stieg. Dann servierte sie das Getränk meinem Vater und dem Fremden. Sie sah ihnen dabei nicht ins Gesicht, sondern blickte wie eine richtige Frau zu Boden. Ich fragte mich, warum nicht Mama den beiden Männern den Tee servierte.

Das trächtige Kamel stand neben unserer Hütte und begann schon wieder zu zucken und zu zittern. Es hatte einen richtigen Anfall! Meine Mutter hockte daneben in dem langen Nachmittagsschatten, den unsere Hütte warf, und beobachtete es. Sie verfolgte jede Bewegung so aufmerksam, als wolle sie das Kamel kaufen. Sein Fell war hellbraun, wie eine Löwenmähne, und es hatte einen ganz dicken Bauch. Das Fell wies Risse auf, und die Knie waren blutig vom Hinfallen. Der Anblick schien Mama zu erschrecken, aber sie hatte keine Angst. Leise schlich ich mich hinter sie. Ich wollte auch eine Heilerin werden und genau wissen, was sie tat.

Meine Mutter blickte zu den Männern hinüber, die Tee tranken. Der Fremde stellte sich als entfernter Vetter meines Vaters heraus. Er war nicht so groß wie mein Vater, hatte einen seltsam geformten Kopf und einen langen Hals wie ein Strauß. Sie beobachtete ihn, wie er seinen Tee trank und mit meinem Vater über irgendeine politische Partei und die Kämpfe im äthiopischen Ogaden redete, um ihn als Mensch einzuschätzen. Dann betrachtete Mutter das getrocknete Kamelblut und die Haare am Ende seines Stocks. Sie stand auf und trat langsam zu dem Kamel, wobei sie beruhigende Laute von sich gab. »*Allah bah wain*, Gott ist groß«, murmelte sie. Sie legte ihre Hand an die Backe des Kamels und fuhr ganz zart mit den Fingerspitzen über den langen Hals und die Schulter bis zum Bauch. Das Kamel wich nicht zurück, aber es zuckte die ganze Zeit. Mama tastete den Bauch ab, um das neue Leben zu spüren. Die Stute war so dünn, dass trotz der Trächtigkeit ihre Rippen hervorstanden. Jetzt legte Mama ihr Ohr an den Bauch, um dem Herzschlag des Fohlens zu lauschen. Dann trat sie langsam zurück und zerrieb etwas von dem Schaum, der aus den schwarzen Lippen des Tieres troff, zwischen den Fingern. Sie öffnete das Maul des Kamels und sah sich die dicke Zunge und die Zähne an. Als das Tier pisste, nahm sie ein wenig von dem nassen Sand und roch daran. Anschließend wartete sie auf den richtigen Zeitpunkt, weil sie die Sonne beobachtete, die langsam hinter den fernen Hügeln versank. Sie kannte den Lauf der Sterne und wusste, wann die *gu*-Regen in die *hagaa* oder Trockenzeit übergingen. Immer wusste sie, wann etwas getan werden musste und wann es besser war, zu warten.

Mama ergriff den geflochtenen Strick und zog daran, um das Kamel zum *faardisimo*, zum Hinsetzen, zu bewegen. Ich sah, wie sich die langen Ohren nach der Stimme meiner Mutter ausrichteten, als ob sich das Tier nach ihr sehnte. Schwerfällig setzte es sich hin. Zuerst kniete es sich auf die Vorderbeine, dann knickten die Hinterläufe ein, und es zog die Beine unter sich. Kamelen wird beigebracht, sich hinzuknien, weil sie zu hoch sind, um stehend beladen zu werden. Mama hockte sich hin, sodass ihr Gesicht genau in Augenhöhe des Tieres war.

Im Lager wurde es still. Die Männer hörten auf zu reden, die Frauen hörten auf, mit den Töpfen zu klappern. Selbst der Rauch des Feuers schien innezuhalten. Mama umschloss den Kopf des Kamels mit beiden Händen, als sei es ein Kind. Sie blickte ihm direkt in die Augen – dann gab sie ihm sanfte Klapse. »Verschwinde, du Teufel, verschwinde von hier! Du bist nicht erwünscht!« Irgendwie wusste sie genau, wie viele Klapse sie ihm geben musste und wie fest sie sein mussten, damit der *djinn* entwich. Dann nahm sie das Lederamulett mit den heiligen Worten des Koran, das sie um den Hals trug, und legte es dem Tier an die Nase, dem Eingang zur Seele. Das Kamel hielt völlig still – plötzlich hörte das Zittern auf, und es käute wieder, wie alle Kamele es tun, wenn sie sich ausruhen.

Mama stand auf und bedeckte ihr Gesicht mit ihrem *chalmut*, dem Schal, bevor sie zu meinem Vater und seinem Vetter trat. Mit gesenktem Blick sagte sie ihnen, ein böser Geist, ein *djinn*, sei in das Kamel gefahren und habe die Anfälle verursacht. »Sie wird bald ihr Fohlen zur Welt bringen«, fuhr Mama fort, »noch bevor der Mond dunkel ist. Der *djinn*, der die Anfälle verursacht hat, ist jetzt weg – aber die Kamelstute braucht Ruhe und zusätzliches Futter und Wasser, bis sie geworfen hat. Das wird ihr helfen, den *djinn* abzuwehren, wenn er zurückkommt.«

»Sie frisst nicht«, wandte der Vetter ein.

»Weil sie Angst hat vor dem Teufel«, erklärte meine Mutter. »Du musst sie streicheln und ruhig auf sie einreden, dann frisst sie auch und setzt wieder Fett an.«

»*Hüyea*, ich verstehe!« Mein Vater und sein Vetter nickten gleichzeitig.

»Wir werden eine Ziege schlachten, ein Festmahl kochen und zu Allah beten, um den *djinn* fernzuhalten«, sagte mein Vater. Als er Ziege sagte, bin ich wohl zusammengezuckt, denn er blickte in meine Richtung und entdeckte mich. Bevor ich weglaufen konnte, hatte er mich grob am Arm gepackt. Er zog mich zu sich heran und schlug mir so fest ins Gesicht, dass ich das Blut schmeckte, das mir aus der Nase lief. Bevor er noch einmal zuschlagen konnte, entwand ich mich seinem Griff und rannte zurück zu der Herde. Auf dem

Grund des *tuug* war es schon dunkel, und in dem schwindenden Licht konnte ich nichts mehr unterscheiden. Spitze Steine bohrten sich mir in die Fußsohlen, und die Dornen der *galol*-Büsche rissen mir die Haut auf. Baby, eine der Ziegen, meckerte. Wir nannten sie Baby, weil sie immer so viel Lärm machte. Alter Mann ging im *tuug* entlang, und die Ziegen folgten ihm gehorsam. Ich war so froh, sein silbriges Haar in der Dunkelheit zu sehen, dass ich gar nicht mehr aufhören konnte zu weinen. Mein Arm kam mir gebrochen vor, und ich wusste, mein Vater würde mich bei meiner Rückkehr wieder schlagen. Viel lieber hätte ich die Hände meiner Mutter auf meinem Gesicht gespürt. Warum war ein Kamel wichtiger als eine Tochter?

Vor fast zwanzig Jahren, als ich alt genug war, um verheiratet zu werden, lief ich vor meinem Vater und dem harten Leben in Somalia davon, aber die westliche Welt erwies sich dann in vieler Hinsicht als noch härter. Die Ohrfeige eines Vaters war immer noch besser als die Einsamkeit, die ich im modernen Westen vorfand. Allein in einem Hotelzimmer in Amerika oder England, das voller Teufel war, sehnte ich mich nach einer menschlichen Berührung – ja sogar nach einem Schlag eines geliebten Menschen. Meine Augen brannten und waren geschwollen vom Weinen, ich kam mir verloren vor; mein Leben hatte keine Richtung mehr. In Somalia ist die Familie alles, Beziehungen gelten als genauso lebenswichtig wie Wasser und Milch. Die schlimmste Beleidigung lautete: »Mögen Gazellen in deinem Haus spielen!« Das heißt, dass deine Familie dich verlassen soll. Gazellen sind scheu und würden sich einem bewohnten Haus nie nähern. Für uns Somalis ist Einsamkeit schlimmer als der Tod.

Meine Beziehung zu meinem Verlobten Dana klappte auch nicht, und ich wusste nicht, wie es meiner Familie ging. Einmal traf ich einen Somali und fragte ihn über Somalia aus, weil ich meine Mutter finden wollte. Seine Augen waren so leblos, als ob das Licht aus seinem Herzen gewichen sei. Er sagte: »Vergiss Somalia! Es existiert nicht mehr.« Ebenso gut hätte er mir mitteilen können, meine Mutter sei tot. Wenn es Somalia nicht mehr gibt, was bin ich dann? Meine Sprache ist einzigartig, unsere Kultur und Gebräuche sind einzigartig, selbst unser Aussehen ist es. Wie konnte ein Land einfach verschwinden wie Wasser aus einem *tuug*?

Jetzt schrieben wir das Jahr 2000, neunzehn Jahre waren vergangen, seit ich von zu Hause fortgelaufen war. Mein Land war von Krieg und Hunger zerrissen, und ich wusste nicht, was mit meiner Familie geschehen war.

Ich war nach Los Angeles eingeladen, um einen Vortrag über die Genitalverstümmelung an Frauen zu halten, und hatte eingewilligt – obwohl es mir schwer fiel, darüber zu sprechen. Ich war Sonderbotschafterin der UNO zum Thema Beschneidung, aber sobald ich darüber sprach, brachte es schmerzliche Erinnerungen mit sich. Ich hatte meine Mutter damals sogar um die Beschneidung gebeten, weil alle behaupteten, es würde mich sauber und rein machen. Ich war noch nicht viel größer als eine Ziege, als meine Mutter mich festhielt, während eine alte Frau meine Klitoris und die inneren Schamlippen abschnitt und die Wunde zunähte. Sie ließ nur eine winzige Öffnung für Urin und Menstruationsblut. Zu dieser Zeit hatte ich keine Ahnung, was passieren würde, weil wir niemals darüber redeten. Das Thema ist tabu. Meine schöne Schwester Halimo starb daran; niemand aus meiner Familie erwähnte es jemals, aber ich weiß ganz genau, dass sie entweder verblutet oder an einer Infektion gestorben ist. Die *midgaan*-Frauen, die die

Beschneidung vornehmen, verwenden eine Rasierklinge oder ein an einem Stein gewetztes Messer. Die *midgaan* sind Unberührbare in der somalischen Gesellschaft, weil sie von einem Stamm kommen, der nicht vom Propheten Mohammed abstammt. Sie tragen danach eine Myrrhensalbe auf, um die Blutung zu stoppen, aber wenn etwas schief läuft, haben wir kein Penicillin. Später dann, wenn ein Mädchen heiratet, versucht der Bräutigam in der Hochzeitsnacht die kleine Öffnung gewaltsam zu vergrößern. Falls die Öffnung zu schmal ist, trennt man sie mit einem Messer auf. Erst nach Jahren des Kampfes wurde mir klar, dass es eine echte Verstümmelung ist. Aber ich hatte immer noch Angst, darüber zu sprechen – ich fürchtete, mir würde etwas Schlimmes passieren, wenn ich das Schweigen bräche.

Es war schon spät, als ich im Hotel ankam, und ich wusste nicht, dass in vielen verschiedenen Sälen Veranstaltungen stattfanden. Schließlich wies man mir den Weg in den Ballsaal. Als ich die Flügeltüren öffnete, sah ich erstaunt, dass sich fünf- oder sechshundert Menschen in dem riesigen Raum befanden. Nancy Leno, die Organisatorin, saß mit den anderen Teilnehmern der Podiumsdiskussion bereits auf der Bühne. In Situationen wie dieser habe ich gelernt, mich so zu verhalten, als wüsste ich ganz genau, was ich tue. Ich holte tief Luft und stieg mit hoch erhobenem Kopf die Stufen zur Bühne hinauf. Nancy stand auf, um mich zu begrüßen. Sie gab mir ein sicheres Gefühl, und ihre Freundlichkeit nahm mir meine Nervosität.

Ich diskutierte mit einer Anwältin, die auf Asylrechtsfragen spezialisiert war, und einer sudanesischen Ärztin. Beide bestätigten mit Fakten und Zahlen meine Aussagen. Man schätzt, dass ungefähr siebzig Millionen Frauen Opfer althergebrachter Praktiken sind; die Wurzeln dieser Prozedur liegen jedoch im Dunkeln. Weltweit wird die Praxis unterschiedlich streng gehandhabt. Sunna heißt die Entfernung der Spitze der Klitoris. Bei der Ausschneidung werden auch die Schamlippen entfernt. Die schwerste Form der Verstümmelung erleiden die Mädchen in Somalia. Sie wird pharaonische Beschneidung oder Infibulation genannt. Die Klitoris und die gesamten inneren Schamlippen werden dabei weggeschnitten, und die Wunde wird so zugenäht, dass nur noch eine winzige Öffnung bleibt. Die Ärztin sagte, bei vierundachtzig Prozent der ägyptischen Mädchen zwischen drei und dreizehn würde die Beschneidung vorgenommen. Auch sei sie nicht mehr auf muslimische Länder beschränkt – mittlerweile haben schon über sechstausend Mädchen in westlichen Ländern diese Prozedur ebenfalls über sich ergehen lassen müssen.

Ich versuchte zu erklären, was mir als Kind in Somalia widerfahren war und welche Schwierigkeiten ich beim Wasserlassen und bei der Menstruation gehabt hatte. Meine Mutter sagte mir, ich solle nicht so viel trinken, damit die Öffnung klein bliebe, und ich solle auf dem Rücken schlafen, damit die Wunde flach und glatt verheile. Die Genitalien eines nicht beschnittenen Mädchens gelten als unrein und unschön. Sie glaubte, das würde meine Zukunft sichern – da Mütter für ihre Söhne beschnittene Frauen wollen. Sie glaubte auch, wie alle in meinem Volk, dass der Koran es befahl.

Über meine Genitalverstümmelung zu reden erschien mir als Segen und Fluch zugleich. Ich war froh, dass die Leute etwas über diese grausame Sitte wissen wollten; aber zugleich musste ich all die Schmerzen und das Elend, das sie über mein Leben gebracht hatte, noch einmal durchleben. Immer wenn ich über die Genitalverstümmelung an Frauen sprach, sagte ich damit etwas gegen meinen Vater, meine Mutter und den Glauben meines Volkes. Ich denunzierte meine Familie und eine Tradition, die ihnen sehr viel bedeutete. Ich wollte den Frauen helfen, die diese schmerzhafte Erfahrung gemacht hatten – aber dadurch wurde ich zur Feindin meines Volkes. Wenn ich noch bei meiner Familie gelebt hätte, hätte ich es sicher nicht gewagt, so in die Öffentlichkeit zu treten; wir sprechen natürlich nicht über solche Dinge. Deshalb hatte ich jedes Mal Angst, wenn ich dieses Thema vor einer größeren Zuhörerschaft anschnitt. In meiner Kultur gibt es Dinge, die tabu sind, wie der Tod oder die Schönheit eines Menschen. Wir haben viele Geheimnisse – denn wenn man sie ausspricht, passiert ganz bestimmt etwas Schreckliches. Ich wurde wütend, als die Anwältin sagte, weibliche Beschneidung sei eigentlich Folter. Meine Mutter hatte mich nicht foltern lassen. Sie glaubte doch nur, ich würde dadurch zu einer reinen Frau. Einer guten Gattin und Mutter. Einer Frau, die ihrer Familie zur Ehre gereichte.

Nach meinem Vortrag stellte das Publikum viele Fragen, aber ich schämte mich und hatte das Gefühl, kein Wort mehr hervorbringen zu können. Ich verließ den Saal durch die Seitentür, stieg in den Aufzug und fuhr in den neunzehnten Stock. In so hohen Gebäuden habe ich immer Angst. In meiner Kindheit war die Welt flach und offen; in einer kleinen Schachtel irgendwo hinaufzufahren, erfüllt mich mit Schrecken. Es ist so unnatürlich.

Meine Hand zitterte, als ich mit der Karte die Tür öffnete und das »Bitte nicht stören«-Schild an die Klinke hängte. Ich zog die braunen Vorhänge zu, um das Licht auszusperren. Es war ein klarer, wolkenloser Tag, der mich an meine Heimat im Süden Somalias erinnerte. Ich warf einen Blick in die Minibar, und ein *djinn* grinste mich an. Er sagte: »Willkommen! Willkommen!« Ich holte die kleinen Flaschen mit Gin, Rum und Scotch heraus und ging schwer beladen ins Bett. In jeder Flasche war ein anderer Teufel, und ich trank sie alle – eine nach der anderen.

Meine Mutter konnte die Teufel fernhalten, aber ich hatte keine Ahnung, wo sie lebte oder ob sie mich überhaupt noch kannte. Sie wusste nichts von Fotografien, geschweige denn von der Arbeit als Model. Meine Familie würde mir die Augen auskratzen, wenn sie wüsste, was ich über unsere Kultur sagte. Ich wollte gern eine Heilerin werden wie meine Mutter – aber mit meinen Vorträgen über die Genitalverstümmelung an Frauen beleidigte ich sie. Sie hat mir beigebracht, nie etwas Böses zu sagen, weil man seine Worte ins Universum hinausschickt und nicht wieder zurückholen kann. Auf einer Schulter sitzt ein schwarzer Engel, Malick, und ein weißer Teufel, Behir, sitzt auf der anderen. Wenn der weiße Teufel meine Mutter veranlasste, etwas Unfreundliches zu sagen, dann bat sie Malick, es wieder zurückzunehmen. »Nimm es zurück, nimm es zurück«, pflegte sie zu wiederholen, bevor es zu weit weg war. »Ich nehme es zurück, ich nehme es zurück«, weinte ich, aber leider war es schon zu spät. Die schrecklichen Dinge, die ich über mein Volk gesagt hatte, hallten bereits im Universum wider. Und ich konnte sie nicht zurücknehmen.

Am liebsten wäre ich für immer in meinem Zimmer geblieben. Ich zog mir die Decke über den Kopf und verkroch mich wie eine Schildkröte unter ihrem Panzer. Mit meiner Angst und Scham war ich ganz allein – eine wertlose Versagerin. Ein Schluchzen stieg in mir auf, das mir schon lange die Kehle zugeschnürt hatte. Furcht begleitete jeden meiner Gedanken. Als ich schließlich einschlief, träumte ich, ich könnte die Ziegen nicht mehr finden. Sie waren weggelaufen, und ich suchte sie überall. Meine Füße bluteten von spitzen Steinen und Dornbüschen, aber ich konnte die Ziegen nirgendwo finden. Ich hörte sie meckern, aber als ich aufwachte, war es mein eigenes Weinen.

Obwohl es mir eigentlich nichts bedeutete, was aus mir

wurde, kam Selbstmord nicht in Frage. Meine Mutter hatte mir einmal erzählt, dass sich ein fünfzehnjähriges Mädchen verbrannt hatte, weil ihre Eltern ihr nicht erlaubten, den Jungen zu heiraten, den sie liebte. Sie beerdigten sie nicht, und selbst die Geier mieden ihre Leiche. Als ich in dem glänzend gefliesten Badezimmer den Hahn aufdrehte, um zu duschen, musste ich die ganze Zeit über daran denken, wie meine Mutter sich mit Sand wusch, und hier ließ ich das Wasser literweise in den Abfluss rinnen. Ich starrte mich im Spiegel an. Meine Mutter ist außergewöhnlich schön, aber sie hat noch nie ihr Gesicht gesehen. Ich betrachtete meinen Körper und schämte mich wegen meiner Beine. Auf Grund von Unterernährung in der Kindheit sind sie krumm, und manchmal habe ich deswegen Aufträge als Model verloren. Hungersnöte drohen in Somalia ständig wie die Teufel, die an Kreuzungen lauern. Ich fragte mich, wer von meiner Familie überhaupt noch am Leben war. Es gab nur selten Nachrichten, und wenn, erschütterten sie mich. Mein Bruder, Alter Mann, war tot, ebenso wie meine Schwestern Aman und Halimo. Den ulkigen Bruder meiner Mutter, Onkel Wold'ab, der genauso aussah wie sie, hatte ein Querschläger getroffen, der durch sein Küchenfenster in Mogadischu geprallt war. Auch meine Mutter war angeschossen worden, aber sie hatte überlebt. Von den anderen wusste ich nichts.

Als mein Vater versuchte, mich mit dreizehn an einen alten Stammesgenossen zu verheiraten, lief ich davon. In Somalia müssen Männer einen Brautpreis für eine Jungfrau bezahlen, und dieser kahlköpfige Alte, der sich beim Gehen auf einen Stock stützte, hatte mehrere Kamele für mich geboten.

Eine Frau hat in diesem Fall eigentlich keine Wahl – Frauen müssen einfach heiraten. Es gibt keinen anderen Weg, um in der Wüste zu überleben; unverheiratete Frauen können sich nur prostituieren oder betteln, eine andere Arbeit finden sie nicht. Irgendwie wusste ich, dass es nichts für mich war, Ziegen zu hüten und für einen alten Mann zu sorgen. Ich akzeptierte die Entscheidung meines Vaters also nicht, sondern lief weg. Meine Mutter half mir dabei, und ich weiß bis heute nicht, warum. Vielleicht wollte sie einfach nicht, dass ich einen schlechten Ehemann bekam. Sie brachte mir das folgende Lied bei:

Du bist es, die in die dunkle Nacht hinausgeht,
um einen schlecht gewählten Ehemann zu nehmen,
der dich mit dem Schäferstab züchtigt.
Und es ist dein Schleier, der unter den Schlägen zerreißt.

Jetzt, wo ich allein und betrunken mit all den Teufeln um mich herum in dem Hotelzimmer saß, hatte ich furchtbare Sehnsucht nach meiner Mutter. Ich wusste, dass sie mir würde helfen können. Nachdem ich meinen Sohn Aleeke zur Welt gebracht hatte, sehnte ich mich schmerzlich nach meiner Mutter, nach ihrer Umarmung und ihrer Stimme, die leise in mein Ohr flüsterte: »Es wird alles gut.« Egal, was du alles erlebt hast und wie schwierig dein Lebensweg auch sein mag – du willst deine Mutter um dich haben, wenn du selbst Mutter geworden bist. Immer wenn ich meinen kleinen Aleeke im Arm hielt, der jetzt vier Jahre alt ist, vermisste ich meine Heimat Afrika und meine Mutter, die ein Teil davon ist.

Meine Mutter glaubt mit jeder Faser ihres Herzens an Allah. Sie kann ohne Allah weder atmen noch irgendetwas tun. Sie kann kein Korn mahlen noch die Ziegen melken, ohne ihrem Gott dafür zu danken. So wurde auch ich erzogen, und dafür liebe ich sie. Durch das Leben in der westlichen Welt habe ich das Gefühl dafür verloren, bei jedem Schritt mit meinem Gott in Verbindung zu stehen. Mehr und mehr befürchtete ich nun, alles zu verlieren, wenn ich nicht in die Heimat meiner Seele, in die Wüste, zurückkehrte.

Der Name Waris bedeutet im Somalischen »Wüstenblume«. Die ovalen Blütenblätter der Wüstenblume sind hell orangefarben, und die kleinen Sträucher wachsen ganz flach, um sich in der Erde Allahs mit den Wurzeln festzuklammern. In Somalia vergeht manchmal ein ganzes Jahr zwischen zwei Regenzeiten, und dennoch bleibt die Pflanze irgendwie am Leben.

Wenn die Regenzeit endlich einsetzt, sieht man am nächsten Tag überall Blumen. Sie tauchen wie Schmetterlinge aus den Rissen in der Erde auf. Diese zarten kleine Blüten überziehen die Wüste, in der sonst fast nichts gedeiht. Einmal hatte ich meine Mutter gefragt: »Warum hast du mich so genannt?«

Meine Mutter antwortete scherzhaft: »Wahrscheinlich, weil du etwas Besonderes bist.«

Ich glaube, mein Name weist darauf hin, dass ich überlebensfähig bin – wie eine Wüstenblume. Das sagt mir auch meine Seele. Manchmal habe ich nach all meinem Kummer und Leid das Gefühl, hundertdreißig Jahre alt zu sein – oder sogar noch älter. Ich weiß, dass ich einfach auf der Welt sein *muss*, und ich hege nicht den geringsten Zweifel, dass es mir grundsätzlich gelingen wird zu überleben. Warum meine Mutter gerade für mich den Namen der Wüstenblume gewählt hat, ist mir ein Rätsel. Aber er passt perfekt zu mir.

Wenn man in Somalia aufwächst, kennt man das Gefühl, aufzustehen und zu gehen, obwohl man keine Kraft hat. Und das tat ich jetzt auch. Ich schlüpfte aus dem Bett und ging los. Auf einmal war es wichtig, meine Mutter zu finden… doch wie? Meine Familie wiederzusehen erschien mir beinahe so unmöglich wie die Tatsache, dass aus dem Kamelmädchen ein Model geworden war.

Eine Frau ohne Familie muss mit ihren Kindern
auf dem Rücken tanzen.

(Somalisches Sprichwort)

2

Allein

Der Mann im Reisebüro in New York blickte mich an, als ob ich den Verstand verloren hätte. Meine Freunde sagten: »Hast du keine Zeitung gelesen? Mogadischu ist Kriegsgebiet.« Dana lehnte es rundweg ab, eine solche Reise auch nur in Betracht zu ziehen. Er wollte, dass seine Band berühmt wurde, und arbeitete die ganze Zeit über an seiner Musik. Ich wünschte mir verzweifelt, einmal wieder heimzukehren; aber niemand in New York unterstützte oder bestärkte mich in dieser Idee. »Rufen Sie besser beim Außenministerium an, und fragen Sie, ob es überhaupt sicher ist, dorthin zu fliegen«, sagte der Mann im Reisebüro. »Wussten Sie, dass Somalia eins der gefährlichsten Länder auf der Welt ist?« In einem Buch, in dem die schlimmsten Orte weltweit aufgelistet sind, las ich schreckliche Warnungen: *Die Regierung der Vereinigten Staaten warnt vor Reisen nach Somalia. Stammesfehden können unvermittelt aufflammen. Es wird häufig von Entführungen, Vergewaltigungen und Morden berichtet. Eine nationale Regierung oder polizeilicher Schutz existieren nicht. Die nördliche Region, die selbst ernannte Republik von Somalia, die es seit 1991 gibt, ist weniger gefährlich, aber es gibt im ganzen Land keine diplomatische Vertretung.*

Auch der Angestellte der Fluggesellschaft wusste nicht, ob

Flugverbindungen nach Somalia bestanden. »Ich habe keine Ahnung, wie Sie da hingelangen sollen«, sagte er zu mir. »Wir bieten so etwas nicht an – und andere Gesellschaften auch nicht.« Er erklärte mir dann, ich müsse mich gegen Gelbfieber, Pocken, Typhus, Hepatitis B und Polio impfen lassen, wenn ich nach Afrika fliegen wolle. Vom Monitor seines Computers las er ab: »Kürzlich hat es Fälle von Pockenerkrankungen in Somalia gegeben. Und Sie müssen Prophylaxe gegen Malaria betreiben.« Alles war so entmutigend, dass ich ihm nicht einmal meinen Pass zeigte. Meine britischen Reisepapiere untersagten es mir ausdrücklich, nach Somalia zu reisen. Als sie in London ausgestellt wurden, wollte man die Verantwortung für einen britischen Bürger in Somalia nicht übernehmen. »Wie wäre es denn mit einer netten Insel in der Karibik?«, schlug der Angestellte der Fluggesellschaft vor. »Fahren Sie ein paar Tage in Urlaub, und entspannen Sie sich.« Ich wollte nicht in Urlaub, ich wollte meine Familie wiederfinden.

Schließlich rief ich Leute bei den Vereinten Nationen an, die ich kannte. Sie erklärten mir, Somalia sei insgesamt viel zu gefährlich. Sie meinten, ich bräuchte überall eine bewaffnete Eskorte, und rieten mir, ich solle mir Bodyguards und ein gepanzertes Fahrzeug besorgen. Sie gaben zu bedenken, fundamentalistische Moslemgruppen könnten mich angreifen oder wegen meiner öffentlich geäußerten Einstellung zur weiblichen Beschneidung entführen.

Mutlos fuhr ich in meine Wohnung zurück. Wie gewöhnlich war es dort mal wieder schmutzig und unaufgeräumt. Ich war die Mutter, die Köchin, kaufte ein, machte sauber und arbeitete für unseren Lebensunterhalt. Der Abfalleimer in der Küche quoll über von Essensresten und Schachteln. In der Spüle stapelte sich schmutziges Geschirr, und auf dem Küchentisch standen die Reste einer großen Pizza. Ich hasste es, wenn Lebensmittel so verschwendet wurden. Als ich ein Kind war, gab es nicht jeden Tag etwas zu essen. Einmal hatte mein Bruder seine Kamelmilch schon ausgetrunken und griff nach meiner. Ich schob seinen Arm weg, und er stieß mich so fest vor die Brust, dass ich hintenüber fiel und die Milch verschüttete. Die köstliche Milch versickerte im Boden und war verloren. Man konnte sie nicht wieder auflecken. Das Einzige, was ich danach noch trinken konnte, waren meine Tränen.

Den Wasserhahn in der Küche hatte jemand nicht richtig zugedreht, und er tropfte. Ich werde nie verstehen, wie man Wasser einfach so verschwenden kann. In meiner Kindheit war Wasser so kostbar, dass wir keinen einzigen Tropfen vergeudeten. Nach wie vor bringe ich es nicht fertig, das Wasser laufen zu lassen, wenn ich mir die Zähne putze oder Geschirr spüle. Für mich ist das eine Frage des Respekts; Respekt vor den Segnungen dieses Elements. Während ich weg war, hatte niemand das Fenster geöffnet, und es brannte auch kein Räucherstäbchen, um die Luft ein wenig frischer zu machen. Weihrauch und Myrrhe kommen aus Somalia, und wir verbrennen sie immer, wenn wir einen Gast, eine Braut oder ein Neugeborenes willkommen heißen wollen. Wenn der Mann von einer Reise zurückkehrt, dann stellt sich die Frau vor das kleine Kohlebecken und nimmt den Duft mit ihren Kleidern und Haaren auf.

Von meinem Aufenthalt in Los Angeles kehrte ich also in eine leere, schmutzige Wohnung zurück. Dana war ausgegangen, und Aleeke war bei seiner Großmutter. Ich hob die Post und die Rechnungen vom Boden auf, um nachzusehen, was dringend bezahlt werden musste, damit es keine Schwierigkeiten gab. Das Haus war voll von *djinns* und Problemen. Als Dana dann zurückkam, hatten wir einen riesigen Streit, und es kam zum endgültigen Bruch. »Verschwinde hier, du bist nicht erwünscht!«, kreischte ich zum Schluss. Dann ging ich zu Freunden, um ein Bier zu trinken und mich ein bisschen zu beruhigen. Alkohol ist Muslimen streng verboten, und meine Mutter hat ihn auch nie angerührt. Ich hatte Schuldgefühle, weil ich trank – aber zuerst hatte ich meine Familie in Somalia verloren und jetzt auch noch meinen Partner im Westen.

In Somalia versucht ein Paar zunächst, zusammenzubleiben, zum Wohl der beteiligten Stämme. Frauen können sich erst recht nicht so einfach scheiden lassen wie Männer. Die Männer bestimmen, wann eine Ehe vorbei ist; die Frau kann ihre Kinder verlieren und muss betteln gehen, um sich über Wasser zu halten. Ein Mann kann zu seiner Frau oder ihrer Familie sagen: »Ich lasse mich von dieser Frau scheiden«, und wenn ihn die Familien nicht vom Gegenteil zu überzeugen vermögen, ist die Ehe beendet. Eine Frau darf ihren Mann verlassen, wenn er nicht für sie sorgt – aber wohin soll sie gehen? Was soll sie machen? Männer müssen ihrer Braut die Ziegen oder Schafe zurückgeben, die ihr gehören; das ist alles, was sie mitnehmen darf, wenn sie sich trennen.

»Waris«, sagten meine Freundinnen, »du hast das schon richtig gemacht. Wir müssen uns gegen die Männer wehren, sonst nutzen sie uns nur aus.« Das überraschte mich, denn eigentlich hatte ich erwartet, sie würden sagen, so sind Männer eben, und pass bloß auf! Er verprügelt dich bestimmt, wenn du nach Hause kommst. Sharla sagte: »He, bleib einfach ein paar Tage bei mir.« Sie hatte schon früher mitbekommen, wenn Dana und ich uns stritten, und nahm wohl an, dass auch dieser Sturm vorüberziehen würde; aber ich glaubte das nicht. Es war zu weit gegangen. Ich empfand nichts mehr für Dana. Unsere Beziehung war wie ein leeres Straußenei oder ein ausgetrocknetes Flussbett – jedes Leben war daraus entwichen. Es gab ein Lied, das die Frauen daheim immer sangen, und ein paar Zeilen fielen mir ein.

Ziegen musst du liebevoll versorgen.
Kamele musst du festbinden.
Deine Kinder haben viele Bedürfnisse.
Für deinen Mann musst du Besorgungen machen.
Und er wird dich schlagen für nicht begangene Fehler.

Als ich nach Hause kam, war Dana nicht da, also würde es keine Entschuldigungen und keine Versöhnung geben. Aleeke wurde von seiner Großmutter gehütet, und ich fühlte mich alleine mit den *djinns*. Sie sprangen die ganze Nacht in meinem Kopf herum, sodass ich nicht schlafen konnte und immer wütender und nervöser wurde. Ich wusste, dass unsere Beziehung nicht mehr zu kitten war.

Als Dana dann auftauchte, sagte ich zu ihm: »Du musst ausziehen, lass mich in Ruhe.«

Er starrte mich an und schüttelte den Kopf. »O nein, Irrtum! Wenn hier jemand geht, dann du.«

Ich hasste es, umzuziehen, obwohl ich ein Nomadenleben geführt habe. Wir mochten das alle nicht gerne. Wenn die Ziegen und Kamele das Gras abgefressen hatten und wir weiterziehen mussten, brach mein Vater immer mitten in der Nacht auf, damit wir an Wasser und frisches Gras gelangten, bevor andere es berührt hatten. Normalerweise schliefen wir alle fest; aber er rüttelte uns wach und erklärte uns, wir müssten aufstehen, zusammenpacken und die Kamele beladen. Es war stockdunkel, und alle stolperten herum, um die Sachen im Finstern zu finden – bis auf meinen Vater. Irgendwie konnte er im Dunkeln sehen.

»Hol den Kochtopf, Waris.«

»Ich finde ihn nicht.«

»Auf der anderen Seite der Feuerstelle.« Ich eilte dorthin und fand ihn tatsächlich, indem ich den Boden abtastete – wobei ich hoffte, nicht in glühende Holzkohlen zu fassen.

Meine Mutter und er beluden die Kamele mit unseren Habseligkeiten. Frauen flochten Stricke aus Tierfellen, die sehr fest waren. Mama band die Stricke unter den Bauch des Kamels und von seinen Ohren bis unter den Schwanz. Daran hängte sie unser Hab und Gut. Dann brachte sie das Tier dazu, sich hinzuknien, damit sie an den Rücken kam. Zuerst legte sie unsere Decken über den Höcker. Alles musste gut festgebunden und sorgfältig ausbalanciert werden, damit es während des langen Marsches nicht herunterfiel oder verrutschte. Es war schwer, im Dunkeln zu sehen, und manchmal löste sich die ganze Last, und mein Vater schlug meine Mutter dafür mit seinem Schuh. Mama lud besondere Gewichte wie unsere Milchkörbe an beide Seiten, dann kamen unser Kochgeschirr und die kleineren Körbe. Auf einem anderen Kamel brachte sie die Matten unter, die unsere runde Hütte bedeckten. Sie wurden zusammengerollt und festgebunden. Mutter baute die Last auf wie eine Hütte, sodass das Kamel sie bequem tragen konnte. In die Mitte setzte man ein kleines Kind oder ein junges Tier, das noch nicht schnell genug laufen konnte, um mit uns Schritt zu halten. Wir alle kannten die Schicksale von Kindern, die einfach in der Wüste zurückgelassen wurden, weil sie zu langsam waren. Wir liefen hin und her und halfen eifrig – aus Angst, etwas zu vergessen, aber auch aus Angst, selber vergessen zu werden. Während meine Eltern die Kamele beluden, sang meine Mutter das Arbeitslied, den *salsal*.

Nörgeln und Sorgen sind die Gefährten
eines Mannes mit vielen Frauen.

Ich glaube nicht, dass meinem Vater das Lied gefiel, aber alle Frauen sangen es, was sollte er also machen? Wenn die Kamele beladen waren, lief meine Familie die ganze Nacht und fast den ganzen nächsten Tag hindurch. Mein Stamm reitet nicht auf Kamelen. Nur ein Säugling, ein alter oder kranker Mensch reist auf dem Rücken eines Kamels.

Jetzt musste ich mich entscheiden. Entweder zog ich aus, oder ich bot Dana die Stirn und wartete ab, wer von uns beiden den längeren Atem hatte. Ich ging in mein Arbeitszimmer, setzte mich und holte tief Luft, um mich zu beruhigen. Das war meine Wohnung; ich bezahlte jeden Monat die Miete und die Nebenkosten.

In Somalia werden Beschwerden unter den beteiligten Männern besprochen und geregelt. Es gibt keinen Anführer, jeder Mann bekommt die Gelegenheit, etwas zu sagen. Frauen gehören nicht zum Stamm des Mannes; deshalb werden sie von ihren Brüdern oder anderen männlichen Verwandten vertreten, wenn sie in einen Streit verwickelt sind. Als meine Mutter meinen Vater heiratete, wurde sie dadurch kein Mitglied der Darod, sondern gehörte weiterhin zu den Howiye. Die Männer versammeln sich unter einem großen Baum und sprechen so lange über das jeweilige Problem, bis sie zu einer Lösung gekommen sind, mit der jeder zufrieden ist.

Aber ich lebte nicht mehr in Somalia, ich lebte in Brooklyn, wo ich Rechte hatte.

Mein Name stand jedoch nicht auf dem Mietvertrag, sondern seiner; also konnte ich ihn nicht zum Auszug zwingen. Als ich die Wohnung gefunden hatte, stand ich kurz vor der Niederkunft mit Aleeke, und ich wollte nach Omaha fliegen, um das Baby in der Nähe von Danas Familie zu bekommen. Die juristischen Formulierungen in dem Schriftstück machten mich damals nervös, weil sie so schwer zu lesen waren und ich sowieso nicht wusste, was sie bedeuteten. Also sagte ich: »Dana, kümmere du dich bitte um den Papierkram!« So blieb er mit meinen Schecks da und traf sich mit dem Hauswirt, um die Wohnung für uns zu mieten.

Wie ein geschlagener Zebrahengst stieg ich wieder die Treppe hinauf. Der unterlegene Hengst muss ja auch allein und blutig davonziehen.

Für Nomaden ist ein Haus äußerst wichtig, weil sich unsere Umgebung häufig ändert; aber jetzt sah ich mich in der Wohnung um mit dem Gedanken, was soll's? Hier wird meine Seele ohnehin nicht gelabt! Ich konnte nicht mit einem toten Geist, einem trockenen Wasserloch, einem leeren Brunnen leben. Es galt weiterzuziehen; das Gras war abgefressen und der Ort voller *djinns*. Überall richteten sie Schaden an.

Ich wusste, dass auch ich mich ändern musste – dass ich ein Teil des Problems war –, aber ich wusste nicht, wie ich mich verhalten sollte. Ich war schon immer misstrauisch gegenüber Männern gewesen, nicht nur wegen meines Vaters, sondern auch wegen verschiedener Dinge, die mir zugestoßen sind. Viele Begegnungen mit Männern in meinem Leben waren grässlich, und seitdem bin ich auf der Hut und wachsam. Ich glaubte, mit Dana würde es anders sein, weil er so süß und schüchtern war, als wir uns kennen lernten; aber letztendlich stellte sich auch bei ihm heraus, dass er mich für viel zu selbstverständlich hielt. Und ich hatte geglaubt, all die faulen Männer, die ihre Frauen für sich schuften lassen, in Somalia gelassen zu haben. Aber im Westen ist es nicht viel anders. Zu viele Männer haben mich ausgenutzt oder mir noch Schlimmeres angetan.

Als ich noch jung war, wohnte einer meiner Onkel bei uns. Er war kleiner als mein Vater, deshalb nannten wir ihn Kleiner Onkel. In der Dürrezeit blieb er bei meiner Familie und ging erst, wenn die *gu*-Regen einsetzten. Er kam aus Gelkayo, wo er sich mit einem Mann aus einer anderen Familie gestritten hatte. Kleiner Onkel hatte ein Messer und schnitt dem anderen Mann fast den Arm ab. Alle in der Familie sind verantwortlich, wenn Blut geflossen ist; deshalb bezahlten unsere Familienangehörigen den *diya*-Preis, um den Streit beizulegen. Sie schickten Kleinen Onkel zu uns in die Wüste, bis die Sache ein wenig in Vergessenheit geraten sein würde.

Kleiner Onkel war lustig und neckte mich immer. Er streckte seine langen Arme aus und packte mich heimlich an meinem *guntino*, wenn ich vorbeiging. Dabei blickte er mir direkt in die Augen. Ich hatte das gern und hielt ihn für jemand ganz Besonderen. Eines Abends sagte er: »Waris, soll ich dich begleiten und dir mit den Ziegen helfen?« Ich war geschmeichelt, weil er solches Interesse an mir zeigte – an einem kleinen Mädchen!

Halimo warnte mich: »Trau ihm nicht!«, aber ich hörte nicht auf sie, sie machte mir ständig Vorschriften. Als sich die Abenddämmerung über den fernen Hügeln ankündigte, gingen wir in den Busch, den *tuug* entlang und auf der anderen Seite wieder hoch, um nach den Ziegen zu rufen. Er fand eine hübsche Akazie und sagte: »Lass uns hier ein wenig im Schatten rasten.« Dann zog er seine Jacke aus und forderte mich auf, mich neben ihn zu setzen.

Er wirkte irgendwie seltsam, und deshalb erwiderte ich, ich wolle erst die Ziegen holen; aber er bestand darauf, dass ich mich auf seine Jacke setzte. Also setzte ich mich ganz vorsichtig auf den Rand, und er legte sich neben mich. Er war so nahe, dass ich seinen Schweiß riechen konnte. Ich sah den Ziegen eine Weile zu, wie sie Gras kauten und mit den Mäulern den Boden entlangfuhren, um die frischen, jungen Schösslinge aufzuspüren.

»Hör mal, Waris«, sagte er, »ich erzähle dir jetzt Geschichten. Leg dich hin und sieh zu, wie die Sterne hervorkommen.« Das mochte ich, und ich legte mich gehorsam zurück.

Er drehte sich auf die Seite und stützte den Kopf in die Hand. Dann kitzelte er mich am Hals und erzählte mir eine Geschichte von einem Mädchen, das eine große Nase hatte. Er berührte meine Nase und sagte, sie habe auch einen dicken Hals, einen dicken Bauch und große Brüste. Dabei fasste er mich jedes Mal an. Und auf einmal zog er an meinem *guntino*, packte mich und knotete ihn auf. Er warf sich auf mich, obwohl ich schrie, er solle weggehen. Aber natürlich konnte mich niemand hören, weil wir so weit vom Lager entfernt waren. Er schob mir das Kleid hoch und drängte mir die Beine auseinander. Sein *maa-a-weiss* stand offen, und er presste sich gegen meine Vagina. Ich schrie: »Hör auf! Hör auf! Was tust du da?« Da legte er mir seine große Hand über den Mund, und etwas spritzte aus ihm heraus. Lachend wälzte er sich von mir, und ich hatte den ganzen klebrigen Ekelschleim auf mir. Noch nie in meinem Leben hatte ich es gerochen, und bis zum heutigen Tag hasse ich den Geruch …! Ich stand auf, wischte mich ab und rannte den ganzen Weg nach Hause. Dort klammerte ich mich ans Bein meiner Mutter und schnupperte an ihr – sie roch sauber wie die Erde. Ich wusste nicht, was ich sagen sollte, weil ich nicht wusste, was passiert war. Ich hatte keine Ahnung von Sex, weil bei uns nie darüber gesprochen wurde. Dieser Mann hatte etwas Unrechtes getan, aber ich konnte es nicht benennen. Also umklammerte ich einfach nur das Bein meiner Mutter.

Sie strich mir über den Kopf und sagte: »Kleines, beruhige dich, was ist los, Liebes? Was ist los? Hat eine Hyäne dich gejagt?« Ich konnte nicht weinen, nicht reden, ich bekam kein Wort heraus, klammerte mich bloß an sie und ließ sie nicht los. Ich fühlte mich schmutzig und schämte mich – aber ich verstand nicht, warum. Dieser hassenswerte Mann hatte jedoch auf alle Fälle der Familie, die ihm Unterschlupf gewährte, etwas Schlimmes angetan.

Die Trennung von Dana löste jedoch meine Probleme nicht. Ich war eine allein erziehende Mutter ohne Wohnung und ohne die Unterstützung einer Familie. Eigentlich hätte es mir helfen sollen, dass er aus meinem Leben verschwand – aber es machte alles nur noch schlimmer. Ich fühlte mich so allein, dass ich mich ständig nach meiner Mutter sehnte; aber mein Traum, meine Familie wiederzufinden, schien von Tag zu Tag unerfüllbarer zu werden. In den Zeitungen standen nur schreckliche Nachrichten aus Somalia. Im Oktober 1992 hatte ich gelesen: »Bis zu zwei Millionen Somalis sind dem Hungertod nahe, und zweitausend sterben jeden Tag.« In meiner Heimat gibt es nur viereinhalb Millionen Menschen, deshalb glaubte ich den Journalisten, die schrieben: »Somalia ist die Hölle!« Was in den Jahren der Hungersnöte und Stammeskriege, die stattgefunden hatten seit meiner Abreise, aus meiner Familie geworden war, entzog sich meiner Kenntnis. Ich wusste nur, dass die Regierung total zusammengebrochen war, nachdem man Muhammad Siad Barre 1991 verjagt hatte. Fast zehn Jahre später war die neue Regierung noch immer nicht in der Lage, Frieden zwischen den Kriegsparteien zu stiften.

Meine Mutter wusste nicht einmal, dass ich einen Sohn hatte. Es gab keine Möglichkeit, es ihr mitzuteilen. Der schon immer eingeschränkte Postzustelldienst war mittlerweile völlig zerstört, und meine Familie lebte auch nicht in der Nähe einer Poststelle. Aber selbst wenn das so gewesen wäre – keiner von ihnen konnte lesen oder schreiben; deshalb hatte es ohnehin keinen Sinn, einen Brief zu schicken, geschweige denn ein Fax oder eine E-Mail. Mein armes kleines Land ist technologisch nicht auf der Höhe, es hat sich eher zurückentwickelt.

Ich war eine Person ohne Angehörige – so gut wie tot.

Das Glück reitet auf Gottes Flügeln,
Ein gutes Omen ist in Sicht,
Sei ruhig, mein Sohn, und verzweifle nicht!

(Somalisches Lied)

3

Buschtelefon

Eines trüben Nachmittags klingelte das Telefon, und ich nahm ganz mechanisch den Hörer ab. Ich hatte einfach so ein Gefühl. Es war jemand, der für Oprah Winfrey, den Fernsehstar, anrief. Sie ist eine tüchtige Geschäftsfrau, und davor habe ich großen Respekt.

»Wir stellen gerade ein Programm für eine Sendung über Gewalt gegen Frauen auf der ganzen Welt zusammen«, sagte die Stimme am anderen Ende der Leitung. »Wir hätten Sie gerne in der Sendung, weil es teilweise auch um Mitstreiterinnen geht.«

»Soll ich über Genitalverstümmelung an Frauen sprechen?«

»Das wird natürlich eines der Themen sein«, teilte die Frau mir mit, »aber dazu wird Calista Flockhart Frauen in Afrika interviewen.«

»Calista Flockhart?«, wiederholte ich.

»Das ist die Schauspielerin, die im Fernsehen Allie McBeal spielt.«

»Oh«, sagte ich nur, dachte aber insgeheim, was weiß die schon über Beschneidung?

Wenn es nicht gerade um Genitalverstümmelung an Frauen ging, konnte ich mir nicht vorstellen, was Oprah von mir wissen wollte.

»Wir hätten gerne, dass Sie den Part *Entdecke deine Seele* übernehmen.«

»Seele?«, fragte ich. »Nicht Genitalverstümmelung an Frauen?« Ich konnte es nicht begreifen – einem Elefanten ähnlich, der versucht, seinen Schwanz zu sehen.

»Ja«, erwiderte die Frau, »wir glauben, dass Sie perfekt dafür wären.«

Ich war vollkommen verblüfft, dass sie von mir nichts über die Verstümmelung der weiblichen Genitalien hören wollten. Ich war wie ein Milchkorb in der Dürre, ausgetrocknet und leer. Warum wollte Oprah unbedingt, dass ich über die Seele sprach, während ein weißes Mädchen, das nie beschnitten worden war, über Genitalverstümmelung an Frauen reden sollte? Was für eine Seele sollte ich denn entdecken? Alles schien mir doch wie Salz durch die Finger zu rinnen. Ich sagte der Person, ich würde darüber nachdenken und sie wieder anrufen. In meinem Herzen und Kopf häuften sich die Probleme, die ich anscheinend nicht lösen konnte.

In der gleichen Woche weckte mich früh am Morgen wieder das schrille Läuten des Telefons. Ich blickte zu dem Wecker auf meinem Nachttisch. Fünf Uhr! Vor lauter Verschlafenheit kam ich nicht darauf, was das wirklich bedeutete. Vielleicht war es ja erst vier Uhr, wenn auf dem Wecker fünf stand.

Ein Freund hatte mir erklärt, dass die Zeit geändert würde, um das Tageslicht auszunutzen, aber ich bekam es nicht auf die Reihe – vor allem nicht im Halbschlaf.

»Und warum müssen wir die Uhr umstellen?«, fragte ich ihn. »Wie kann man denn die Zeit ändern?«

»Im Herbst wird sie eine Stunde zurückgestellt und im Frühling eine Stunde vor«, erläuterte er. »Im Herbst stellst du sie zurück, weil die Sonne immer später aufgeht, und wir wollen, dass die Uhrzeit dem Sonnenaufgang entspricht.«

»Warum steht ihr dann nicht einfach jeweils bei Tagesanbruch auf?« In Somalia gab es solche Gedankengänge nicht, wir organisieren nicht einfach die Zeit um. In der Nähe des Äquators geht die Sonne das ganze Jahr über ungefähr zur gleichen Zeit auf, und wie lange es dann bis zu ihrem Untergang dauert, kann man an den länger werdenden Schatten ablesen. Was hatten Uhren mit der Sonne zu tun? In westlichen Städten gibt es so viele Lampen, dass es doch gar keinen Unterschied macht, ob es Tag oder Nacht ist; die meiste Zeit ist es außerdem so bewölkt, dass man die Sonne sowieso nicht sieht. In Somalia bestimmte die Sonne unser Leben. Wenn es dunkel war, ging man zu Bett, und in der Morgendämmerung stand man auf. Der Freund nannte als Beispiel Farmer in Michigan, die aufstehen müssen, um ihre Kühe zu melken. Ziegen erwachen, wenn die Sonne aufgeht, warum machen die Kühe in Michigan das nicht genauso?

Ich hatte das Gefühl, der Anruf käme von irgendeinem Familienmitglied, weil sie dafür immer seltsame Tageszeiten wählten; deshalb rappelte ich mich auf und ging ans Telefon. Es war mein ältester Bruder Mohammed aus Amsterdam. »*Nihyea*, Frau«, sagte er, und mit einem Schlag wurde ich hellwach. Er brauchte Geld, und ich sagte ihm, ich würde welches schicken. Mich um fünf Uhr morgens zu wecken ist typisch für meinen Bruder. Ich liebe ihn wirklich, aber er meldet sich immer nur dann, wenn er mein Geld braucht! Mohammed hatte Verwandte getroffen, die gerade aus Somalia angekommen waren. Sie konnten nicht nur problemlos dort reisen, sondern hatten sogar Angehörige besucht, die in der Nähe meiner Mutter lebten! Da sie wieder zurückkehren wollten, versuchte Mohammed jetzt, ihnen Geld für meine Mutter mitzugeben. Wenn jemand in meiner Familie Geld hat, dann teilen wir es – das ist bei uns üblich.

In Afrika reißen die Leute Witze über das Buschtelefon.

Da erfährt man einfach, wenn jemand zu Besuch kommt oder krank ist. Kommunikation findet ohne Telefon oder Papier statt; das sind Antennen, die ich nicht beschreiben kann. Ich habe keine Ahnung, woher Mohammed wusste, dass ich genau das hören wollte, was er sagte. Wundersamerweise rief er genau zu diesem Zeitpunkt an. Hier gibt es Handys, Faxe und Anrufbeantworter. Das ist ja alles ganz nett – aber ich glaube, solange man mit Gott Kontakt hält, meldet sich auch die Umwelt von alleine.

Die Leute fragen mich ständig: »Haben Sie Ihr Faxgerät eingeschaltet? Ich muss Ihnen einiges schicken.«

»Nein.«

»Haben Sie denn E-Mail?«

Dann erkläre ich ihnen, dass ich mit der modernen Technologie ein bisschen hinterherhinke. Aber es gibt verschiedene Möglichkeiten, mit denen, die man liebt, in Verbindung zu bleiben – die gar nichts mit der Technologie zu tun haben.

Mohammeds Anruf kam, als ich die Idee, nach Somalia fahren zu wollen, schon fast wieder aufgegeben hatte, und ich glaube, es war eine Botschaft Allahs. Mein Bruder sagte mir, meine Mutter wohne an der Grenze von Somalia zu Äthiopien in einem ruhigen, sicheren Dorf. Mein Vater lebte jetzt im Busch in der Nähe von Gelkayo, aber er sei kein Nomade mehr, obwohl er immer noch zu stolz war, sich in einem Dorf einzuquartieren. In den ständigen kriegerischen Auseinandersetzungen hatte er die meisten seiner Kamele verloren und inzwischen Probleme mit den Augen. Er wohnte mit den beiden Frauen zusammen, die er nach meiner Mutter geheiratet hatte.

Mohammed war in Mogadischu beim reichen Bruder meines Vaters aufgewachsen, deshalb kannte ich ihn gar nicht richtig. Dieses Arrangement ist in Somalia nicht ungewöhnlich. Ein Familienmitglied mit Geld wird häufig gebeten, sich um die Kinder ärmerer Verwandter zu kümmern. Selbst der Strauß legt sein Ei in ein anderes Nest. Die ahnungslose Mutter brütet alle Eier aus und zieht die fremden Küken mit groß. Manchmal findet man bis zu dreizehn Eier in einem Nest.

In unserer Kindheit war der Militärdiktator Siad Barre an der Regierung. Er wollte in Somalia einiges verändern. Somali ist keine Schriftsprache, weil die Religionsführer und die Regierung sich nicht auf eine Schrift einigen konnten. Gebildete Leute ziehen die lateinische Schrift vor; aber die Sheiks bestanden auf arabischen Schriftzeichen, in denen der Koran verfasst ist. Siad Barre wurde von den Russen und Chinesen unterstützt – er wollte beiden Nationen gefallen. Mao erklärte einer somalischen Delegation in China, dass er die lateinische Schrift vorzöge und wünschte, die Chinesen hätten sie von Anfang an benutzt. Auch die Russen waren für die lateinische Schrift. Also verkündete Siad, dass Somali in lateinischer Schrift erscheinen sollte. Das beendete die Auseinandersetzung, und Somali wurde tatsächlich eine Schriftsprache. Die Regierung rief eine kulturelle Revolution aus und ordnete an, dass jeder innerhalb von zwei Jahren lesen lernen sollte. In Mogadischu wurden neue Schulen eröffnet, wo Mohammed Somali, Italienisch und Arabisch lernte. Arabisch ist die Sprache des heiligen Koran, die sich jeder Schüler aneignet. Im Süden Somalias, früher einmal italienische Kolonie, wurden die meisten Regierungsdokumente auf Italienisch erstellt.

In Mohammeds Jugend brach die Stadt auseinander. Die Schulen und Krankenhäuser, für die das Ausland Geld gespendet hatte, wurden nie gebaut. Das Einzige, was ständig wuchs, war die Armee. Siad Barre war Darod, und für jemanden aus diesem Stamm gab es beim Militär zahlreiche Möglichkeiten. Die Armee hatte einen großen Bedarf an *khat*, und so wurde Mohammed *khat*-Dealer. *Khat* ist ein grüner Strauch, der ein Amphetamin wie Speed ausscheidet. Ursprünglich kauten es nur religiöse Führer, wenn sie Tag und Nacht den Koran rezitierten. Später saßen auch ältere Männer den ganzen Nachmittag über da und rissen kleine grüne Blätter von *khat*-Ästen, während sie über Politik und andere Themen diskutierten. Sie zerkauten die Blätter zu einer Art Paste, die sie so lange im Mund sammelten, bis sie ganz dicke Wangen hatten. Die Zähne wurden schwarz davon. Ich habe nie begriffen, was man daran findet. Es schmeckt nicht gut und sieht auch nicht besonders schön aus. Ständig läuft einem grüner Saft aus den Mundwinkeln. Mohammed schmuggelte *khat* aus dem Hochland von Äthiopien und Kenia, wo es wächst, ins Land und verkaufte es an die Armee.

Bei halbwüchsigen Jungen in der Armee galt *khat* als schick. Wenn sie die Droge gekaut hatten, wurden die Soldaten immer erregter und irrationaler. In den ersten beiden Stunden nach dem Genuss von *khat* fühlt man sich glücklich; später jedoch wird man deprimiert und müde, kann aber nicht schlafen.

Einmal kam mein Onkel Achmed in den frühen Siebzigerjahren aus Gelkayo, um nach seinen Kamelen und Ziegen zu sehen. Er wirkte erregt und redete lange mit meinem Vater. Meine Mutter und ich flochten in der Nähe Stricke aus Kamelhaut und hörten ihnen zu.

»Siad Barres Soldaten halten Ausschau nach kleinen Jungen.«

»Was wollen sie mit ihnen?«

»Sie bringen jeden, den sie finden können, an einen Ort, um sie dort als Soldaten auszubilden. Glaub mir, sie haben schon viele Kinder entführt! Es wird einen Krieg mit Äthiopien geben, wegen des Ogaden, das sie uns weggenommen haben. Ich will nicht, dass meine Söhne kämpfen, sie sind noch zu klein. Deshalb verstecke ich sie.«

»Woher kriegen sie denn die Gewehre? Wer gibt einem kleinen Jungen wohl ein Gewehr?«

»Afweine, das Großmaul (Siad Barre), bekommt von überallher Geld! Italien, die Vereinigten Staaten, Deutschland, Russland und China geben ihm Geld, und er kauft damit die Ausrüstung für seine Armee. Waffen hat er genug – nur Soldaten braucht er noch.« Onkel trank einen Schluck Tee und spuckte aus. »Ich habe das schon von vielen Verwandten gehört«, warnte er. »Unsere Söhne verschwinden auf einmal, wenn sie mit ihren Kamelen im Busch sind. Die Soldaten entführen sie für die Armee und nehmen die Tiere gleich mit.«

Als er weg war, überlegten meine Eltern, ob sie ein Loch graben und meine Brüder darin verstecken sollten. Schließlich schickte mein Vater die Jungen zu Verwandten im Norden und brachte mir bei, ihm bei den Kamelen zu helfen. Ich war stolz und entschlossen, meine Aufgabe gut zu machen, da sonst nur männlicher Nachwuchs sich um die Kamele kümmern durfte.

Alle paar Tage ging ich mit den Tieren zu einem Brunnen. Den Weg dorthin hatte mein Vater mir gezeigt. Sie lagern kein Wasser in ihren Höckern, sondern eine Art Fettvorrat, von dem sie sich ernähren. Das Leitkamel kannte den Weg, und die übrigen trotteten dem Klang seiner hölzernen Glocke nach. Ich trug eine Ziegenhaut, aus der meine Mutter einen flachen Eimer mit einem langen Seil genäht hatte, damit ich das Wasser aus dem Brunnen schöpfen konnte. Eines Tages war der Weg versperrt – von Armeezelten und Jeeps. Mir blieb das Herz stehen, weil ich wusste, dass sie Mädchen vergewaltigten und die Tiere stahlen. Ich kletterte auf einen kleinen Hügel und schlich mich näher heran, um die Soldaten zu beobachten, die mit ihren langen Gewehren herumstolzierten. Hinten auf den Lastwagen lagen große Maschinengewehre. Die Kamele ließ ich allein weitergehen, aber sie hatten Angst vor dem Lärm und den fremden Gerüchen. Sie machten einen großen Bogen um das Lager, und ich hoffte, sie würden alleine zum Wasserloch finden. Ich kroch an dem Lager vorbei auch dorthin, damit die Soldaten mich nicht entdeckten. Dann schöpfte ich Wasser für die Kamele und schlich mich im Dunkeln wieder zurück nach Hause.

Dann beschloss mein reicher Onkel, aus Mogadischu wegzuziehen. Er sagte, in der Stadt ginge alles drunter und drüber. »Alle Leute leben vom Bakschisch, von Bestechungsgeldern und Raub«, berichtete er meinem Vater. »Mogadischu ist voller *muryaan*, Straßenkindern, die nur Ärger machen.«

»Vom Hunger getriebene Menschen ohne Ehre tun alles, um etwas zu essen zu bekommen«, warf mein Vater ein.

»Sie haben kein Heim und kein Einkommen. Wir haben die Stadt jedenfalls verlassen, und ich will nie wieder zurück. Die Regierung ist nur auf ihre eigenen Vorteile bedacht, und es gibt nirgendwo mehr Sicherheit.«

Der Krieg mit Äthiopien begann im Jahr 1974, und von da an war Somalia vom Bürgerkriegsgeschehen und später von Hungersnöten gepeinigt. Erst 1991 waren Barres Streitkräfte besiegt, und die Oppositionellen kontrollierten Teile von Mogadischu. Aber sie brachten keine Einigung zu Stande, wer Präsident sein sollte, und dies führte zu Kämpfen zwischen den Stämmen.

Kurz nach dem Besuch meines Onkels lief ich von zu Hause weg und gelangte auf Umwegen nach London. Es gab nur selten Nachrichten von meiner Familie, und bald hörte ich gar nichts mehr. Im Dezember 1992, kurz nachdem ich wegen meiner Karriere als Model von London nach New

York gezogen war, brachte ein Freund mir eine Ausgabe des Sonntagsmagazins der *New York Times* mit. Ich konnte die Bilder kaum ertragen. Eine Hungersnot hatte mehr als hunderttausend Menschen dahingerafft. Und sie war nicht durch eine Dürre entstanden – sondern auf Grund des Bürgerkriegs, nachdem man Siad Barres Regime gestürzt hatte. Jetzt gab es keine Regierung mehr, und terrorisierende Banden beherrschten das Land. Niemand konnte mehr etwas anbauen, und die meisten Tiere hatten sie gestohlen. In dem Magazin befanden sich Schwarzweißfotos von verhungernden Menschen. Die Hilfsorganisationen konnten den Hungernden nichts zu essen liefern, weil Banditen die Nahrungsmittel, die für Frauen und Kinder bestimmt waren, plünderten. Die Bilder zeigten weinende Kinder mit eingesunkenen Augen und spitzen Wangenknochen. Eine Frau lag zusammengesunken mitten auf der Straße. Ich habe gehört, dass in diesen schrecklichen Jahren jedes vierte Kind starb. Die Kleinen und Schwachen litten natürlich am meisten. Was mit meiner Familie geschehen war, konnte ich nicht herausfinden. In der Zeitung stand: »Glücklich sind diejenigen, die in diesem vom Krieg, Dürre und Hungersnot heimgesuchten Land gestorben sind.« Das Fernsehen berichtete über die verzweifelten Bemühungen, der bewaffneten, marodierenden Soldaten in den Städten Herr zu werden.

Eine Million Somalis floh aus dem Land, und einer jener Glückspilze, die entkamen, war mein Bruder Mohammed. Er rief mich an, als er in Amsterdam eintraf. Ich freute mich so sehr über sein Lebenszeichen, dass ich sofort hinflog.

Als ich Mohammed sah, erkannte ich diese klapperdürre Gestalt kaum wieder. Seine Unterlippe war bis auf den Kieferknochen gespalten, weil er so lange ohne Wasser hatte auskommen müssen. Unter seinem Hemd zeichneten sich seine Schlüsselbeine ab, und er sah aus, als sei etwas in ihm gestorben oder leer. Ich umklammerte ihn. »Mohammed, was ist geschehen, wo bist du gewesen?« Mein Bruder wirkte verängstigt.

»Monatelang haben sie uns hinter Stacheldraht eingesperrt – uns nicht genug zu essen und zu trinken gegeben.«

»Aber warum denn nur?«

»Waris, es war eine verrückte Zeit. Den ganzen Tag über haben die Soldaten getrunken und *khat* gekaut, zum Frühstück, zum Mittagessen und zum Abendessen. Sie haben sich ständig gestritten und nur so aus Spaß mit ihren Gewehren herumgeballert, wenn sie durch die Stadt fuhren.

»Hiiyea.« Ich war fassungslos über Mohammeds Bericht.

»Gegen Abend waren sie betrunken und berauscht – Nüchternheit erregte bei den Offizieren Verdacht. Wenn man nur sagte: ›He, leise! Dort drüben sind Leute!‹, haben sie einen schon wieder angebrüllt. Die Armee war es gewöhnt, Entscheidungen der Regierung mit Druck durchzusetzen, Diskussionen kamen nicht in Frage. Die Regierung erklärte, Frauen hätten das Recht, Besitz zu erben; aber viele Sheiks protestierten, weil es gegen die islamische Tradition war. Zehn Sheiks wurden direkt in ihren Moscheen von Afweines privaten Truppen hingerichtet. Wer gegen den Mord an den religiösen Führern demonstrierte, wurde auf der Straße niedergemacht. Soldaten erschossen und vergewaltigten Frauen und Mädchen aus reiner Tollheit!«

In den nächsten Tagen erzählte Mohammed, wie Afweine schließlich jeden aus den Stämmen der Mijertein, Howiye oder Issaq verdächtigte. Er holte sich Mitglieder aus seinem eigenen Stamm, den Mareehan, in den Obersten Revolutionsrat, und sie gehorchten ihm blindlings. Eines Nachts beschuldigten sie meinen Bruder, er sei dem Präsidenten gegenüber nicht loyal genug, und er wurde ins Gefängnis geworfen.

»Sie verfolgten jeden von den Mijertein; eines Nachts zerrten sie mich aus dem Bett, schlugen mich zusammen und ketteten mich über eine Woche lang in einem dunklen Raum an. Keine Verhandlung, nichts – einfach nur Willkür!« Mohammed wollte am liebsten gar nicht darüber reden.

»Und das Essen?«, fragte ich ihn. Er war so abgemagert, dass seine Augen tief eingesunken in seinem Kopf lagen.

»Sie haben uns eigentlich fast nichts gegeben. Wir bekamen ein bisschen Reis und eine Tasse Wasser zum Waschen.«

»Oh, Mohammed! Wie bist du da rausgekommen?«

»Alle waren ständig berauscht, und Onkel hat die Wachen bestochen, sodass sie ein Auge zudrückten. Wenn ich in Somalia geblieben wäre, wäre ich jetzt ein toter Mann. Irgendwie haben Verwandte genug Geld zusammengekratzt, damit ich Mogadischu verlassen konnte, dann bin ich mit einem Transport nach Kismayu an der Südküste gefahren. Dort ist Afweines Stamm nicht so mächtig. Von dort ging es weiter mit einer Dau nach Mombasa und zuletzt mit dem Flugzeug aus Afrika weg.«

Trotz seiner entsetzlichen Erlebnisse blieb mein Bruder mit Somalia in Verbindung. Wenn jemand mir helfen konnte, dann er. »Mohammed«, begann ich, »ich habe davon geträumt, nach Somalia zurückzukehren.« Das hatte ich ihm schon einmal erzählt, und er glaubte mir nicht.

»Ja, ja, Frau«, sagte er. »Du warst seit zwanzig Jahren nicht mehr da – warum willst du denn gerade jetzt wieder hin? Du solltest ihnen besser Geld schicken.«

»Nein, Mohammed, ich meine es ernst. Ich möchte nach Hause, aber ich habe Angst und weiß nicht so recht, wie ich es anstellen soll. Würdest du mir helfen?«

»Hiiyea«, willigte er ein.

Hiiyea? Ich hatte gedacht, er hielte mir jetzt einen Vortrag darüber, wie gefährlich es sei und warum ich so etwas riskierte, wo alle anderen nur dort wegwollten. Hiiyea bedeutet in etwa ›Ich höre dich‹. Mir war so, als zündete jemand im Dunkeln ein Streichholz an. »Glaubst du, die Reise ist nicht zu gefährlich? Glaubst du, ich finde jemanden wieder, den ich kenne? Ich habe seit Jahren kein Somali mehr gesprochen«, plapperte ich nervös und aufgeregt drauflos.

1995 hatte ich zugestimmt, für die BBC in einem Dokumentarbericht mitzuwirken, weil man mir helfen wollte, meine Mutter aufzuspüren. Ich konnte dann tatsächlich drei Tage mit ihr in Galadi (Äthiopien) nahe der somalischen Grenze verbringen. Nach Somalia einzureisen war mir allerdings zu gefährlich. Schon damals hatte ich bereits Mühe mit der Sprache gehabt.

Mein Traum von der Heimkehr nahm Gestalt an. Ich wollte unbedingt zurück, und Mohammed willigte ein, mich zu begleiten, wenn ich für ihn zahlte. Da er nur eine kleine Unterstützung von der Regierung bekommt, kann er sich eine solche Reise nicht leisten. Er spricht hervorragend Somali, für den Fall, dass mir einiges nicht mehr einfallen würde. Ich fühlte mich sicher mit meinem Bruder und konnte Aleeke bei seiner Frau und den Kindern in Amsterdam lassen. Schon in der nächsten Woche buchte ich, damit sich nicht alles wieder einmal änderte und die Tür für immer zuschlug. Als Mohammed sagte, wir könnten auch meinen Vater besuchen, bekam ich feuchte Handflächen. Allein der Gedanke an meinen Vater jagte mir Angst ein, obwohl so viele Jahre vergangen waren. Mohammed hatte auch Angst. Er war knapp mit dem Leben davongekommen, und die Erinnerungen an Mogadischu quälten ihn immer noch. Es hatte Jahre gedauert, bis er in Holland als Flüchtling anerkannt war; trotzdem durfte er weder zur Schule gehen noch arbeiten. Für ihn gab es nur Warten. Er suchte genauso nach sich selbst wie ich.

An diesem Nachmittag rief ich Oprahs Mitarbeiterin an und erklärte ihr, ich müsse leider absagen, weil ich während der Aufzeichnung der Sendung in Somalia sei. Zudem wollte ich nicht so tun, als hätte ich eine wunderschöne Seele, während in Wirklichkeit an der Stelle meines Herzens ein Loch gähnte.

Nachdem ich die Entscheidung endgültig getroffen hatte, zu meiner Familie zu reisen, geriet ich in Panik. Meine Tanten und Cousinen waren richtige somalische Frauen, sie trugen keine engen Hosen und T-Shirts oder eine Baseballkappe. In London hatte ich all meine zerlumpten Kleider weggeworfen, wie bei einer Häutung. Jetzt wollte ich meine Herkunft wiederhaben. Ich rannte durch ganz Manhattan, fand aber keine somalischen Gewänder oder *dirah*. Sie sind bodenlang, damit man die Beine nicht sieht, und aus einem dünnen, luftigen Stoff. Die Tücher sind mit Blumen bedruckt oder einen bunten, geometrischen Muster und einfarbig. Man misst den Stoff am ausgestreckten Arm bis zur Nase. Die Dorfschneider mit ihren fußbetriebenen Nähmaschinen nehmen die Meterwaren, falten sie einmal in der Länge zusammen und schneiden ein rundes Loch für den Hals aus. Die Seiten werden bis auf die Armlöcher zusammengenäht, dann fassen sie den Halsausschnitt ein und säumen den unteren Rand. Darunter trägt man einen Halbrock. Ich kannte niemanden, der so große Brüste gehabt hätte, dass er einen BH gebraucht hätte, außer mir! Frauen bedeckten ihren Kopf mit einem langen Schal, den man sich übers Gesicht zieht, wenn man mit einem nicht verwandten Mann ausgeht oder spricht. Die Beine jedoch gelten als provozierendstes Körperteil, und jede Frau, die es wagen würde, Shorts oder enge Hosen zu tragen, würde unweigerlich gesteinigt.

Ich fragte meine Freundin Sharla um Rat, und sie schickte

mich zu »Banana Republic«. »Was haben Sie für die Wüste?«, fragte ich.

»Wir haben Khakihosen, Shorts und Safarihüte.«

»Ich brauche etwas, das fließend und lose ist, ohne Reißverschluss oder Gürtel«, trug ich mein Anliegen vor. »Hosen sind zu heiß für die Wüste.« Sie zeigte mir ein langes, schwarzes Kleid, und ich fragte sie, ob sie nicht etwas Farbenfroheres hätte. »Ich liebe bunte Kleider – sonst sehe ich ja aus wie die Wüste!«

»Kleider mit Blumenmustern gibt es im Moment nicht«, erwiderte sie. »Sie sind nicht im Trend.«

Das Einzige, das ich fand, waren indische Saris. Der Baumwollstoff erinnerte mich an daheim, und ich glaubte, vielleicht einen *guntino*, also ein Wickelkleid, daraus fertigen zu können, aber genau entsprach es nicht dem, was die Frauen zu Hause trugen. Der Saristoff ist viel länger, weil man ihn sich um die Taille wickelt, während somalische Kleider von den Schultern gerade hinunterfallen.

Ich wollte auch allen aus der Familie etwas mitbringen, vor allem meiner Mutter; aber auch das stellte sich als schwierig heraus. Was kam denn eigentlich in Frage? Nomaden besitzen keine unnützen Dinge, und ich hatte keine Ahnung, was sie wirklich brauchten oder sich wünschten. Meine Familie konnte mit der Skyline von New York oder Plastiknachbildungen der Freiheitsstatue nichts anfangen. Ein großer Stift mit einer Quaste am Ende oder ein T-Shirt mit dem Foto des Empire State Building würde meiner Mutter wohl auch kaum gefallen. Mit welchen Dingen konnte sie denn wirklich etwas anfangen? Ich kaufte Babyöl und Kokosnussöl für trockene Haut, weil das in der Wüste immer nützlich ist. Dazu kamen Kämme, gelbe Seife in Form eines Fächers, die gut roch, Haaröl, Zahnbürsten und Zahnpasta. Als ich ein Kind war, benutzten wir bestimmte

Zweige, um uns die Zähne zu putzen, und ich fragte mich, ob es diese besonderen Büsche wohl noch gab. Außerdem existierten keine Zahnärzte in Somalia, und deshalb würden Zahnbürsten sicher nützlich sein. Für meine Mutter kaufte ich den prächtigsten Spiegel, den ich finden konnte. Ich wollte, dass sie einmal selber sah, wie schön sie ist. Das Einkaufen war eine schwierige Angelegenheit, und während ich die Abteilungen in den Kaufhäusern durchforstete, dachte ich immer nur nein, nein, nein. Nahrung und Wasser sind lebenswichtig, die Tiere und das Umherziehen ebenfalls. Aber Gegenstände sind meiner Familie nicht wichtig. Wir benutzen keine Kleenex, keine Papiertaschentücher, keine Wegwerfwindeln und auch kein Toilettenpapier oder Binden. Wenn Frauen ihre Periode haben, tragen sie ein altes, dunkles Kleid und bleiben im Haus. Wir benutzen keinen Lippenstift, kein Gesichtspuder, keinen Kajal oder Maskara. Es gibt keinen Strom für Föhn oder Toaster. Ich überlegte, ob ich Kleider mitnehmen sollte, aber Nomaden haben nur das, was sie am Leib tragen. Bei uns gibt es keine Schränke voller Nippes, und ich hatte nie besonderes Interesse daran, viele Kleider zu besitzen. Ich liebe es, sie vorzuführen, aber behalten will ich sie nicht.

Ich kaufte bunte Schals für die Frauen und Sandalen für meine Eltern. Wir essen keine Süßigkeiten, und Nahrungsmittel würden sicher verderben, bis ich anlangte – also nahm ich nichts Essbares mit. Meine Brüder sollten Rasierklingen bekommen. Für meinen Vater besorgte ich zunächst Kamm und Bürste, brachte das Set aber wieder zum Geschäft zurück, weil ich auf einmal sicher war, dass er es grässlich finden würde. Ich bin vor ihm davongelaufen und habe mich zwei Tage lang versteckt, als er nach mir suchte. Ich werde nie vergessen, wie er sagte: »Ich weiß nicht, von wo du stammst. Du bist keine von uns!« Wie soll man so jemandem einen Kamm und eine Bürste schenken? Alle Tränen, die ich nie geweint habe, weil ich nicht die Zeit dazu hatte – schließlich musste ich überleben –, waren immer noch da. Sie steckten tief in meinem Herzen. Aber vor lauter Reisevorbereitungen kam ich auch jetzt nicht zum Weinen.

Männer schützen einander die Flanken,
So werden sie Brüder.
Sollen wir einander helfen
oder uns fern halten voneinander?

(Somalisches Arbeitslied)

4

Unterschiede

Die Frau im Büro von American Express teilte mir mit, dass ich das Ticket nach Amsterdam einundzwanzig Tage vorher kaufen könnte oder dass ich am Dienstag oder Mittwoch fliegen und dann an einem Mittwoch oder Donnerstag inklusive einer Wochenendübernachtung zurückkommen könnte. Wie sollte das denn gehen? Und warum überhaupt? Ich erklärte ihr: »Mein Bruder hat herausgefunden, wo meine Mutter ist, aber möglicherweise zieht sie auch wieder weiter; wenn ich hinwill, muss ich die Reise sofort antreten.«

Die Frau starrte mich an, als sei ich ein seltenes Insekt. Als ich hereingekommen war, fiel mir als Erstes eine riesige Handtasche auf ihrem Schreibtisch ins Auge. Sie nahm eine große Flasche Lotion heraus und rieb sich die Hände ein, als ich mich setzte. Es ist mir ein Rätsel, warum Frauen den ganzen Tag eine halbe Apothekenausstattung mit sich herumschleppen. Alles Dinge, die völlig unwichtig sind. So jemand könnte einen Nomaden nie verstehen, deshalb sagte ich: »Ich brauche zwei Tickets für nächste Woche, ein Erwachsener und ein Kind.« Als sie sich nach dem Datum des Rückflugs erkundigte, ging ich ins Detail: »Ich fliege von Amsterdam nach Somalia und kann jetzt noch nicht sagen, ob wir es überhaupt bis dorthin schaffen, geschweige denn zurück.

Wenn Gott will, geht alles gut, und wir kommen heil wieder.«

Sie riss die Augen auf: »Was? Sie fliegen nach Somalia?«

»Ich versuche es jedenfalls«, erwiderte ich. »Meine Mutter lebt da.«

Ihr Blick wurde weicher, und sie nickte mir zu. Dann erklärte sie mir, sie müsse ein Datum für den Rückflug einsetzen, weil sonst die Tickets teurer würden. Außerdem meinte sie, ich könnte Probleme mit der Einwanderungsbehörde bekommen, wenn ich keinen Rückflug angäbe; deshalb buchte ich den Rückflug, kurz bevor ich eine Konferenz bei der UNO hatte. Ich bezahlte die Tickets mit Kreditkarte und sagte, ich wolle diese elektronischen Dinger nicht, bei denen man nichts in der Hand hat. Denn dann behaupteten sie manchmal beim Einchecken, sie fänden keine Daten. Ich wollte ein richtiges Ticket, das ich am Flughafen vorzeigen konnte.

Sie lachte und bekannte, dass es ihr genauso ginge.

Wir flogen Dienstagabend, und nachmittags rief ich Mohammed an, um ihm Bescheid zu sagen, wann er uns abholen sollte. Er konnte es immer noch nicht fassen und sagte: »Wirklich? Ich glaube es erst, wenn ich euch am Gate sehe.« Ich versicherte ihm jedoch, dass wir bereits auf dem Weg zum Flughafen seien.

Aleeke benahm sich mustergültig in der Maschine, und ich war stolz auf ihn. Wie ein kleiner Mann saß er da, sah sich die Leute an oder malte. Er ist ein Nomade wie ich, fliegt oder fährt gerne irgendwohin – auch wenn er dabei nicht so herumspringen kann, wie er das sonst den ganzen Tag tut. Fröhlich aß er das abgepackte Essen mit einer Plastikgabel und spielte mit den Kopfhörern. Als er zur Toilette musste, stand er auf und wackelte den Gang entlang, wie alle anderen auch. Mein Kind ist ein moderner Nomade.

Während er neben mir im Flugzeug saß, konnte ich deutlich seinen Scheitel sehen. Er hat eine Hautkrankheit, und ich hatte noch nicht herausbekommen, woran es lag. Seine weichen Haare fielen in Büscheln aus, und darunter waren entzündete Stellen, teilweise auch mit Eiter gefüllt. Ich versuchte alles Mögliche: Ich nahm reines Eukalyptusöl sowie ein bisschen Wasser und verrieb es auf der Kopfhaut. Ich zermahlte Oregano zu einer Paste und rührte eine Salbe aus Honig mit Myrrhe an. Als alle pflanzlichen Medikamente nichts nützten, ging ich mit ihm zu einem Kinderarzt, aber er sagte nur: »So etwas haben Kinder häufig.« Er verschrieb mir eine helle, klebrige Creme, aber auch davon wurde es nicht besser. Die weißen Stellen blieben. Mein Kind hatte eine unangenehme Krankheit, und ich war machtlos dagegen.

Dhura, Mohammeds Frau, kannte ich noch nicht. Ich hatte Mohammed das letzte Mal gesehen, als er aus Mogadischu nach Amsterdam geflohen war, damals noch Junggeselle. In den letzten beiden Jahren hatte ich mit ihr häufig telefoniert und das Gefühl, sie sei eine gute, liebevolle Frau. Sie hielt den Familiensinn meines Bruders wach. Als wir uns einmal gestritten hatten und nicht mehr miteinander sprachen, drängte sie ihn, mich wieder anzurufen. »Sei doch nicht albern«, sagte sie zu ihm. »Du bist der Ältere. Na los, ruf deine Schwester an – erzähl ihr das Neueste aus Afrika.« Tief im Herzen wusste ich, dass sie gut zu meinem Sohn sein würde.

Verwandtschaft allein bedeutet noch gar nichts, zumindest kümmern sich Verwandte nicht automatisch auch um deine Kinder. Als ich noch ein Mädchen war und meiner Mutter ungefähr bis zu den Brüsten reichte, hielt ich mich einmal eine Zeit lang bei einer Tante auf. Einen Tag, nachdem ich angekommen war, wurde ich unglücklicherweise sehr krank. Abwechslungsweise schwitzte und fror ich, mein

Kopf tat weh, und ich war so schwach, dass ich kaum sprechen konnte. Wahrscheinlich handelte es sich um Malaria. Meine Tante half mir jedoch nicht – sie ließ mich einfach daliegen und traf sich mit Freundinnen. Und ihrer Anweisung nach sollte ich auch noch ihre Kinder hüten; dabei konnte ich kaum aufstehen, ohne dass es mir schwindelig wurde. Ich sehnte mich so sehr nach meiner Mutter, dass ich zu Allah betete, er möge ihr alles erzählen. Sie kannte sich aus, wenn Leute krank waren, und in ihrer Nähe fühlte sich jeder besser, obwohl sie nur Rinde hatte, die sie unter besonderen, heilenden Gebeten zu Pulver verrieb. Manchmal vermögen eine Berührung und ein kühles Tuch genauso gut zu heilen wie Antibiotika. Meine Tante jedoch kochte mir noch nicht einmal einen Tee; sie benahm sich so, als sei meine Krankheit ansteckend – bei Dhura jedoch hatte ich das Gefühl, dass sie sich meines Kindes annehmen würde, als wäre es ihr eigenes. Es war für mich wichtig, dass Aleeke mit somalischer Lebensart vertraut würde. Von seinem Vater, der afrikanisches Denken nicht verstand, konnte er sie nicht lernen.

Als ich anfing, mit Dana auszugehen, war er stolz auf meine afrikanische Herkunft. Er hielt mich für etwas Besonderes und Exotisches, aber später dann missbilligte er meine Art. Wir hatten zwar die gleiche Hautfarbe, kamen aber aus zwei unterschiedlichen Welten. Zum Beispiel sagte Dana: »Komm, wir kaufen uns auf dem Weg zum Kino eine Pizza.« So etwas tun wir nicht – Essen ist ein Geschenk Allahs. Wir waschen uns und sprechen ein Gebet, bevor wir zu essen beginnen. Zwar essen wir mit den Händen, aber langsam und mit Andacht. Ich fand es immer abstoßend, dass Amerikaner sich Essen in den Mund stopfen, während sie die Straße entlangspazieren. Dana respektierte mich nicht. Ich habe mich oft gefragt, ob es daran lag, dass ich in Afrika aufgewachsen war. Lag es daran, dass ich mehr Geld verdiente als er? Dass ich durch meine Modelkarriere bekannter war als er?

Als ich das erste Mal in den Club kam, in dem Dana mit seiner Band spielte, fiel er mir sofort auf. Ich begann zu tanzen, damit ich ihn beobachten konnte. An diesem Abend trug ich einen grünen Pullover, hochhackige Stiefel, und meine Haare standen in wilden Locken um meinen Kopf. Später witzelte ich oft: »Ich will ein Kind von dir.« Das jagte ihm wirklich einen Schreck ein, und er hielt mich für verrückt. Als ich dann mit Aleeke schwanger war, erinnerte ich ihn daran. Schon beim allerersten Mal hatte ich das Gefühl, er sei der Richtige für mich.

Dana beeindruckte mich von Anfang an mit seinem Verhalten. Er ist im Mittleren Westen aufgewachsen und war sensibel und schüchtern. Mir kam er aufrichtig und gutherzig vor. Es fällt mir nicht leicht, Männern zu trauen, und Danas rücksichtsvolles Verhalten zog mich magisch an – wegen meiner Infibulation sind meine frühen Erinnerungen an Sex schrecklich. Als ich noch sehr klein war, hörte ich eines Nachts Geräusche, die ich nicht verstand. Meine Mutter hatte ihre Schlafmatte auf der anderen Seite unserer Rundhütte, und mein Vater lag auf ihr. Sie sagte nichts, aber er bewegte sich seufzend und grunzend hin und her. Ich trippelte zu ihnen, um nachzusehen, was los war. Als ich meine Mutter am Arm zupfen wollte, flog ich auf einmal rücklings durch die Hütte. Ich war so erschrocken, dass ich keinen Ton von mir gab. Meine große Schwester Halimo nahm mich in die Arme und flüsterte: »Sei still, Waris. Lass Mama in Ruhe.« Als ich am nächsten Morgen meine Mutter danach fragte, scheuchte sie mich weg. Über Sex redete man nicht.

Dana war sanft und herzerfrischend wie Regen am Morgen. Je sicherer und wohler ich mich bei ihm fühlte, desto mehr erwachte mein Verlangen. Es erregte mich schon, wenn er nur über meine Hand streichelte. Ich glaube nicht, dass Beschneidung jegliches sexuelle Verlangen abtötet, aber ich bin dadurch zumindest sehr vorsichtig geworden. Wenn ich mich jedoch erst einmal sicher fühle, dann will ich umarmt und gestreichelt werden. Meine Familie und mein Stamm sind sehr zärtlich, obwohl Männer und Frauen in der Öffentlichkeit nie zusammen gesehen werden. Häufig jedoch gehen Männer Händchen haltend durch die Stadt. Das bedeutet nicht, dass sie schwul sind; aber somalische Männer drücken ihre Freundschaft füreinander genauso aus, wie Frauen es mit ihren Freundinnen tun. Im Westen umarmt man sich jedoch nur zur Begrüßung, und deshalb genoss ich es besonders, jemandem körperlich nahe zu sein. Auch Frauen, denen wegen Brustkrebs eine Brust entfernt worden ist, können sich noch sexy fühlen. Ein Teil meines Körpers war weggeschnitten worden, aber mir fehlte nichts Wichtiges, als Dana mich küsste. Für mich hat Sex etwas damit zu tun, was ich für meinen Partner empfinde. Ein Orgasmus beginnt für mich im Kopf und endet in meinem Herzen. Ich bin leicht abzuschrecken, aber Dana berührte mich so sanft, dass ich mich sofort in ihn verliebte.

Nach Aleekes Geburt jedoch begannen die Streitigkeiten und Auseinandersetzungen. Wir benutzen zum Beispiel bei neu geborenen Babys in Somalia keine Windeln. Mutter und Kind sind sich so nah, dass die Mutter immer ganz genau weiß, wann der Säugling Wasser lassen muss. Dann setzt man sich auf den Boden und hält das Kind zwischen den Beinen. Das Baby pinkelt in den Sand, und man kann es mit einem Blatt, Allahs Waschlappen, abwischen. Dabei redet man die ganze Zeit über mit ihm und erzählt ihm, was es da macht, damit es das, was es tut, mit den Worten der Mutter in Verbindung bringt. Wenn Kinder anfangen zu laufen, überredet man sie mühelos dazu, sich selber hinzuhocken. Alle kleinen Kinder tragen nur eine Art Hemd, bis sie ungefähr drei Jahre alt sind. Sie sind sehr stolz, wenn sie endlich Shorts oder ein Kleid tragen dürfen.

Dana verstand das nicht, und seine Großmutter auch nicht. Sie hatte Dana großgezogen, und wir besuchten sie häufig. Sie fand, das Kind sollte die ganze Zeit über eine Windel tragen. Ich sehe das ein, wenn es kalt ist; aber im Haus zog ich Aleeke immer nur ein T-Shirt über, als er krabbeln konnte. Dana beschwerte sich darüber, aber er wechselte dem Kind auch nie die Windeln, wenn er einmal korrekt gewickelt herumkrabbelte. Ich dagegen finde, dass der Körper eines Babys ein wunderschöner Anblick ist; Kinder sind physisch einfach vollkommen. Danas Familie jedoch hielt es für eine Sünde, ein Kind nackt herumlaufen zu lassen. Was soll denn am Körper eines Babys sündig sein? Aber die Bemerkungen taten weh, und da ich von Dana und seiner Familie akzeptiert werden wollte, zog ich meinem Sohn Hemd, Hose, Socken und Schuhe an. Zu Wegwerfwindeln konnte ich mich allerdings nicht durchringen. Was für eine Verschwendung! All das Papier im Abfall! Wo soll denn das ganze Zeug und Plastik letztendlich hin?

Obwohl Dana und ich nicht verheiratet waren, als ich Aleeke bekam, liebte seine Großmutter, die wir beide Granny nannten, das Kind uneingeschränkt. Sie war so glücklich darüber, einen Enkel zu haben. In gewisser Weise erinnerte sich mich an meine Großmutter. Sie hat Selbstvertrauen und strenge, altmodische Wertvorstellungen. Wahrscheinlich ist sie die typische Großmutter – aber eben nicht die Großmutter, wie ich sie mir vorstelle. Meine Großmutter in Mogadischu war eine echte, somalische Dame. Sie ging nie aus dem Haus, ohne sich das Gesicht zu bedecken. »Wie kannst du dahinter denn etwas sehen?«, fragte ich sie immer. Sie musste ihre Kinder alleine großziehen, aber sie benahm sich untadelig. Granny verhielt sich völlig anders, und sie ermahnte mich ständig: »Das tun wir hier nicht!« Von Afrika wollte sie nichts wissen, sondern ich sollte mich den amerikanischen Sitten anpassen. Granny verbrachte ihr ganzes Leben in Omaha, Nebraska, und sie war noch nie am Meer gewesen. Ich sagte immer scherzhaft zu ihr, dass ich eines Tages mit ihr ans Meer fahren würde, damit sie einmal in ihrem Leben die Füße ins Wasser halten könnte. Letztlich ging es mir auf die Nerven, dass sie mir immer meine Handlungsweisen vorschreiben wollte – schließlich bin ich durch die ganze Welt gereist und weiß selber, was ich zu tun und zu lassen habe.

Schon als kleines Mädchen träumte ich davon, meine Kinder zu stillen. Meine Mutter stillte mich und meine Brüder, bis wir drei oder vier Jahre alt waren und sie wieder ein Kind erwartete. In Somalia gibt es keine Babyflaschen und auch nicht genug Wasser, um sie zu reinigen. Wenn meine Mutter ihre hölzerne Milchschüssel sauber macht, spült sie sie mit frischem Ziegenurin aus und sterilisiert sie mit einer glühenden Holzkohle aus dem Feuer. Die Töpfe und das Geschirr schrubbt sie mit Asche und Sand. Die Brust meiner Mutter war meine einzige Babynahrung – und Essen und Trost zugleich. Als ich älter wurde, sah ich zu, wenn meine Mutter und die anderen Frauen stillten, und wollte es unbedingt auch selber probieren. Ich fragte mich, wie es sich wohl anfühlte; es sah so nett und vertraut aus. Die Babys schliefen bei uns und wurden auf dem Rücken der Mutter herumgetragen; wenn ein Baby weinte, nahm es die Mutter einfach nach vorne und legte es sich an die Brust.

Eines Tages, als ich noch so klein war, dass ich nicht über das hohe Gras hinausblicken konnte, passte ich auf den winzigen Sohn meiner Tante auf, während sie im Busch Holz sammelte. Er war nicht größer als ein Kamelkopf, und das Schutzamulett, das er trug, überragte seinen weichen Babybauch. Er begann zu schreien, und ich beschloss, etwas auszuprobieren. Ich wollte endlich auch einmal spüren, wie es sich anfühlte, ein Baby an der Brust zu haben. Als ich ihn an meine flache, kleine Brust drückte, griff er hungrig mit seinem Mäulchen danach. Es war ein bizarres Gefühl. Zuerst wirkte er überrascht, dass ich mich so anders als seine Mutter anfühlte. Ich drückte ihn fester an mich, aber da war nichts, was er mit den Lippen packen konnte. Da erst wurde er wirklich wütend, verzog das Gesicht, bog den kleinen Körper zurück und heulte gellend auf. Da ich ihn nicht beruhigen konnte, band ich ihn mir schließlich auf den Rücken, damit er mich nicht mehr sah und still wurde. Wahrscheinlich, dachte ich, wäre es mit eigenen Kindern leichter.

Eine meiner Schwestern starb kurz nach der Geburt. Die Brüste meiner Mutter waren voller Milch und schmerzten. Sie versuchte, sie zu melken wie eine Ziege, aber es kam nicht viel heraus. Nach ein paar Tagen waren sie gerötet und heiß, wenn man sie berührte. Die Adern standen hervor wie Baumrinde. Meine Mutter begann vor Schmerzen zu weinen, und ich bekam schreckliche Angst, weil sie sonst nur weinte, wenn mein Vater sie schlug. »Mama«, flehte ich, »lass mich dir helfen. Ich kann sie heraussaugen.« Ich saugte die Milch aus ihren Brüsten und spuckte sie auf den Boden. Das machte ich so oft, bis es ihr wieder besser ging. Sie schmeckte nicht wie die Milch, die ich sonst trank, sondern hatte einen üblen Geruch und Geschmack.

Als ich merkte, dass ich schwanger war, machte ich mir nicht die geringsten Sorgen. Ich hatte schon so viele Mütter mit Babys gesehen, dass ich das Gefühl hatte, genau Bescheid zu wissen. Im achten Monat flog ich zu einem Fototermin nach Spanien. Danas Familie war entsetzt – als ob

Schwangerschaft eine Krankheit sei! Sie wollten unbedingt verhindern, dass ich ein Flugzeug bestieg und nach Europa flog. Meine Mutter und meine Tanten hörten indessen nie auf zu arbeiten, wenn sie schwanger waren. Also zog auch ich einfach einen weiten Pullover an und stieg ins Flugzeug. Die Fotos zeigen eine Frau, die vor Freude strahlt. Es war eine wunderbare Schwangerschaft; ich liebte meinen dicken Bauch und die Bewegungen des Kindes. Mir erschien es als Segen, ein neues Leben zu tragen – ich fühlte mich geehrt, dass Allah mir erlaubte, eine Familie zu gründen. Da ich mir sehr stark vorkam, vertraute ich darauf, dass mir nichts passierte.

Bei jeder Untersuchung fragte der Arzt: »Wollen Sie das Geschlecht des Kindes wissen?«

»Nein, das ist nicht nötig«, erwiderte ich. »Ich fühle, was es sein wird. Außerdem kannte ich bereits die Persönlichkeit des Kindes und wusste, wie es die Welt sehen würde. Das Einzige, worüber ich mir Gedanken machte, war, ob es zwei Arme, zwei Beine und zwei Augen haben würde. Jeden Tag betete ich inbrünstig um ein gesundes Baby. Als ich ein kleines Mädchen war, habe ich viele Neugeborene rasch sterben sehen. Die Mutter wickelte sie in ein weißes Tuch, und der Vater legte sie auf ein Brett, bis Allah sie zu sich holte. Als Aleeke auf die Welt kam, wusste ich, dass meine Vorahnung richtig gewesen war. Aleeke ist mein kleiner Bruder, Alter Mann, der mir als leitender Geist zur Seite steht. Als die Hebamme mir Aleeke reichte, blickten wir einander direkt in die Augen, und ich sah sofort, dass auch er es wusste. Ich habe keine Ahnung, wie ich Gott dafür danken soll, dass er mir ein solches Geschenk gemacht und mir meinen kleinen Bruder wieder beschert hat.

Am Tag nach seiner Geburt ließen wir Aleeke im Krankenhaus beschneiden. Das ist etwas ganz anderes als Beschneidung bei Frauen. Man sollte die Genitalverstümmelung an Frauen auch nie so bezeichnen, denn es handelt sich nicht um eine Beschneidung. Bei Jungen macht man es aus medizinischen Gründen, hauptsächlich wegen der Sauberkeit. Aleeke schrie, als der Eingriff durchgeführt wurde; aber sobald ich ihn wieder im Arm hielt, beruhigte er sich. Obwohl ich gegen die Verstümmelung der Genitalien bei Frauen bin, gehört es bei Männern dazu. Mein Sohn hat einen wunderschönen Penis. Er sieht gut und sauber aus. Als er mir einmal sagte, er müsse zur Toilette, sagte ich zu ihm: »Das kannst du alleine, du bist jetzt ein großer Junge.« Aber er wollte unbedingt, dass ich mitkomme und ihm dabei zusehe. Sein kleiner Penis war so gerade und perfekt – ein hinreißender Anblick!

Leider konnte ich Aleeke nicht lange stillen. Er war ein gesundes Baby, bekam aber anscheinend nicht genug Milch. Ständig schrie er, und ich wusste nicht aus noch ein. In meinen riesigen Brüsten musste doch einfach genug Milch vorhanden sein, aber er schrie ununterbrochen. Er machte sich ganz steif und wollte von mir weg. Bei meinen Tanten und meiner Mutter hatte alles immer so einfach ausgesehen, sie kannten solche Probleme nicht. Granny und Dana sagten: »Gib ihm doch die Flasche, es ist wohl besser für ihn.« Nachdem ich drei Tage lang nicht geschlafen hatte, gab ich ihm schließlich ein Fläschchen, und er trank es in der Tat problemlos. Danach brauchte ich nicht mehr zu stillen, weil er zufrieden und satt war. Granny behauptete, Fertigmilch sei einfach besser für Säuglinge, und ich wollte mich nicht mit ihr darüber streiten; schließlich ging es nur darum, dass mein Sohn glücklich und zufrieden war.

Wenn meine Mutter zum Abort gehen oder beten musste, dann übergab sie meinen kleinen Bruder mir, meinen Schwestern oder Tanten. Wir haben keine Kinderstühlchen,

Babysitze oder Laufställchen. Vor allem Letzteres konnte ich gar nicht fassen! Ein Käfig für ein Kind, als sei es ein Löwe oder Tiger. Ich hielt meinen Sohn immer im Arm und sang ihm somalische Schlaflieder vor, auch wenn ich mich dann nach Afrika sehnte.

Vater Kamel
geht weit, weit weg.
Keine Angst, mein Kleines,
Allah bringt ihn heil
zurück zu seiner Familie.

Manchmal sang ich auch dieses Lied:

Vater reist, reist, reist.
Tante reist, reist, reist.
Bruder reist, reist, reist.
Wenn Vater heimkehrt,
bringt er viele Geschenke mit.
Wenn Tante heimkehrt,
bringt sie viele Geschenke mit.
Wenn Bruder heimkehrt,
bringt er viele Geschenke mit.
Alle für den lieben kleinen Jungen!

Als Aleeke zwei Monate alt war, gab ich ihm das erste Mal aus einer Tasse zu trinken – weil ich das auch in diesem Alter gelernt hatte. Ich goss ein wenig Milch in die Tasse, setzte ihn auf meinen Schoß und drückte ihm die Wangen leicht zusammen, sodass sich sein Mund öffnete. Dann goss ich vorsichtig ein oder zwei Tropfen in seinen Mund. Granny sagte: »Nein, Waris, er ist noch viel zu klein, um aus einer Tasse zu trinken.« Na, das ist ja interessant, dachte ich, wo er es doch schon recht gut kann. Aber großzügig überließ ich ihn ihr und dem Babyfläschchen.

Als sie sah, wie ich ihn mit einem warmen Waschlappen auf meinem Schoß wusch, bot sie an, mir zu zeigen, wie ich ihn »richtig« baden sollte. Granny hielt es für besser, den armen kleinen Kerl in die Geschirrspüle zu setzen! Leeki bekam Angst und schrie wie am Spieß, als sie ihn in das Metallbecken tauchte. Er strampelte mit Ärmchen und Beinchen, bis ich ihn nahm und durch das Wasser schwenkte.

Wenn sie ihre Kinder gewaschen hatte, nahm meine Mutter immer *subaq ghee*, eine Art Butter, um sie einzureiben. Wenn Mutter genug Ziegen- oder Kamelmilch hatte, goss sie sie in ihren *dhill*, den Milchkorb. Ein *dhill* ist ein langer, ovaler, so fest gewordener Korb, dass kein Tropfen, nicht einmal Schweiß, hindurchringt. Zu einem U gebogene Äste dienen als Griffe und Verschluss. Mutter band den Korb fest zu und ließ ihn dann ein oder zwei Tage lang stehen, bis die Milch so dick wie Jogurt war. Sie legte eine kleine Decke unter den Korb, sodass er geschüttelt werden konnte. Den ganzen Tag lang musste dann eins der Kinder den *dhill* rütteln. Wenn Mutter am Nachmittag nach Hause kam, schaute sie oben durch eine Öffnung, um das Ergebnis zu überprüfen. Quoll Milch durch das Loch, war es noch nicht so weit. Drang jedoch nichts heraus, so war die Butter fest und fertig zubereitet. Mama öffnete den Korb und holte die Klumpen *subaq*, die sich am Boden und an den Seiten festgesetzt hatten, heraus. Es ist eine wundervolle Butter! Die restliche Milch gab sie uns zu trinken. Wenn meine Mutter *subaq* machte, war das immer ein besonderer Tag, weil wir oft nicht genug Milch hatten, um ihn zuzubereiten. Man verwendet *subaq* zum Fleischbraten und als Zutat zum Kochen. Wir gaben ihn in unsere Fladen und in den Tee, nahmen ihn als Gesichts- und Körpercreme und für die Haare. Meine

Mutter massierte ihn in die Babyhaut ein, damit sie glatt und weich blieb.

Eines schönen Herbsttages, als ich mich gerade bei Danas Familie aufhielt, band ich mir Leeki in einem Baumwolltuch auf den Rücken. Damals war er ungefähr drei Monate alt. Es blieb ein kühler Wind, deshalb zog ich mir auch meine grüne Jacke über. Meine Brüder und Vettern hatten es immer geliebt, von mir auf dem Rücken herumgetragen zu werden, und ich wusste noch, wie es ging. Ich nahm ein buntes afrikanisches Tuch, meinen *chalmut*. Das ist ein fest gewebter Stoffstreifen, ungefähr so lang wie ein Tischtuch, aber nicht so breit. Mein hellgelber *chalmut* hatte ein grünrotes afrikanisches Muster. Ich beugte mich vor und legte mir Aleeke vorsichtig auf den Rücken. Man muss sich die Arme des Babys unter die Achselhöhlen stecken, damit sie nicht herunterfallen, während man das Tuch um sich und das Kind wickelt. Man führt es über eine Schulter und unter dem anderen Arm durch und bindet es zwischen den Brüsten zusammen. Es ist bequem, nicht schwer, und man spürt bei dieser Nähe jeden Atemzug von dem Baby. Ich werde nie verstehen, warum die Leute ihre Kinder ganz allein in einem Kinderwagen liegen lassen. Aleekes Großmutter sagte noch vor seiner Geburt, wir müssten einen kaufen.

Aber ich wandte ein: »Ich glaube nicht, dass wir einen brauchen.«

Sie blickte mich überrascht an. »Wie meinst du das? Wie willst du denn mit dem Baby einkaufen oder spazieren gehen?«

»Weißt du, ich werde mein Kind auf dem Rücken tragen.«

Daraufhin entgegnete sie: »Hör zu, Waris, nimm meinen Rat an. Das ist dein Erstgeborenes, und du weißt wirklich nicht, was du tust. Man braucht einen Kinderwagen! Du kannst das Baby nicht ständig herumschleppen.«

Ich sagte: »Ja, hier handhabt ihr die Dinge so, aber wir tragen unsere Kinder anders.«

Trotzdem kaufte sie einen Kinderwagen – einen großen, grauen, hässlichen Kasten –, den ich so furchtbar fand, dass ich ihn schon nach wenigen Wochen nicht mehr benutzte. Nicht so sehr wegen ihr, denn ich liebte sie – sondern wegen seiner Größe. Ich kam mir komisch vor, wenn ich ihn durch die Straßen schob. In New York City ist nicht besonders viel Platz, und ich nahm fast den ganzen Bürgersteig ein, sodass alle mir ausweichen mussten. Es war schon schlimm genug, mit dem Ding dauernd die Bordsteine hinauf- und hinunterzurumpeln. Aber in ein Geschäft zu kommen, war ganz unmöglich. Man musste sich vorbeugen, um die Tür aufzustoßen, dann hektisch den Kinderwagen hinterherschieben. Ich hatte immer Angst, die Tür würde vorzeitig zuschlagen und mein Kind zerquetschen. Auch die U-Bahn konnte ich nicht benutzen, also musste ich enorme Entfernungen zu Fuß zurücklegen. Anschließend ließ ich das Monstrum unten stehen, trug Aleeke rasch in die Wohnung, wo ich ihn alleine ließ, um wieder hinunterzujagen und das Ding unter die Treppe zu stellen, damit die Leute nicht darüber stolperten. Das ist eine so genannte Erleichterung, die ich nicht brauche.

Nun, auf jeden Fall stieg ich an diesem Morgen mit Aleeke auf dem Rücken die Treppe hinunter. Die Gewohnheiten meiner Kindheit in der Wüste sind mir in Fleisch und Blut übergegangen, und ich laufe eigentlich immer, auch wenn es nicht unbedingt nötig wäre. Sein winziger Kopf steckte unter meinem Jackett, und ich fühlte mich wunderbar. Granny stand in der Küche, sie wusch gerade das Geschirr ab, und ich rief ihr zu: »Bis später, Granny!«

Sie knurrte: »Warte mal! Wo ist das Baby? Du hast gesagt, du wolltest mit dem Kind spazieren gehen. Wo ist er?« Mit dem Küchentuch in der Hand kam sie in die Diele.

»Er ist auf meinem Rücken«, gab ich Auskunft.

Sie starrte mich fassungslos und ungläubig an. Ich zog Aleeke unter meinem Arm nach vorne, schob meine Jacke auf und sagte: »Hier!« Er strahlte sie mit seinem süßen Gesichtchen an. Die Frau geriet außer sich, sie konnte nicht verstehen, wie ich das Kind da hängen lassen mochte. So etwas hatte sie noch nie gesehen und konnte sich nicht vorstellen, dass es dem Baby gefiel. Ihrer Meinung nach musste er ersticken, und sie beschwor mich: »Ich flehe dich an, nimm ihn herunter.«

Leise lachend, winkte ich ab: »Wir sind schon unterwegs. Bis später dann!« Aber ihre Reaktion machte mir doch zu schaffen. Ich brauchte Unterstützung und Beruhigung, und nicht jemanden, der mir vorwarf, ich würde mein Kind erdrosseln. Sie hätte sich dafür interessieren sollen und mich fragen, wie man es machte – und es nicht von vornherein als einen Brauch aus Afrika nur missbilligend abtun.

Die Zähne und die Zunge sind sich sehr nah –
dennoch bekämpfen sie sich.

(Somalisches Sprichwort)

5

Endlose Flüge

Das Flugzeug stieß durch die Wolken und landete neben dem grauen flachen Terminal von Amsterdam. Ich lächelte, obwohl es so ein trüber Tag war. Eine große Gestalt ragte am Gate wie ein Pfeiler aus der Menge. Das konnte nur mein Bruder mit seinen ein Meter neunzig sein. Mohammed war mit einem Freund da und er strahlte wie ein Honigkuchenpferd. Seine Augen hatten die Farbe von Afrika, dunkelbraun und voller Geheimnisse. Als Mohammed damals aus Mogadischu geflohen war, wirkte er ausgehungert – nach Essen, Wasser und Hoffnung. Jetzt war er nicht mehr so dünn, erschien mir aber trotzdem immer noch hungrig. Den Spalt in seiner Unterlippe, die vor Durst gerissen war, sah man nach wie vor – wahrscheinlich würden die Wunden aus dem Gefängnis in Mogadischu niemals heilen. Mohammed trug eine runde Brille und er wartete auf uns wie ein Kamel, dass es am Brunnen an die Reihe kommt.

Es tat gut, meinen Bruder endlich wieder umarmen und auf Somali begrüßen zu können. Aleeke blickte mit weit aufgerissenen Augen zu seinem großen Onkel auf. Mohammed hob ihn hoch und setzte ihn sich auf die Schultern, Aleeke kreischte vor Vergnügen.

Dhura stand schon in der Tür, als wir Mohammeds einfache Wohnung eine Stunde außerhalb von Amsterdam erreichten. Meine Schwägerin war genauso, wie ich sie mir vorgestellt hatte. Sie hatte ein rundes Gesicht und Augen, die leuchteten, wenn sie lachte. Sie ist fast so groß wie mein Bruder – ein schönes Paar! Dhura trug ein langes, somalisches Kleid und einen Schal über dem Kopf. Sie ergriff meine Hände, als ich eintrat und Mohammed uns einander vorstellte. Dann hängte sie sich bei mir ein und zeigte mir die Räumlichkeiten und unser Zimmer. Ich konnte ihre Warmherzigkeit und Stärke förmlich spüren. Dhura ist auch eine Darod und hat zwei Kinder von einem früheren Ehemann, einen Jungen und ein Mädchen. Ihr Sohn heißt Mohammed – der erste Sohn wird immer nach dem Propheten genannt – und ist elf. Zhara, ihre Tochter, ist zehn und wird wohl einmal genauso groß werden wie ihre Mutter. Dhuras erster Mann verschwand irgendwo in den Kriegswirren von Mogadischu, und nicht einmal seine Familie wusste, was aus ihm geworden war. Eines Nachts traf eine Bombe das Haus, in dem sie wohnte, und eine ganze Seitenmauer stürzte ein. Dhura nahm ihre Kinder, floh nach Kismayu und von dort mit dem Boot ins Flüchtlingslager von Mombasa. Als sie in Holland ankam, gab sie es auf, nach ihrem Mann zu suchen, und ließ sich scheiden. Das teilte sie auch den Leuten seines Stammes mit, die einverstanden waren.

Beide Kinder hatten sanfte Augen und versteckten sich schüchtern hinter dem langen Kleid ihrer Mutter. Lächelnd blickten sie Leeki an. Er hoppelte gleich mit ihnen mit zum Spielplatz, und ich bekam nicht einmal mehr einen Blick zugeworfen. Ich war so glücklich, dass ich fast in Tränen ausgebrochen wäre. Er sollte einen ganzen Haufen Vettern und Cousinen haben, mit denen er streunen und Unsinn anstellen konnte, so wie ich in meiner Kindheit. Er war gleich mit ihnen so vertraut, als kenne er sie schon sein Leben lang.

Dhura und ich setzten uns, um eine Tasse Kardamomtee

zu trinken. »Ich lasse Aleeke ungern allein wegen dieser Reise«, vertraute ich ihr an.

»Waris«, sie tätschelte mir die Hand, »er wird sich bei meinen Kindern wohl fühlen.«

»Er hat Ausschlag auf dem Kopf, der nicht heilt«, erzählte ich ihr. Ich rief Leeki, damit sich Dhura sein Haar ansehen konnte. Sie drückte auf eine der kleinen Beulen, sodass der Eiter herauskam.

»Mein Mohammed hatte das auch«, berichtete Dhura. »Wenn es in ein paar Tagen nicht besser wird, dann gehe ich hier in Holland mit ihm zum Arzt. Die medizinische Versorgung ist kostenlos, und die Ärzte sind sehr nett zu uns.«

»Kostenlos?« Ich staunte. »Bei dem Arzt in New York habe ich über hundert Dollar bezahlt, und die Salbe, die er Leeki verschrieb, hat nichts geholfen.«

»Hier übernimmt das der Staat, und wir bekommen Geld für Nahrungsmittel und die Wohnung; leider darf Mohammed nicht arbeiten, weil er nur einen F-1-Flüchtlingsstatus hat. Das bedeutet, dass wir nur so lange bleiben können, bis sich die Lage in Somalia wieder gebessert hat – wir haben keine Daueraufenthaltsgenehmigung. Wir warten und warten, aber ich habe nicht viel Hoffnung, dass er noch jemals zu einer Fortbildung gehen oder sich einen Job besorgen kann. Mohammed will eigentlich gar nicht mehr nach Somalia zurück.«

Aha, dachte ich, also weint er um seine Heimat Tränen ohne Salz.

Als Mohammed und ich am nächsten Morgen aufbrachen, um unsere Flüge nach Afrika zu buchen, trug ich einen langen Wickelrock aus Baumwolle. Manchmal bauschte er sich im Wind, und man konnte meine Beine sehen. Weil es kalt war, trug ich Socken und Schnürstiefel, einen Pullover und eine Jacke. Als wir aus der Wohnung traten, warf mein

Bruder mir einen Blick von der Seite zu und sagte: »Willst du das etwa anlassen?«

Ich sagte: »Ja. Warum?«

»Mir gefällt der Rock nicht.«

»Ich kann ja zurückgehen und mir Jeans anziehen.«

Er verdrehte die Augen und stöhnte auf. »Nein. Das ist ja noch schlimmer.«

Ich blieb stehen und sah ihn an. »Was hast du denn?«

Er meinte: »Ist das alles, was du an Kleidung dabeihast? Jeans und dieser Rock?«

»Nun, Bruder«, antwortete ich. »Wir leben in winterlichen Ländern. Ich weiß nicht, was ich deiner Meinung nach anziehen soll, aber das sind nun mal meine Sachen.«

Seufzend entgegnete er: »Wir gehen in ein somalisches Büro, wo es Flugtickets und Reisen nach Somalia gibt. Es ist mir peinlich, wenn du deine Beine so zeigst. Kannst du nicht wenigstens irgendetwas darunter ziehen?«

»Weißt du«, gab ich zurück, »das wird ja eine tolle Reise. Wir haben kaum am ersten Tag das Haus verlassen und schon zanken wir uns. Ich werde mich nicht wie eine Somali benehmen, meinen Körper völlig verhüllen und schweigen. Mir ist klar, dass du das von Dhura verlangst, und das kannst du auch gerne tun – aber zwischen uns sollte eins klar sein: Ich lasse mir keine Vorschriften machen!«

»Waris, du weißt nicht, wie es hier ist«, begann er.

»Halt den Mund«, fiel ich ihm ins Wort. »Ich bin von zu Hause weggelaufen, als ich noch sehr jung war. Ganz alleine habe ich mich durchgeschlagen, und weder du noch irgendein anderer Mann wird mir sagen, was ich tun oder lassen soll. Ich bezahle meine Rechnungen selber, und du bittest mich die ganze Zeit um Geld. Natürlich gelten in Somalia die Beine als erregendster Körperteil und sind daher immer bedeckt, aber wir befinden uns in Holland, also pass dich an!« Mohammed blickte überrascht auf. Ich glaube nicht, dass je eine Frau so mit ihm gesprochen hat. Seine Augen waren genauso rund wie seine Brillengläser.

In Amerika hatte ich American-Express-Reiseschecks gekauft, weil wir so oft zwischenlandeten. Ich wollte kein Risiko eingehen, indem ich Bargeld mitnahm, deshalb mussten wir zuerst einmal zur Bank, um zumindest vier Tausender zu wechseln. Wir nahmen den Zug in die Stadt und gingen zur größten Bank in Amsterdam. Es war ein schneeweißes Gebäude mit hohen Säulen und einer Messingtür. Drinnen stand eine lange Schlange am Devisenschalter. Als ich an die Reihe kam, gab ich dem Bankbeamten die Reiseschecks und meinen Pass. Er hatte einen dicken Hals und eine rote Nase. Misstrauisch blickte er mich über den Rand seiner Brille an und fragte: »Sind das Ihre Schecks?«

»Ja, natürlich.«

»Könnten Sie bitte hier unterschreiben?« Er schob mir ein Blatt Papier über den Tresen. Ich schrieb meinen Namen, und nachdem er die Unterschrift von allen Seiten betrachtet hatte, meinte er: »Nein, tut mir Leid, aber diese beiden Unterschriften stimmen nicht überein.«

»Hier ist mein Pass; es ist derselbe Name und dieselbe Unterschrift.« Ich hatte noch Reiseschecks für mindestens weitere fünftausend Dollar bei mir und fragte ihn, ob er sie alle sehen wolle. Zwar bin ich nie zur Schule gegangen und kein Lehrer hat mir je das Schreiben beigebracht, aber meinen Namen bekomme ich korrekt hin.

Sein Hals wurde ganz rot, und er sagte: »Nein, diese Transaktion kann ich nicht vornehmen. Sie werden ihre Schecks woanders einlösen müssen.«

»Aber an meiner Unterschrift ist doch nichts falsch.«

Er starrte mich an und wiederholte langsam: »Die beiden Unterschriften stimmen nicht überein.«

Nachdem ich mich zu meiner vollen Größe aufgerichtet hatte, verlangte ich den Geschäftsführer zu sprechen.

Er kniff die Augen zusammen, als sei er gerade hinaus in die Sonne getreten, und warf sich in die Brust: »Der bin ich!« Das war er bestimmt nicht, versuchte aber, mich einzuschüchtern.

Mohammed packte mich am Arm und wollte mich wegziehen. »Lass uns gehen«, flüsterte er. »Du siehst doch, dass die Unterschriften nicht übereinstimmen. Komm, lass uns gehen.« Als ich mich nicht rührte, wurde er nervös. »Schau her, die Unterschriften stimmen wirklich nicht überein!« Er nahm die Schecks vom Tresen. »Komm schon, lass uns gehen.«

Ich konnte es nicht fassen, dass er so leicht aufgab. »Hör auf«, fuhr ich ihn an. Am liebsten hätte ich ihm eine Ohrfeige verpasst, weil er sich wie ein Kleinkind aufführte. »Red nicht in diesem Ton mit mir!«, zischte ich dann leise. »Ich weiß, was ich tue.« Wieder wandte ich mich dem selbst ernannten Geschäftsführer zu und fragte ihn, wo ich denn seiner Meinung nach hingehen sollte.

Er informierte mich: »Am anderen Ende der Stadt ist eine American-Express-Bank. Dort wird man die Echtheit Ihrer Schecks überprüfen können.« Ausführlich erklärte er uns, welchen Zug wir nehmen müssten, wo wir umsteigen sollten und so weiter.

Nochmals protestierte ich: »Wir sollen unsere Zeit verschwenden, um dorthin zu fahren, nur weil Sie nicht glauben, dass das meine Unterschrift ist?« Finster blickte er mich an, und als ich mich nicht rührte, winkte er der nächsten Person in der Schlange, vorzutreten. Ich konnte ihm jetzt entweder eine Szene machen oder nachgeben, da ich mit dem Menschen nicht weiterverhandeln wollte, ging ich jedoch lieber.

Während wir auf dem Weg zu der anderen Bank waren, nörgelte und brummte mein Bruder die ganze Zeit, dass alles meine Schuld sei. »Du hörst nie zu«, knurrte er. »Du solltest besser aufpassen. Die Unterschriften haben wirklich unterschiedlich ausgesehen.«

»Na ja, es war ein anderer Stift«, verteidigte ich mich. »Und ich glaube, in New York habe ich mit der linken Hand unterschrieben. Dieses Mal war es die rechte …«

Wir brauchten sehr lange bis zu der anderen Bank, weil wir ständig warten und umsteigen mussten. Die ganze Zeit über hackte Mohammed auf mir herum, aber ich schwieg. Ich bin der Meinung, dass man sich wehren muss und nicht zulassen darf, dass die Leute einen rumschubsen; aber ich hatte keine Lust, mit meinem Bruder zu streiten, zumal er mir sowieso nicht zuhörte.

Die andere Bank war eine Filiale von American Express, und sie hatten keine Probleme mit meiner Unterschrift auf den Reiseschecks. Der Angestellte nahm sie entgegen und fragte mich ohne Umschweife: »Wie wollen Sie das Geld?« Ich berichtete ihm die Begebenheit in der anderen Bank, und er war überrascht. »Tatsächlich? Warum wollten Sie denn Ihre Reiseschecks nicht einlösen? Wo lag das Problem?«

»Ich habe keine Ahnung. Vielleicht mochte er keine Afrikaner.«

Von dort fuhren wir eilig zu der Adresse, wo es die billigen Tickets geben sollte. Ich fragte meinen Bruder auch jetzt nicht, warum wir uns eigentlich so beeilten, sondern folgte ihm ohne Diskussion.

Mohammed betrat mit mir einen somalischen Laden, wo es somalische Musik, Landkarten und alle möglichen anderen Dinge gab. Ich wollte gerne ihre Angebote studieren, aber mein Bruder, der überhaupt keine Geduld hatte, ordnete an: »Setz dich hierhin, falls ich dich brauche.« So jemanden wie ihn habe ich wirklich lange nicht erlebt – aber vielleicht hatte ich ihn einfach noch nie in Aktion gesehen. Ständig war er in Bewegung, redete mit irgendeinem Freund oder anderen Männern. Er setzte sich nicht hin, dauernd schwenkte er die Arme oder wackelte mit den Beinen. Ich konnte das nicht mehr mit ansehen, deshalb ging ich nach draußen, obwohl es kühl und feucht war. Dann kam Mohammed mit seinem Freund Ali, und wir marschierten in ein nahe gelegenes Reisebüro. Die Tickets kosteten ungefähr zweitausend Dollar für jeden von uns, und ich gab Mohammed das Bargeld. Das war meine Aufgabe – als Geldgeberin zu fungieren. Wir kauften Tickets zu einem Flughafen im nördlichen Somalia, Bosasso. Ich fragte, ob wir gleich am nächsten Tag eine Maschine bekommen könnten, weil ich schon in dreizehn Tagen wieder zurück in New York sein musste. Aber der Angestellte erklärte mir, es gäbe keine direkten Flüge dorthin, und wir müssten bis Samstag warten. Dann ginge es mit einer Frühmaschine nach London und von dort, mit mehrmaligem Umsteigen, nach Bosasso.

Nur wenige Flieger verkehren jede Woche zwischen Nairobi und Mogadischu, und sie starten nicht, wenn in der Hauptstadt gekämpft wird. Es gibt auch keine sichere Route, um auf dem Landweg von Kenia oder Äthiopien nach Somalia zu gelangen – es sei denn, man gehört zu einem Flüchtlingshilfskonvoi. Zwar hatte ich gute Verbindungen zu den Vereinten Nationen, es aber nicht mehr geschafft, diese Transportmöglichkeit zu arrangieren. Kürzlich waren Regierungsbeamte auf dem Weg zu einer Friedenskonferenz von Bewaffneten angegriffen worden, und neun Menschen bezahlten mit dem Leben. Mohammed hatte auch von Flüchtlingen in Amsterdam gehört, wie gefährlich es war, über Land zu reisen. Überall verstecken sich *shifta*-Banditen, und sie haben Gewehre oder sogar noch größere Waffen. Sie lauern den Leuten auf, die das Land verlassen wollen, vor allem, wenn sie bei jemandem Geld wittern. Entweder kauft man sich frei, oder man wird, ohne dass sie lange fackeln, umgebracht. Mohammeds Freund sagte uns, dieser Flug nach Bosasso sei der sicherste, weil man auf der nördlichen Route weniger Probleme hätte. Da sowohl Mohammed als auch Ali diese Verbindung als ungefährlich darstellten, kaufte ich die Tickets.

»Und wie kommen wir von Bosasso zu unserer Familie?«, fragte ich meinen Bruder.

»Wir können uns am Flughafen ein Auto mieten und nach Gelkayo fahren. Mutter lebt nicht weit von dort entfernt«, gab mein Bruder Auskunft. »Auf jeden Fall will ich mich von Mogadischu fern halten.«

Mohammed mied Mogadischu wie die Beulenpest. Nicht einmal darüber hinwegfliegen wollte er. »Die Soldaten in Mogadischu kennen keinen Unterschied zwischen Passagiermaschinen und Militärflugzeugen«, erklärte er. »Wenn sie high sind oder Langeweile haben – oder beides –, dann schießen sie auf alles, was sich bewegt, außer auf ihre *khat*-Schmuggler.«

»Und womit schießen sie?«

»Waris, sie haben Scud-Raketen!«, belehrte er mich, als ob ich ein wenig begriffsstutzig wäre. »Sie sind sowieso schon alt und gefährlich – vor allem aber in den Händen Verzweifelter und Verrückter ohne Ausbildung.«

»Mohammed«, fragte ich, »was ist eigentlich aus Mogadischu geworden?« Als junges Mädchen damals hielt ich es für die schönste Stadt der Welt. Hammawein, die Altstadt, liegt direkt am Indischen Ozean. Ich ging oft an den Strand und blickte auf die zwei- und dreistöckigen Gebäude, die im Mondschein schimmerten. Noch nie hatte ich Treppen gesehen – bis ich nach Mogadischu kam. Mein Onkel behauptete, die Stadt sei schöner als Mombasa oder Sansibar, und ich hatte keine Grund, das anzuzweifeln. Die meisten Häuser waren von Sultanen erbaut, die mit China, Persien oder Indien Handel trieben. Ein Haus hieß »Milch und Honig«. Der ehemalige Bauherr, ein Sultan, war so reich, dass er Milch und Honig unter den Mörtel für die Ziegel mischen ließ. Es war blassgolden und stand direkt am tiefblauen Meer. Angeblich würde es wegen der Zusammensetzung des Mörtels niemals einstürzen. Meine Tante erzählte mir, dass sich im obersten Stockwerk eine lange Halle erstreckte mit vier geschnitzten Holztüren, die nur von außen geöffnet werden konnten, weil sich dahinter der Harem des Sultans befand.

»Waris«, seufzte Mohammed, »die Stadt liegt in Trümmern. Überall ist Schutt – in den Straßen liegen ausgebrannte Trucks und Steinhaufen von den Barrikaden. Wenn die Soldaten von *khat* berauscht waren, dann haben sie auf Gebäude einfach so zum Spaß gezielt. Es hat diesen Idioten gefallen, sie einstürzen zu sehen.«

»Allah!«

»Die Burschen waren so durchgedreht von *khat* und anderen Drogen, dass sie nicht mehr wussten, was sie taten, und auch nicht mehr darüber nachdenken konnten. Nachmittags, während sie ihr *khat* kauten, war es ruhig in der Stadt; aber wenn die Sonne unterging, fingen die Probleme an. Sobald die Wirkung der Drogen nachließ, krochen sie aus ihren Kasernen.« Mohammeds Augen blitzten, und ich spürte seine tiefe Wut. Er sah alt und freudlos aus bei seiner Schilderung. Etwas in ihm war zerbrochen. Vielleicht hatte Dhura deshalb auch kein Kind von Mohammed.

Als wir zu ihrer Wohnung zurückkamen, hörte ich, wie Aleeke im Hinterzimmer mit den beiden anderen Kindern herumtobte. Obwohl sie viel älter waren als er, scheuchte er sie durch die Gegend. Mein Sohn ist ein kleiner Krieger, ein echter Somali und Afrikaner. In Somalia bezeichnet man mit »Krieger« einen Mann. Mein Bruder erinnerte mich an die somalischen Männer, und ich hatte einen in meinem Sohn. In meiner Kindheit im Busch waren Männer entweder Kämpfer oder Hirten. An erster Stelle steht jedoch der Krieger, und Aleeke ist bestimmt einer.

Ich machte mir Sorgen, dass er sich als Außenseiter fühlen könnte, wie es mir als Kind ergangen war – dass er sein Familienerbe nicht verstehen würde. Er entstammt einem mächtigen und bedeutenden Stamm. Ich wollte gerne, dass er seine Familie in Afrika kennen lernt, aber ich konnte meinen kostbaren Jungen, den ich mehr liebte als mich selbst, unmöglich dorthin mitnehmen. Hoffentlich kämen wir heil wieder zurück – von einer friedlichen, erfolgreichen Reise. Je mehr Mohammed von den Schießereien in Mogadischu und Banditen an der Grenze zu Äthiopien berichtete, desto besorgter und nervöser wurde ich. Ich wollte so gerne meinen Sohn mit in die Heimat nehmen und ihn meiner Mutter, seiner Großmutter, vorstellen, damit er mehr von ihr erfuhr als nur einen Namen. Ihre Persönlichkeit, ihre Beziehung zum Leben und ihre Weisheit sollte er mitbekommen. Er sollte seine ganze Familie in Afrika kennen lernen, denn wie konnte er jemals stolz auf sich sein, wenn er nicht vertraut war mit seiner Herkunft?

Inschallah! Ich werde Aleeke ein anderes Mal hinbringen. Meine Mutter sollte sehen, dass Aleeke Alter Mann wie aus dem Gesicht geschnitten ist, dass mich alles an ihm an meinen kleinen Bruder erinnert. Wenn ich es ihr nur erzählte, würde sie es nicht glauben. Sie musste sich selbst davon überzeugen, deshalb würde ich auch nichts sagen.

Als ich Dhura die Kleider zeigte, die ich eingepackt hatte, lachten wir über die Probleme, die ich in New York gehabt hatte, etwas Passendes zu finden.

»So einen Wickelrock anzuziehen, würde Mohammed mir nie erlauben«, sagte sie.

»Ich dachte, er wollte nie wieder in Somalia leben«, entgegnete ich. »Warum kleidest du dich dann nicht wie die Holländerinnen?«

Dhura nickte mir lächelnd zu. »Warten wir es ab«, meinte sie. Ich fragte sie, ob es in der Nähe der Wohnung irgendwelche Geschäfte gab, in denen ich somalische Kleidung kaufen konnte; aber sie erklärte mir, dass die Frauen sie sich selber nähten, und bot mir an, mir für die Reise ein paar von ihren Gewändern zu leihen. Ein *dirah* war mit hellgelben Blumen bedruckt, meine Lieblingsfarbe. Sie gab mir einen mit blauen und silbernen Fäden bestickten Slip zum Darunter ziehen und einen geblümten passenden Seidenschal, damit ich Kopf und Gesicht bedecken konnte. Ich legte alles an, und Dhura erklärte, ich sähe aus wie eine originale Somali – nur meine Augen verrieten mich. Ich schritt im Zimmer auf und ab und zog den Schal herunter, damit sie mich lächeln sehen konnte. Das lange Kleid wirbelte um meine Füße, und fast trat ich auf Aleeke, der hereingerannt kam und wissen wollte, warum wir so lachten.

Als Mädchen kämpfte ich immer mit diesen langen Kleidern. Eines Nachts weckte uns mein Vater und erklärte, wir müssten zu neuem Weideland weiterziehen. Meine Mutter und ich rollten die Grasmatten zusammen, die unsere Hütte bedeckten. Sie zog die gebogenen Stöcke für das Gerüst aus der Erde und lud alles auf die Kamele. Auf einem anderen Kamel befestigten wir die Milchkörbe und Wasserschläuche. Mein Vater führte die Kamele, und wir anderen folgten ihm mit der Ziegenherde. Von Mitternacht bis zum Sonnenuntergang des nächsten Tages marschierten wir ohne Unterbrechung. Schließlich gelangten wir an unseren neuen Weideplatz. Dort würden wir bleiben bis zum vollen Mond. Das

Gras war frisch, und mein Vater sagte, in der Nähe gäbe es ein Wasserloch, das unserem Stamm gehörte. Wenn man irgendwo sein Lager aufschlägt, schafft man zuerst ein Gehege für die Tiere, deshalb sagte mein Vater zu mir: »Waris, wir müssen für die Kamele und Ziegen einen Pferch bauen.« Mir kam es immer so vor, als ob jeder einzelne Baum oder Busch in Somalia Dornen hätte, und ich war ständig überall zerkratzt, weil ich die Äste mit bloßen Händen tragen musste. Mein Vater hackte die Büsche mit seinem langen Messer um, und ich zog die Zweige heraus.

»Trag diesen Haufen dorthin, wo deine Mutter das Haus errichtet«, wies er mich an und ging rasch zum nächsten Gebüsch. Der Wind wehte, und mein Kleid verfing sich oft in den Dornen, wenn ich die Zweige aufheben wollte. Ich musste aufpassen, dass ich es nicht zerriss, weil es mein einziges Kleid war. Deshalb band ich es zwischen den Beinen zusammen, sobald mein Vater außer Sichtweite war, und trug den Zweigeberg zum Lager. Da rief mein Vater von weitem: »Waris, warte auf mich!« Mir war klar, dass er mir nicht erlauben würde, mit geschürztem Rocksaum herumzulaufen; also nahm ich einen großen Dorn und zerkratzte mich damit. Anschließend verteilte ich das Blut auf meinen Armen und im Gesicht, sodass es aussah, als würde ich überall bluten. Als mein Vater mich einholte, fragte er: »Was ist los, Kleines?«

Ich erwiderte: »Oh, nicht so schlimm. Aber, sieh mal, Vater, ich blute schon am ganzen Körper und jetzt soll ich diese Zweige tragen, obwohl sich mein Kleid ständig in den Dornen verfängt und ich darüber stolpere. Das geht nicht!«

Er sagte: »Na gut, dann lass dein Kleid jetzt oben; aber gib Acht, dass dich keiner sieht. Und wenn du fertig bist, ziehst du es sofort wieder herunter und bedeckst deine Beine, *Afdokle.*« Das war mein Spitzname: Afdokle, Kleiner Mund.

Vor Freude über meine endlich bequeme Kleidung hüpfte und sprang ich auf dem Heimweg die ganze Zeit über. Was konnte mein Vater schon dagegen unternehmen? Er hatte ja auch den ganzen Arm voller Zweige.

In den zwei Tagen, in denen wir auf unseren Flug warteten, machte mein Bruder Mohammed mich wahnsinnig. Ständig schrie er Durah an. »Bring mir mein kariertes Hemd! Wo ist mein Brillenetui?« Er konnte nicht eine Minute still sitzen. Es zerriss mir das Herz und brachte mich zugleich auf die Palme. Pausenlos lief er hin und her und fragte mich ununterbrochen, ob ich schon gepackt hätte. Am Tag vor unserer Abreise saß ich da mit Aleeke auf dem Schoß, der seine Honigmilch trank, als Mohammed hereinkam und fragte: »Bist du noch nicht fertig?«

Ich sagte: »Hey, Bruder, hör zu, *Krieger*! Weißt du eigentlich, wann wir fliegen? Um neun Uhr morgen früh! Wir schlafen heute Nacht noch einmal hier, also haben wir zwölf Stunden Zeit.«

»Wie willst du denn mit allem fertig werden?«, beharrte er. »Deine Sachen sind in der ganzen Wohnung verstreut.«

»Mohammed«, fuhr ich ihn an, »ich habe zwar noch nicht gepackt, aber es liegt alles bereit, und ich mache mir keine Gedanken.« Er wollte nicht, dass ich die Reisetasche voller Geschenke mitnahm, die ich in New York gekauft hatte.

»Lass sie hier«, riet er. »Sie brauchen deinen Müll nicht. Wir sollten uns nicht mit Ballast beschweren.«

Ich entgegnete: »Das sind meine Sachen, und ich nehme sie mit.«

»Nun, ich weiß nicht, wie du das alles tragen oder ins Flugzeug bringen willst.« Er zuckte die Achseln.

Um fünf Uhr nachmittags war sein brauner Koffer fertig. Wir fuhren zwar erst um fünf Uhr morgens zum Flughafen, aber er stellte jetzt schon alles an die Wohnungstür. Ich ging in mein Zimmer und kümmerte mich um meine Taschen. Um halb zwei Uhr morgens war ich so weit. Ein letztes Mal nahm ich meinen kleinen Aleeke in den Arm, strich ihm über den Kopf und sang ihm ein Liedchen vor. »Mama fährt nach Afrika«, sang ich, »sie ist nicht mehr hier, wenn du aufwachst, aber sie kommt bald zurück.« Er schlief so süß, dass ich es kaum ertragen konnte, ihn verlassen zu müssen. Ich weiß, dass man im Leben bestimmte Schritte zu vollziehen hat. Manchmal ist das Leben ein Marsch, und man setzt am besten einfach einen Fuß vor den anderen. Noch bevor die Sonne aufging, würden wir unsere Reise antreten.

In dieser Nacht konnte ich nicht schlafen, und als ich gerade eingedöst war, klopfte Mohammed an die Tür. An den Zeitunterschied zwischen Europa und Amerika hatte ich mich immer noch nicht gewöhnt – für mich war es tatsächlich mitten in der Nacht.

»Steh auf, es geht los«, rief er.

»He, wir haben doch noch Zeit.«

»Waris, wir müssen fahren«, zischte er aufgebracht. »Zum Flughafen ist es weit.« Mohammed hatte panische Angst, den Flug zu verpassen, also rappelte ich mich hoch. Wir brachen noch vor fünf Uhr auf und fuhren lange durch die schlafende Stadt. Zwei Stunden vor dem Abflug kamen wir in Schiphol an. Ich sah zu, wie die Sonne durch die dicken, grauen Wolken drang und betete zu Allah, er möge uns eine sichere Reise gewähren. Von Amsterdam aus flogen wir zunächst nach London. Als die Maschine über die Startbahn rollte, musste Mohammed auf einmal dringend zur Toilette. Er begann sich aufzuführen wie ein Kleinkind. Das Anschnallzeichen leuchtete, aber er jammerte die ganze Zeit: »Ich muss mal... ganz dringend.«

Aber ich beschwichtigte: »Jetzt gedulde dich doch noch

ein bisschen, Mohammed. Wenn wir erst einmal in der Luft sind, leuchtet das Zeichen nicht mehr und du kannst gehen.«

Er stöhnte: »Ich kann nicht mehr warten! Wie soll ich das bloß aushalten!«, und rutschte auf seinem Sitz hin und her.

Schließlich sagte ich zu ihm: »Wenn du wirklich nicht mehr warten kannst, dann steh eben einfach auf und geh. Wenn du so nötig musst...« Mohammed wollte sich aus seinem Sitz erheben, aber eine der Stewardessen eilte herbei und gebot ihm Einhalt.

»Nein, nein, Mister«, sagte sie. »Setzen Sie sich hin, Sie dürfen jetzt nicht aufstehen!«

Gehorsam nahm er wieder Platz, hielt sich aber den Bauch und presste die Beine zusammen. Ich sah ihn an und dachte, dass Aleeke sich mutiger verhalten würde. Mein Sohn würde einfach aufstehen und der Stewardess erklären, sie solle ihm den Weg freimachen. Mein Bruder aber saß da und stöhnte immer lauter. Die Leute begannen, sich nach uns umzudrehen, und ich zischte ihm zu: »He, Bruder, benimm dich nicht wie ein ungezogenes Kind, das ist mir peinlich! Wenn du gehen musst, dann tu es endlich!«

»Sie lassen mich doch nicht«, jammerte er.

»Sie haben nicht das Recht, dich daran zu hindern«, erklärte ich ihm. »Warum hörst du überhaupt auf sie?« Ich verstand nicht, warum er sich so behandeln ließ. Jedes Mal, wenn er sich erheben wollte, sah die Stewardess ihn streng an und er sank wieder auf seinen Sitz zurück. Was war nur aus ihm geworden?

Von Heathrow aus flogen wir mit einer anderen Maschine nach Bahrain. Nach fast siebzehn Stunden Flug und den Stunden, die das Umsteigen und der Transfer kostete, hatte ich keinerlei Zeitgefühl mehr. Ich war müde, gereizt, und hatte die engen Sitze und das schreckliche Essen satt. Als wir in Bahrain ausstiegen, fragte ich Mohammed, wie lange es noch dauern würde, bis wir endlich unsere Mutter wieder sähen.

»Wir haben noch nicht einmal die Hälfte der Strecke hinter uns«, erklärte er mir. Er holte die Tickets heraus und wies auf einen Abschnitt. Hier müssen wir noch einmal umsteigen und nach Abu Dhabi fliegen.«

»Abu Dhabi? Ich wusste gar nicht, dass es über Abu Dhabi geht. An diesen Ort knüpften sich für mich böse Erinnerungen.

Er beruhigte mich. »Es dauert nur eine Stunde. Von dort fliegen wir nach Somalia.«

Während dieser endlosen Reise füllte sich mein Herz mit Zweifeln. Wen würde ich antreffen? Würden sie alle gesund sein? Wie würde meine Mutter es aufnehmen, dass ich den Vater meines Sohnes nie geheiratet hatte? In Somalia sind allein erziehende Mütter mit Kind immer Prostituierte.

Ich wollte, dass mein Vater mich wahrnahm, dass er seiner Tochter direkt ins Gesicht sah. Menschen auf der ganzen Welt kennen mein Porträt. Fotografen und Zeitschriften haben viel Geld dafür bezahlt, mich ablichten zu dürfen – aber ich fragte mich, ob mein Vater überhaupt wusste, wie ich aussah. Als ich ein kleines Mädchen war, galt all seine Aufmerksamkeit den Jungen. Mädchen tauchten höchstens mit der Teekanne auf und verschwanden dann wieder. Ich durfte nur mit einem Mann sprechen, wenn er mich zuerst ansprach, und ganz selten war ich anwesend, wenn sich die Erwachsenen unterhielten. Jetzt lebte ich in einem Land, wo Männer und Frauen sehr direkt miteinander umgingen. Ich glaubte nicht, dass das falsch war oder dass man deswegen schlimme Folgen zu fürchten hatte.

»Waris, schlag die Augen nieder, wenn du mit deinem Vater sprichst«, hatte meine Mutter mir beigebracht, als ich noch so klein war, dass ich kaum eine Milchschüssel tragen konnte.

»Warum?«, fragte ich sie.

»*Ebwaye, ebwaye*«, wiederholte sie. Schande, Schande! Das Gleiche sagte sie, wenn ich breitbeinig dasaß oder mein Kleid hochgerutscht war. Sie würde mir meine Fragen nie direkt beantworten. Warum muss man sich deswegen schämen? Was bedeutet das? So ist es eben in Somalia, aber ich habe es schon als Kind nicht gemocht und jetzt, wo ich im Westen lebte, hasste ich es sogar. Ich respektierte meine Kultur, aber ich wollte, dass mein Vater mir in die Augen sah. Selbstverständlich würde er nicht den Blick abwenden – aber er würde erwarten, dass ich die Augen niederschlug, um ihm meinen Respekt zu erweisen; aber dazu war ich nicht mehr bereit! Ich würde ihm mit offenem Blick begegnen, ihn anstarren, und er könnte mich nicht übersehen. Mich, Waris, die Tochter, die er einem alten Mann für ein paar Kamele verkaufen wollte und die jetzt ihr eigenes Geld verdiente. Er würde das Mädchen sehen, das er nie zur Schule geschickt hatte und das dennoch Autorin geworden war. Das Mädchen, das Sonderbotschafterin der UNO für Friedensangelegenheiten war.

Auch über Klitorisbeschneidung wollte ich reden. Meine Familie hatte mir kein Leid zufügen wollen, schließlich hatten meine Mutter und meine Schwestern, das Gleiche erduldet. Sie glaubten wirklich, es müsse geschehen, damit man rein wurde. Und sie glaubten, der Koran schreibe es vor. Mittlerweile weiß ich es besser. Diese rituelle Praktik ist im Koran nicht einmal erwähnt – aber die *Wadaddo*, die Religionslehrer, haben es verbreitet. Niemand konnte den Koran oder den *hadith* lesen – meine Mutter hörte auf die religiösen Führer und stellte nicht in Frage, was sie verkündeten. Ich war auch meinem Vater nicht böse, weil er mich an einen alten Nomaden zu verschachern gedachte. Er sagte zu mir: »Waris, du bist zu stark und zu wild. Ich muss dich verheiraten, solange dich überhaupt noch ein Mann nimmt.« Er glaubte, wenn ich erst einmal verheiratet wäre, würde ich mich endlich nicht mehr wie ein Junge aufführen. Die Wahl des Gatten hat nichts mit Liebe zu tun. Sie wird von den Eltern getroffen, um den Zusammenhalt im Stamm zu sichern und Kinder hervorzubringen. Der Preis, den ein Mann für eine Frau zahlt, zeigt, dass er in der Lage ist, sie zu ernähren. Wenn er nichts hat und auch der Stamm nichts zu seinem Lebensunterhalt beitragen will, dann überlässt man ihm auch seine Tochter nicht.

»Sie wird uns viele Kamelstuten und weiße Ziegen als Brautpreis einbringen«, sagten meine Tanten immer über meine ältere Schwester Halimo.

»Hiiyea!«, antwortete meine Mutter dann und hob Halimos Kleid, um ihre Beine zu zeigen, wenn nur Frauen anwesend waren. Alle packten ihren Rocksaum, um sie zu necken. Sie wirbelte herum und zeigte ihre schmalen Fesseln. »Für weniger als zwanzig Kamele geben wir sie nicht weg, das sage ich euch«, prahlte Mama immer. Mein Kleid zog sie nicht hoch, um meine Beine zu zeigen. Sie waren komisch geformt und bogen sich nach außen. Gut, schöne Beine hatte ich nicht, aber starke und schnelle. Wenn man Kamele hütet, muss man schnell sein. Oft sind große Schritte notwendig, sonst kommt man vor Einbruch der Dunkelheit nicht dahin, wo man hinwill, und die Hyänen sehen einen auch besser. Ich dachte, mein Vater wäre stolz auf mich, weil ich so schnell laufen konnte wie ein Mann; aber er hatte immer nur Ärger, weil ich aufmuckte oder meine Röcke hochsteckte. Ganz egal, was ich tat, ich war und blieb ein Mädchen!

Wir versteckten uns immer hinter meiner Mutter, wenn mein Vater tobte.

Einmal zogen wir mitten in der Nacht zu einem neuen

Weideplatz und bauten dort auf. Sofort schickte mein Vater mich zum Ziegenhüten. Weil wir die ganze Nacht hindurch gelaufen waren, war ich so müde, dass ich im Schatten eines Baumes einschlief. Damals noch ein Kind, konnte ich die Augen partout nicht offen halten. Als ich aufwachte, war eine Seite ganz schwarz von der Sonne, weil sie gewandert war und ich nicht mehr im Schatten saß. Die Tiere waren weg! Weg! Entsetzt suchte ich nach Hufabdrücken, aber es waren zu viele und ich konnte ihre Zugrichtung nicht feststellen. Schließlich kletterte ich auf den höchsten Baum in der Umgebung und von dort sah ich weit entfernt im hohen Gras die Köpfe der Ziegen. Ich sprang wie eine Gazelle durchs Feld, als ich hinter ihnen herjagte. Ich war so erleichtert, wenigstens ein paar wiedergefunden zu haben, dass ich gar nicht wissen wollte, wie viele fehlten. Also tat ich so, als sei nichts geschehen und trödelte zurück zum Lager.

Am Abend zählte mein Vater die Tiere, bevor er sie ins Gehege sperrte. Am Morgen zählte er sie dann noch einmal. Als er damit anfing, stellte ich mich hinter meine Mutter. Langsam zählte er *koe, laba, suddah, afra, shun* und so weiter bis fünfzig. Je höher er kam, desto dichter drängte ich mich an meine Mutter. Am liebsten wäre ich in sie hineingekrochen. Mein Vater zählte noch mal, aber zwei Tiere fehlten, ein Muttertier und ein Zicklein. Er rief mich zu sich, doch ich rührte mich nicht von der Stelle; da kam er zu mir. »Hast du nicht gehört, dass ich dich gerufen habe?«

Ich erwiderte: »Tut mir Leid, Vater, ich wusste nicht, dass du etwas von mir wolltest.«

Er bellte: »Komm her!«

Natürlich würde er mich verprügeln, wenn ich in seine Nähe kam; deshalb hatte ich nicht vor, mich von meiner Mutter zu entfernen. »Nein«, trotzte ich. Niemand sagte Nein zu meinem Vater. Niemand. Aber er würde mich so oder so umbringen, also konnte ich mich zumindest wehren. Kurz überlegte ich auch, ob ich weglaufen sollte, aber wohin? Früher oder später kriegen die Eltern einen doch – etwas anderes kannte ich nicht.

Mein Vater ergriff einen Stock, und Mama hob beschwichtigend die Hände und flehte ihn an, sich zu beruhigen. »Schlag sie nicht, sie ist doch noch so klein. Lass uns einfach überlegen, wo die Tiere sein könnten!« Sofort drosch er so heftig auf meine Mutter ein, dass sie quer durchs Gehege flog und zusammenbrach. Blut floss ihr aus Nase und Mund. Da war mir klar, dass er auch sie umbringen würde, wenn ich hinter ihr Schutz suchte.

In seiner Wut erinnerte mein Vater mich immer an einen zornigen Löwen. Er kannte dann keine Gnade – nichts konnte ihn aufhalten. Löwen sind die Könige der Wüste. Sie liegen den ganzen Tag still da und wenn sie Hunger haben, töten sie anmutig und elegant. Sie beißen ihr Opfer direkt in die Nase oder die Kehle, und der Tod tritt augenblicklich ein. Für gewöhnlich sind sie ruhig und würdevoll, aber eins hassen sie – belästigt zu werden, vor allem von Hyänen. Einmal habe ich beobachtet, wie eine Hyäne einen goldenen Löwen foppte. Er lag ganz ruhig da, aber plötzlich hatte er genug. Im Sprung zermalmte er den Quälgeist mit einem einzigen Prankenhieb. Dann schüttelte er die Hyäne in seinem Maul und warf sie weg.

Je älter man wird, desto mehr muss man loslassen. Das wollte ich meinem Vater vor Augen halten, und wozu eine Frau in der Lage war – wie eine Frau sich selber ein gutes Leben bereiten konnte.

Bei der Landung in Abu Dhabi krampfte sich mein Magen zusammen, als ob wir nach tagelanger Wanderung an einen ausgetrockneten Brunnen gelangt wären. Ich hatte so schreckliche Erinnerungen an diesen Flughafen und die Vereinigten Emirate. Hoffentlich würde dieses Mal nicht wieder etwas Schlimmes passieren. Und prompt fehlten Mohammeds und meine Koffer. Wir warteten, bis auch der letzte Gegenstand vom Gepäckband genommen worden war. Fast wäre ich in Tränen ausgebrochen. Wir würden Probleme bekommen, und ich hatte Angst, dass wir den Flug nach Somalia verpassten. Zuerst dachte ich noch, wir hätten an der falschen Stelle gewartet. Schließlich war alles in arabischer Schrift verzeichnet, die ich nicht lesen konnte.

»Mohammed«, fragte ich, »bist du sicher, dass das hier das richtige Gepäckband ist?«

»Ja«, erwiderte er. »Ich habe Leute aus unserem Flugzeug gesehen.«

»Was könnte denn mit unseren Sachen passiert sein?«

»Ich kümmere mich darum«, erklärte Mohammed auf Somali. »Das schaffe ich schon.«

»Mohammed, lass mich mit ihnen reden. Ich habe das bereits einmal erlebt – und ich bin viel gereist.«

Aber er bestand darauf, es selber in die Hand zu nehmen. Er ging zu einer Frau, die in einem kleinen Büro vor dem Gepäckbereich saß. Von draußen sah ich, dass sie nicht die beste Laune hatte, und er konnte ihr offensichtlich nicht erklären, was passiert war. Sie schüttelte den Kopf und wies ein paar Mal nach oben. Wahrscheinlich hatte sie nichts mit dem Gepäck zu tun und konnte da wenig ausrichten. Schließlich schrie Mohammed sie wütend auf Somali an und stürmte hinaus.

»Bruder«, sagte ich zu ihm, »lass mich mit diesen Leuten reden, du erreichst gar nichts.« Ich wanderte zurück in das Büro, und die Person erklärte mir, der Informationsschalter befände sich in einem anderen Stockwerk.

»Wir suchen unsere Koffer«, informierte ich den Mann am Schalter, als ich an der Reihe war. Er blickte nicht einmal auf und sagte auch nichts, sondern wies einfach auf einen gegenüberliegenden Bereich des Flughafens. »Entschuldigen Sie«, sagte ich. »Sprechen Sie Englisch?« Er machte eine abwehrende Handbewegung. Eindeutig konnte er uns nicht helfen, und ich machte mich auf die Suche nach jemand anders.

Der nächste Uniformierte sagte: »Reden Sie mit den Angestellten am Gate«, also begaben wir uns den ganzen Weg zum Gate zurück. Das Kleid, das Dhura mir geliehen hatte, war zu lang und ich vergaß, es vorne hochzuhalten. Jedes Mal, wenn ich einen Schritt machte, stolperte ich, was mich ziemlich irritierte. Als wir ans Gate kamen, sah uns der Mann am Schalter nur an, als ob wir verrückt seien.

»He, warten Sie mal«, ereiferte ich mich. »Oben hat man uns gesagt, wir sollten wegen unserer Koffer hierher kommen. Was ist eigentlich los? Ich möchte jetzt mal langsam eine Antwort bekommen.« Er kratzte sich bloß am Kopf und warf Mohammed einen Blick zu. Dann wandte er sich ab und drehte uns den Rücken zu. Ich begann zu schreien: »Was sollen wir denn tun? Vielleicht ohne Koffer weiterfliegen? Wann kommt denn endlich unser Gepäck?«

»Das weiß ich nicht«, wandte sich der Mann an Mohammed. »Warten Sie dort drüben.« Er wies auf eine Reihe von Holzbänken. »Wir sagen Ihnen Bescheid.«

Flugzeuge landeten und starteten. Leute wurden von Verwandten und Freunden abgeholt. Fast jede Frau trug den traditionellen schwarzen Schador, die Männer durften sich so kleiden, wie es ihnen gefiel. Manche hatten Hemd und Hose an, andere muslimische Gewänder. Die Sonne ging unter, und draußen wurde es dunkel. »Mohammed«, sagte ich, »sieh bitte auf den Tickets nach, wann unser Flug nach Somalia geht. Ich möchte ihn nicht versäumen.« Mohammed holte die Tickets heraus, hatte aber Schwierigkeiten, die Abflugzeiten zu erkennen. »Gib mir die Tickets, ich frage jemanden, damit wir die Maschine nicht verpassen.« Ich zog meinen Schal über den Kopf und über mein Gesicht. Aber da er aus Seide war, rutschte er immer wieder herunter. Dann ging ich mit den Tickets an den Schalter der Fluggesellschaft. »Wir haben den ganzen Tag auf unsere Koffer gewartet und ich muss wissen, wann unser Flug nach Somalia geht. Wir dürfen diesen Anschluss nicht verpassen.«

»Heute gibt es keine Flüge nach Somalia mehr«, verkündete er und blätterte in den Papieren, die vor ihm lagen.

»Entschuldigung«, beharrte ich und ließ meinen Schal auf die Schultern gleiten. Mir war es egal, ob er mich für eine Muslimin hielt oder nicht. »Was ist mit unserem Flug? Niemand hat uns etwas gesagt, und niemand will uns helfen. Wie soll das eigentlich weitergehen?«

»Es gibt heute keine Flüge nach Somalia mehr«, wiederholte er, ohne aufzublicken.

Ich trommelte mit den Fingerspitzen auf den Tresen, damit er mich endlich ansah. »Das kann nicht sein, da liegt ein Irrtum vor.«

»Zeigen Sie mir Ihre Tickets«, seufzte er, als würde ich ihm riesige Probleme bereiten. Er kontrollierte sie und zeigte dann auf die Zahlen in den Kästchen. »Sehen Sie hier«, schnarrte er unfreundlich, »Sie sind am neunundzwanzigsten September abgeflogen und fliegen erst am zweiten Oktober nach Somalia.«

»Was?«, stammelte ich.

»Heute«, sagte er betont langsam, »ist der dreißigste September. Ihr Flug geht am zweiten Oktober, also in zwei Tagen.« Ich kam mir unsäglich dumm vor, so wie er bei seinen Worten auf die Zahlen in den Kästchen deutete. Dann schob er mir die Tickets zu, als sei ich unrein oder so.

»Mohammed!«, schrie ich. »Ist dir klar, dass wir in diesem stinkenden Gelände zwei Tage warten müssen? Das wusste ich nicht!« Er sah mich verwirrt und besorgt an. »Diese Leute hier behandeln mich wie den letzten Dreck«, schimpfte ich. »Sie reden nicht einmal mit mir, weil ich eine Frau bin. Nun, entschuldige, aber ich bin auch Muslimin.« Mohammed blickte mich unbehaglich an, er knetete die Hände.

Ich atmete tief durch, und als ich mich wieder beruhigt hatte, fiel mir ein, dass meine Schwester Fartun in Abu Dhabi lebt. Sie arbeitet als Hausangestellte bei einer saudischen Familie und wohnt ganz in der Nähe des Flughafens. »Wir nehmen ein Taxi und fahren zu Fartun«, informierte ich Mohammed. »Dann können wir zumindest unsere Schwester besuchen, uns duschen und schlafen, während wir auf den Flug warten.«

Wir ergriffen unser Handgepäck, und ich wusch mir auf der Toilette das Gesicht. Dann schlang ich mir den Schal fest um den Kopf in einem weiteren Versuch, mich korrekt zu bedecken. Ich fand es schrecklich, ständig verschleiert herumlaufen zu müssen. Was hatte ich bloß verbrochen, dass man mich so behandelte?

Als wir zur Passkontrolle kamen, konnte Mohammed ungehindert hindurchspazieren. Er hat Reisepapiere aus Holland und brauchte kein Visum. Meinen Pass jedoch knöpfte sich ein Zollbeamter mit einer Nase wie ein Adler vor und blätterte Seite für Seite um.

»Sie haben kein Visum für die Vereinigten Emirate«, erklärte er mir langsam, als sei ich ein Kind. Ich konnte es nicht fassen. Mein Mund wurde trocken und ich bekam keine Luft mehr.

»Bitte! Bitte, helfen Sie mir«, flehte ich. »Ich will mit meinem Bruder nach Somalia fliegen. Wir haben unsere Familie sehr lange nicht mehr gesehen. Unser Flug geht erst in zwei

Tagen, und ich möchte bis dahin bei meiner Schwester wohnen.«

Der Mann tippte mit seinen dicken Fingern auf den Pass. »Sie haben kein Einreisevisum«, beharrte er.

»Ich will doch nur meine Mutter in Somalia besuchen. Können Sie denn nicht sehen, dass ich eine Somali bin?« Er drehte zwar den Kopf in meine Richtung, blickte aber an mir vorbei zur Wand. »Bitte, Sie«, bettelte ich. »Ich möchte lediglich bei meiner Schwester warten auf den Anschluss.«

»Sie haben kein Visum«, wiederholte er. »Und das heißt, dass Sie den Flughafen nicht verlassen dürfen.«

So lautete sein Bescheid, und er warf mir meinen Pass zu. Dann drehte er sich um und winkte dem Nächsten.

Wozu man all diese Papiere und Dokumente braucht, werde ich nie verstehen. Warum haben sie bloß so viel Macht über die Menschen? In Somalia besitzt niemand Papiere. Wir brauchen keinen Pass vorzuzeigen, wenn wir Weideland für die Ziegen suchen. Kommt jemand dich besuchen, lassen wir nicht nur die mit Papieren vor. Man macht einfach, wozu man Lust hat und was man tun muss. Schließlich sind wir Menschen und keine Zahlen und Buchstaben auf einem Stück Papier! Für einen Nomaden spielt es keine Rolle, woher er kommt oder wohin er geht. Zahlen sind in der Wüste ohne Bedeutung. Ich habe einmal meine Mutter gefragt, in welchem Jahr ich geboren bin, aber sie konnte sich nicht erinnern.

»Ich habe so ein Gefühl«, sagte sie, »dass es geregnet hat, aber ich bin mir nicht sicher.«

»Mama, weißt du es nun, oder nicht?«

»Bitte, Kind«, beschwichtigte sie, »ich kann mich nicht erinnern. Warum sollte das wichtig sein?«

Gut, ich habe auch das Gefühl, in der Regenzeit zur Welt gekommen zu sein. Wissen Sie warum? Ich liebe Wasser und vor allem Regen. Ich liebe ihn so sehr, dass es sicherlich bei meiner Geburt geregnet hat. Aber wie alt ich bin, steht in den Sternen.

Als sich vor zwanzig Jahren mein Onkel einverstanden erklärte, mich als Hausmädchen mit nach London zu nehmen, sagte er: »Wenn ich dich mit nach London nehmen soll, brauchst du einen Pass.«

»Ja«, erwiderte ich, aber ich hatte keine Ahnung, wovon er sprach.

Er ging mit mir irgendwohin, wo ein Foto von mir gemacht wurde, und am nächsten Tag hatte ich einen Pass. Die Buchstaben beachtete ich nicht, ich betrachtete nur mein Bild. Es war das erste Mal, dass ich mich selbst sah. Auf dem Foto blickte ich nicht in die Kamera, sondern zum Himmel. Ich wusste ja nicht, wo ich hinschauen sollte, und als der Fotograf sagte: »Mach die Augen auf«, wandte ich einfach die Augen nach oben. In Wirklichkeit habe ich sogar gebetet, weil ich nicht wusste, was vor sich ging. Erst Jahre später in London realisierte ich, was ein Pass war. Mein Onkel hatte wahllos irgendein Geburtsdatum eingesetzt, und ich weiß bis heute nicht, welches.

Jetzt ließ ich meinen Bruder in der Menge stehen. Ich musste mich unbedingt bewegen, irgendetwas tun. Also machte ich mich auf in den oberen Stock und fand heraus, dass es ein Hotel im Flughafen gab.

»Haben Sie noch Zimmer frei?«, fragte ich.

»Ja«, erwiderte der Mann an der Rezeption, »aber Sie müssen bar bezahlen.« Er benahm sich, als ob ich mir das Zimmer nicht leisten konnte.

»Ich möchte ein Zimmer«, erklärte ich.

»Es kostet hundertfünfzig Dollar pro Nacht… amerikanische Dollar«, fügte er hinzu, als sei das etwas Besonderes.

Himmel, dachte ich, bin ich froh, dass ich Geld habe! Ich

nahm mir ein Zimmer, ohne mich um den Preis zu kümmern, weil ich so müde war. Es war ein schäbiger kleiner Raum mit billigen, dünnen Handtüchern und einer schmutzigen Decke auf dem Bett. Ich legte mich hin und begann zu weinen … unter anderem aus Sorgen um meinen kleinen Jungen. Er litt schließlich an einer Infektion, als ich diese verrückte Reise nach Nirgendwo antrat. Überall auf seinem süßen Köpfchen waren diese kahlen Stellen. Ich wusste die Ursache nicht und fragte mich, ob Gott mir damit ein Zeichen geben wollte. Vielleicht strafte er mich ja. Oh, ich hasse es, mich so hilflos und eingesperrt zu fühlen.

An den Flughafen von Abu Dhabi hatte ich, wie gesagt, böse Erinnerungen, und jetzt war ich trotzdem wieder hier. Sie haben mich von diesem Flughafen schon einmal weggeschickt. Wahrscheinlich lastete hier ein Fluch drauf. Ich weiß es nicht. Meine Mutter war seinerzeit in eine Schießerei zwischen zwei rivalisierenden Stämmen geraten. Sie sammelte gerade Feuerholz, tat niemandem etwas Böses, und Soldaten ballerten durch die Gegend. Sie wurde von einer – vielleicht sogar zwei – Kugel in die Brust getroffen. Ich schickte Fartun Geld, und sie holten sie nach Abu Dhabi, damit sie ärztlich behandelt wurden. Natürlich nahm ich das erste Flugzeug, um sie dort zu treffen. In New York versicherte man mir, ich bräuchte kein Visum. Als ich jedoch nach einem achtzehnstündigen Flug ankam, ließ man mich nicht vom Flughafen. Ein hässlicher, dicker Mann sagte mir, ich habe kein Visum und dürfe nicht ins Land hinein. Meine Mutter und meine Schwester standen draußen in der Ankunftshalle, aber ich konnte nicht zu ihnen. Ich war jedoch so entschlossen zu einem Besuch, dass ich auf schnellstem Weg nach New York zurückflog, zur Botschaft der Vereinigten Emirate marschierte und mir ein Visum besorgte. Dann gab ich noch einmal fast dreitausend Dollar aus, um wieder nach

Abu Dhabi zu reisen. Als ich dort ankam, stand abermals derselbe hässliche, dicke, kleine Mann da. Ihm fehlten zwei Vorderzähne, und ich hätte ihm mit Freuden auch noch die restlichen Zähne ausgeschlagen! Er nahm meinen Pass mit dem Visumsstempel und ließ mich im Zollbereich stehen. Den ganzen Tag über wartete ich. Ich traute mich nicht, zur Toilette oder etwas essen zu gehen, damit ich auf keinen Fall seine Rückkehr verpasste. Schließlich rief er meinen Namen auf, und als ich vortrat, grinste er mich höhnisch an und erteilte mir einer neuerliche Absage.

»Bitte«, flehte ich ihn an, »ich war extra noch einmal in New York, um das von Ihnen gewünschte Visum zu bekommen. Was ist denn das Problem? Sagen Sie es mir! Meine Mutter ist angeschossen worden. Bitte, lassen Sie mich zu ihr!«

Er starrte stur geradeaus und schnarrte: »Ich habe es Ihnen doch gesagt, Sie dürfen nicht einreisen.« Dann reichte er mir meinen Pass: »Wohin wollen Sie? Sie müssen den nächsten Flug nehmen.«

»Ich gehe erst, wenn Sie mir erklären, wo das Problem liegt.«

Er erwiderte: »Gerade gehen die Leute nach London an Bord, und ich werde Sie in diese Maschine setzen.«

Ich erklärte ihm, dass ich nicht in London wohnte. »Warum wollen Sie mich dorthin abschieben?«, schniefte ich. »Ich lebe in New York.« Weinend bettelte ich weiter, aber er hörte mir gar nicht zu.

»Sehen Sie diese Frauen dort drüben?«, zischte er. Es waren gemein aussehende Frauen in Polizeiuniformen. »Entweder besteigen Sie jetzt das nächste Flugzeug oder sie tun Ihnen weh. Das kann ich Ihnen versprechen! Sie tun Ihnen weh und schieben Sie dann ab!« Die Frauen zerrten mich zur Gangway, und ich hörte die Leute lachen, als ich an ihnen vorbeikam. Ich werde es nie vergessen.

Und jetzt saß ich auf demselben Flughafen fest, bezahlte über einhundertfünfzig Dollar für ein schäbiges Loch und wurde behandelt, als sei ich kein menschliches Wesen. Es schnürte mir die Kehle zu. Dafür gab es gar keine Worte, um das zu beschreiben.

Islam bedeutet Unterwerfung, und ein Muslim ist jemand, der sich Gott unterwirft. Ich fiel auf die Knie und sagte zur Allah: »Bitte, hilf mir!« Würde ich wohl jemals wieder etwas Gutes und Freudiges erleben? »Inschallah, Inschallah! So Gott will, wird alles gut«, wiederholte ich ununterbrochen. Jedes Geschehen hat einen Grund. Das glaube ich tief in meinem Herzen, und diesmal hoffte ich aufrichtig, es möge ein guter Grund sein.

Gegen das Böse

Das Böse lauert hinter uns; halte stand!
Das Böse wartet vor uns; flieh!
Das Böse lauert über uns; bleib stehen!
Das Böse steigt auf; drück es nieder!
Das Böse schreitet neben uns; stoße es von dir!

(Somalisches Gebet)

6

Nachtflug

Hallo, Mama Afrika, summte es in meinem Kopf, als ich nach über zwanzig Jahren in meiner Wüstenheimat landete. »Hallo, Mama Afrika, bist du wohlauf? Mir geht es gut, und ich hoffe, dir auch«, sang ich lächelnd, als ich aus dem Flugzeug stieg und vom Himmel empfangen wurde. Ich war wieder daheim! Tanzend hüpfte ich die Gangway hinunter, die auf dem Rollfeld an die Maschine geschoben worden war. Mein Herz klopfte heftig, als ich das Land und vor allem den Wüstenhimmel sah. Der somalische Himmel ist die Heimat der Sonne und des Mondes; er erstreckt sich endlos. Diese Weite gibt einem selber das Gefühl, groß zu sein. Ich breitete die Arme aus und warf sie hoch, um die Freiheit zu spüren. Die Sonne strahlt so hell und kräftig, dass einem alles ganz nah erscheint. Ich konnte den Indischen Ozean erkennen, und mir kam es vor, als bräuchte ich nur hinzuspazieren und hineinzuspringen. So lange hatte ich die geheimnisvollen Geräusche nicht vernommen, die der Wind über der offenen Wüste erzeugt – fast hatte ich sie vergessen. Ich erkannte alles wieder – die Akazien, die Käfer und die Termitenhügel, die winzigen Dikdiks, die Strauße und die gurrenden Laute der Tauben. Ich betrachtete die Menschen und las in ihren Mienen, wusste, was sie dachten und vorhatten. Es war wundervoll, nach all diesen Jahren in der Fremde endlich wieder dazuzugehören. Ein Geruch stieg mir in die Nase – Angella! Wir hatten es immer zum Frühstück gegessen – es ist ein säuerlicher Pfannkuchen, der einen für den ganzen Tag sättigt. Tränen stiegen mir in die Augen, aber nicht der Trauer, sondern der Freude! Mama Afrika, dachte ich, du hast mir so gefehlt. Wie hatte ich nur so lange wegbleiben können? Du bist alles für mich! Die Leute ringsum gingen ihren Tätigkeiten nach, sie wirkten ganz normal, und ich hatte das wunderbare Gefühl der Vertrautheit. Hier steht die Wiege meiner Träume. Ich bin eine Tochter Afrikas, und ich wollte auf der Stelle meine Mutter sehen. Dann erst wäre ich wirklich am Ziel.

Die Sonne stand im Zenit, und sie war unglaublich heiß. Nach all den Jahren in London und New York traf mich die heftige Hitze überraschend. In der Ferne schimmerte der Indische Ozean, und ich war froh über die leichte Brise, die vom Wasser herüberwehte, weil ich mich erst an die hohen Temperaturen gewöhnen musste. In der Hitze ist es wichtig, sich zu entspannen, man kann nicht herumrennen.

Von diesem winzigen Flughafen aus gab es keine Züge oder Busse; wenn man kein Auto hatte, musste man laufen. Vor dem weiß gestrichenen Terminal warteten Männer mit Mietwagen. Viele dieser Autos gehören Frauen, die lieber als Prostituierte in Saudi Arabien arbeiten, als in den Flüchtlingslagern zu verhungern. Mit dem Geld, das sie sparen, kaufen sie Autos und schicken sie dann nach Somalia. Sie stellen Fahrer ein und führen Taxi-Unternehmen. Somalische Frauen fahren selber nicht – aber wenn man ein Auto besitzt, gilt man wirklich als reich.

Mohammed sagte: »Ich regel das schon«, lief an den Autos entlang und musterte jeden Fahrer eindringlich. Als er einen Stammesbruder aus Mogadischu entdeckte, verkündete er: »Wir können ihn nehmen. Abdillahi ist Mijertein.«

»Bruder, wir sollten uns vergewissern, dass wir jemanden mit einem intakten Auto bekommen, das uns nicht auf halber Strecke zusammenbricht«, bat ich.

Aber mein Bruder hatte seine Wahl schon getroffen. »Leuten aus unserem Stamm kannst du vertrauen«, teilte er mir mit. »Wir fragen ihn, ob er uns nach Gelkayo bringt.«

Abdillahi fuhr einen alten, zerbeulten Kombi. Vorne war er völlig eingedellt, und die Motorhaube hatte er provisorisch mit Draht befestigt. Die Reifen waren abgefahren und so glatt wie die Haut eines Babys, die Sitze waren aufgerissen und durchgesessen. Mohammed begrüßte Abdillahi, und die beiden Männer redeten Arm in Arm miteinander. Abdillahi war groß, hatte ein schmales Gesicht und ein Ziegenbärtchen. Über dem traditionellen *maa-a-weiss* trug er ein weißes Hemd. Das *maa-a-weiss* ist ein gemustertes Tuch, das sich Männer um die Taille schlingen und vorne zwischen den Beinen hindurchführen. Es reicht ungefähr bis zur halben Wade. Die meisten Flughafenarbeiter trugen es. Die beiden Männer gingen in das Gebäude, um die Landegebühr zu bezahlen und unsere Papiere zu holen. Die Stewardess hatte sie eingesammelt, als wir ins Flugzeug gestiegen waren. Ich habe britische Papiere, in denen steht, dass ich nicht nach Somalia reisen darf; natürlich hatte ich Angst, dass sie mich erneut ausweisen würden; aber Mohammed versicherte mir, er würde sich schon darum kümmern. Die Sonne brannte, und mir lief der Schweiß den Rücken hinunter. Die ganze Atmosphäre kochte. Warum brauchen die Männer nur so lange?, dachte ich. Am liebsten hätte ich mir den Schal vom Kopf gerissen; ich konnte es kaum erwarten, mich endlich ins Auto zu setzen und loszufahren.

Schließlich kamen sie wieder heraus, und ich sah, dass Abdillahi ganz aufgebracht war. »Dein Bruder hat sich mit der Polizei angelegt!«

»Weil sie nicht das Recht hatten, unsere Papiere zurückzuhalten. Sie müssen sie uns wiedergeben, schließlich habe ich genug bezahlt«, grollte Mohammed.

»Was war da drinnen los?«, fragte ich Abdillahi, der mir vernünftiger vorkam als mein Bruder.

»Dein Bruder hat sich aufgeregt und fing an, mit dem Angestellten herumzustreiten. Beinahe hätte er einen Polizeibeamten niedergeschlagen«, berichtete Abdillahi. Mohammed rannte immer noch aufgeregt hin und her. Mit erhobenen Handflächen wandte sich unser Fahrer ihm zu, was so viel bedeutete wie: »Beruhige dich, du musst dich beruhigen!«

»So können sie nicht mit mir umgehen«, beschwerte Mohammed sich. »Ich habe die Gebühren bezahlt, und sie haben nicht das Recht, mich unverschämt zu behandeln.«

Abdillahi machte eine wegwerfende Geste. »Wir sind hier nicht ein Europa, mein Freund. Diese Typen haben Pistolen und sie benutzen sie auch. Ihnen ist egal, wer du bist oder was du für ein Problem hast. Du solltest dich besser nicht in Schwierigkeiten bringen – also leg dich nicht mit jemandem an, der eine Waffe besitzt. Es spielt keine Rolle, ob er dich erschießen darf oder nicht.«

Jetzt packte Abdillahi meinen Bruder und hielt ihn fest, damit er nicht auf irgendjemanden eindrosch. Die Polizei hatte zwar die Dokumente zurückgegeben, aber ich fürchtete immer noch, sie könnten ihre Meinung ändern.

»Abdillahi, glaubst du, du wirst meine Mutter finden?«, unterbrach ich ihren Streit über Taktiken der Behörden bezüglich Drogen und *khat*; denn ich wollte endlich vom Flughafen weg und zu meiner Familie.

»Deine Familie lebt in der Nähe der Grenze zu Äthiopien«, gab Abdillahi Auskunft. »Ich komme gerade aus der Gegend und bin die ganze Nacht gefahren, um rechtzeitig zur Ankunft des Flugzeugs hier zu sein. Glaub mir, ich finde sie!«

Immer noch besorgt fragte ich: »Hast du eine Karte?«

Abdillahi warf mir einen schrägen Blick zu und erklärte: »Ich bin Somali.«

»Klar wird er sie finden«, lachte Mohammed. »Er braucht keine Landkarte, er hat es im Kopf!«

»Wie lange dauert es bis dorthin?«, fragte ich aufgeregt. Ich wollte meine Mutter umarmen, ihr Gesicht berühren, jeden Zentimeter!

»Acht oder neun Stunden je nach dem Zustand der Straßen und der Militärkontrollen«, meinte Abdillahi und strich sich über sein Bärtchen.

»Was soll das heißen, acht Stunden?«, schrie ich. Ich konnte es nicht glauben. Drei Tage meiner kostbaren Zeit hatte ich schon in Flugzeugen und einem grässlichen Hotelzimmer vergeudet. Nun sollte immer noch ein ganzer Tag Fahrt vor uns liegen – und die Sonne war schon halb über den Himmel gewandert. Hysterisch rannte ich hin und her, wobei ich die ganze Zeit auf mein Kleid trat, und schließlich riss ich mir den Schal vom Kopf. Er erstickte mich, und es war so heiß, dass ich kaum Luft bekam. Acht Stunden im Auto bedeutete abermals zwei Tage weniger bei meiner Familie – weil wir ja auch wieder nach Bosasso mussten vor dem Rückflug nach Europa. Mohammed und Abdillahi musterten mich, als ob ich den Verstand verloren hätte. Für sie schien Zeit keine Rolle zu spielen. Sie lebten auf einem anderen Planeten, nicht auf meinem mit Terminen und Verabredungen. Aber ich hatte keine Wahl – am besten ich beruhigte und fügte mich.

»Wie viel kostet die Fahrt?«, fragte Mohammed. Abdillahi wollte dreihundert amerikanische Dollar dafür. Mohammed bot ihm einhundert, aber er lehnte ab.

»Mohammed, gib es ihm einfach, damit wir hier wegkommen«, flüsterte ich. »Lass uns doch nicht auch noch damit

Zeit verschwenden!« Mein Bruder jedoch blickte mich nur finster an. Ich sollte mich aus seinen Angelegenheiten heraushalten; ergeben wartete ich in der glühenden Sonne, während sie verhandelten.

»Dreihundert ist zu viel«, fand Mohammed. »Wir sind doch alle Mijertein, meine Schwester und ich und du!«

»Ich bin arm und brauche das Geld für meine Kinder.«

»Hör zu, Abdillahi, einhundert amerikanische Dollar, das ist ein Vermögen hier. Ich weiß das, und du weißt es – für diese Fahrt ohnehin mehr als das Übliche! Außerdem«, witzelte Mohammed, »weißt du doch schon, dass ich verrückt bin.«

»Ja, das stimmt«, erwiderte Abdillahi grinsend. »Ich bringe euch vermutlich lieber hier weg, bevor du noch mehr Scherereien machst. Wenn du jemanden verletzt, muss ich auch noch den Blutpreis bezahlen.«

»Gut, also einhundert Dollar«, fasste Mohammed zusammen, und sie besiegelten das Geschäft mit einem Händedruck. Ich gab Abdillahi das Geld, damit er uns quer durch Somalia zu dem winzigen Ort brachte, in dem meine Mutter das letzte Mal gesehen worden war. Er wirkte intelligent und schien sich auszukennen, aber besonders rücksichtsvoll kam er mir nicht vor. Abdillahi behandelte mich, wie Männer eben Frauen in Somalia behandeln, und da spielte es auch keine Rolle, dass ich die Fahrt bezahlte. Er und Mohammed ließen mich das ganze Gepäck zum Auto schleppen, während sie die anderen Leute begrüßten. Sie umarmten Männer, die sie kannten, und schüttelten ihnen die Hände.

Kaum waren wir in Somalia gelandet und Mohammed sprach wieder sein Somali, wurde er im Handumdrehen eine völlig andere Person. Er hielt sich aufrecht, den Kopf hoch erhoben, war aggressiv und keck. So hatte er sich auch verhalten, wenn er sich bei uns blicken ließ, als ich noch ein Kind war.

Eines Tages tauchte er in unserem Lager auf und begann, Sachen in den Staub zu zeichnen.

»He, du«, rief mir dieser seltsame Junge zu, »willst du das Alphabet lernen?« Er benahm sich, als wüsste und könnte er alles. Neugierig lief ich zu ihm. »Setz dich«, befahl er, aber ich hatte Angst vor dem Stock in seiner Hand und deshalb blieb ich stehen, damit er mich nicht auf einmal verprügelte. Er malte Buchstaben in den Sand, aber das wusste ich damals nicht. Ich hatte noch nie etwas von Lesen oder Schreiben gehört. Rasch malte Mohammed mit seinem Stock das Abc auf den Boden. »Was ist das?«, fragte er mich. Natürlich wusste ich das nicht. »Was sind das für Buchstaben?«, schrie er dann und wedelte mir mit dem Stöckchen vor der Nase herum. Da ich mich fürchtete, blieb ich einfach stehen und starrte diesen Verrückten, der Linien in den Sand malte, an. Er brüllte: »Du bist ein dummes Nomadenmädchen! Was glotzt du so? Sieh auf die Buchstaben und sag sie.« Ich begann zu lachen, weil er so laut schrie, und als er mit dem Stock herumfuchtelte, rannte ich weg. »Ihr Buschleute seid zu faul und zu blöd, um lesen und schreiben zu lernen«, rief er mir nach. »Vergiss es, ich bringe dir nichts mehr bei! Ich verschwende doch nicht meine Zeit mit Mädchen.« Er warf einen Stein nach mir, der mich am Knöchel traf. Es war eine üble Wunde, und meine Mutter riet mir, mich von ihm fern zu halten. Damals beschloss ich, niemals lesen oder schreiben zu lernen.

Und auch jetzt benahm er sich wieder so, als wüsste er alles und ich sei nur ein dummes Nomadenmädchen. Im Auto war es heiß; aber als ich die Fenster öffnete, kamen zu viele Fliegen herein – also blieb ich draußen in der sengenden Sonne stehen. Mohammed trat auf mich zu und befahl mir, wieder einzusteigen, als sei ich diejenige, auf die alle warten müssten. Er setzte sich nach vorne und ich nach hinten. »Du solltest mir dankbar sein«, hielt er mir vor, als wir losgefahren waren.

Schweigend blickte ich aus dem Fenster auf das Land, nach dem ich mich unendlich gesehnt hatte. So sind die Männer in Somalia eben. Sie hören nicht auf weibliche Wesen, und es ist ganz egal, wer oder was eine Frau darstellt. Man passt sich an das Leben in Afrika an, man ändert es nicht.

An der Kiesstraße, die vom Flughafen wegführte, gab es eine Art Tankstelle. Abdillahi tankte und füllte auch noch zwei Kanister mit Benzin, die er auf die Ladefläche legte. Es machte mich nervös, dass wir ohne Karte und ohne Schutz so weit fuhren. Hoffentlich stießen wir unterwegs nicht auf Straßensperren oder Soldaten. Ich betete darum, dass Allah uns eine sichere Reise gewähren und mir helfen möge, meine Mutter zu finden. Es war Dürrezeit oder *hagaa*, alles verbrannt und verdorrt. Staub wirbelte hinter dem Auto auf, kroch durch die Ritzen und legte sich auf jede Oberfläche. Anfangs war die Straße noch gut, eine Zeit lang sogar geteert, aber bald ging sie in eine Sandpiste über. Reifenspuren führten in unterschiedliche Richtungen, und ich hoffte, Abdillahi kannte seinen Weg.

Wir waren noch nicht sehr weit gekommen, als Abdillahi zu ein paar kleinen Hütten abbog. »Wir müssen uns *khat* besorgen«, erklärte er. »Ich fahre die ganze Nacht hindurch, und es hält mich wach.« Leute saßen im Schatten; als sie uns sahen, kamen sie auf uns zugelaufen, die Arme voller *khat*-Zweige. Grüne Blätter an Teufelszweigen, nenne ich sie. Teufelsblätter! Ich hasse das Zeug und bin fest davon überzeugt, dass es mein Land zu Grunde richtet. Jetzt war es obendrein das Erste, was ich sah, nach meiner so langen Abwesenheit. *Khat* wächst nicht in Somalia, deshalb geht alles Geld, das dafür ausgegeben wird, nach Äthiopien oder Kenia. Abdillahi fuhr langsam an den Leuten vorbei und sah sich die Zweigbündel an, die sie ihm entgegenreckten. Aber es gefiel ihm nichts, deshalb fuhr er weiter. Zerlumpte kleine Jungen ohne Schuhe rauchten Zigaretten. Sie konnten nicht älter als sechs oder sieben Jahre sein, und ihre Arme und Beine waren so dünn wie Zahnstocher. Sie sahen wie Spinnenkinder aus. Damit sie den Hunger nicht spürten, kauten sie *khat*. Nach einer Weile bog Abdillahi noch einmal von der Strecke ab, und die gleiche Szene wiederholte sich. Freche Bengel und alte Frauen rannten mit Bündeln von *khat* auf das Auto zu. Er winkte einer Greisin, die die Zweige in ihren *chalmut* gewickelt hatte. »Komm her, Mama, komm her«, rief er durch das Fenster. »Wie alt ist es? Ist es neu? Frisch? Von heute?« *Khat* verliert seine Wirkung nach einem Tag, aber es kommen viele Flugzeuge nach Somalia. Die Schmuggler haben nie Probleme mit den Tickets.

»Nun«, erwiderte sie, »wir hatten eine schlimme Dürre, aber das hier ist gestern Abend erst aus Äthiopien eingetroffen.« Er fuhr mit den Fingern durch die Blätter und prüfte sie, um festzustellen, wie alt sie waren.

»He, Abdillahi«, sagte ich, »jetzt nimm schon einen Zweig, Mann! Lass uns weiterfahren.«

»Das ist ganz guter Stoff«, meinte er. »Gib ihr doch zwanzig Shilling dafür!«

»Nein«, protestierte ich. »Ich zahle nicht für dein *khat*.«

»Aber ich kann dann besser fahren, und es ist noch weit. Schließlich war ich schon eine ganze Nacht am Steuer, um rechtzeitig am Flughafen zu sein. *Khat* hält mich wach.«

»Du hast bereits schon hundert Dollar von mir. Wozu brauchst du das Zeug wirklich?«

»Mädchen«, gab er zu bedenken, »du kommst in den

nächsten zwei Tagen nicht da hin, wenn ich nicht fahre. Ich kenne den Weg, ich weiß, wo wir deine Familie suchen müssen. Falls wir außerdem Ärger mit der Polizei oder mit Soldaten bekommen, gebe ich einfach ein bisschen *khat*. Was anderes als Drogen wollen sie nicht.«

Entschlossen erwiderte ich: »Ich zahle nicht für diesen Mist. Kauf es dir selber.«

Abdillahi gab nach und kaufte seine Blätter, danach traten wir endlich unsere Fahrt an. Er legte sie auf den Sitz neben sich, direkt neben das Lenkrad, riss sich ein Blatt nach dem anderen ab und stopfte es sich in den Mund. Er zerkaute alles zu einer Paste, die er sich dann in die Backentasche schob, damit er weitere Blätter essen konnte. In wenigen Stunden würde seine Backe ganz dick sein und grüner Saft würde ihm übers Kinn laufen. Er würde high und voller Energie sein. Seinen kleinen Kassettenrekorder drehte er so laut auf, wie es ging. Den ganzen Nachmittag über sang er die somalischen Lieder oder Gebete mit.

Wer zwischen ihren Brüsten gelegen hat,
hatte ein erfülltes Leben.
O Allmächtiger, möge die Quelle der Glückseligkeit
niemals versiegen!

Abdillahis Stimme war hoch und schrill, und er konnte nur aus dem Mundwinkel heraus singen, damit das *khat* in seiner Wange blieb. Er hörte gar nicht mehr auf damit.

Wenn das Schicksal bestimmt,
dass ein Stamm schlimme Tage erlebt,
müssen selbst die Wolken den Weg fliehen,
den die Verfluchten nehmen.
Die Ältesten werden schwach und schwankend,

ihr Rat taugt nichts mehr.
So wie ein Gefäß über süße, reife
Früchte gelegt wird,
so verbirgt Gott vor den Augen des Stammes
Weisheit und Licht.

Plötzlich brach die Musik ab. Abdillahi hatte ein großes Schlagloch übersehen und der Vorderreifen war geplatzt. Er hielt am Straßenrand. Hier kam nur gelegentlich ein Lastwagen vorbei, deshalb konnten wir nicht auf Hilfe warten. Abdillahi schob sich weiter *khat*-Blätter in den Mund, holte einen Wagenheber hinten aus dem Kombi und wechselte den Reifen, als ob er das jeden Tag machte. Da es im Auto unglaublich heiß war, stieg ich aus, um ihm zuzuschauen. Es gab keinen Schatten, und ich konnte auch nichts tun, als ihn dabei zu beobachten, wie er sich Blätter in den Mund schob, den Reifen abmontierte, ihn durch das Reserverad ersetzte und sich weiter mit *khat* bediente. Wenn dieser Reifen auch noch kaputtging, dann konnten wir nur dasitzen und warten, bis uns einer zu Hilfe kam – oder ausraubte. Abdillahi versuchte, den schlimmsten Schlaglöchern auszuweichen, aber es war die heißeste Zeit des Tages und die Hitze stieg in Schwaden vom Boden auf. Natürlich konnte auch die Hitze dem Reifen zum Verhängnis geworden sein. Als wir das nächste Dorf erreichten, kaufte er sofort einen neuen zur Reserve. Sie würden unseren geplatzten Reifen flicken und ihn an den Fahrer mit der nächsten Panne verkaufen. Allah, was für eine Zeitvergeudung! Auf dieser endlosen Fahrt mussten wir mindestens viermal Reifen wechseln. Wir fuhren über vierzehn Stunden und waren ständig gezwungen, anzuhalten. An diesem Tag gab Abdillahi den größten Teil meiner hundert Dollar für Reifen aus.

Entfernungen täuschen in der Wüste. Man kann so weit

sehen, dass man das Gefühl hat, ewig von einem Punkt zum anderen zu brauchen. Gäbe es nicht die Staubwolke hinter dem Auto, würde man meinen, man bewegt sich gar nicht. Die Straße war holperig, und jedes Mal, wenn wir wieder eine Unebenheit überquerten, wurde ich von meinem Sitz hochgeschleudert. Ich hatte das Gefühl, ein Teil der Straße und der Landschaft zu sein. Der Raum um uns herum war unendlich, verbarg nichts, hielt nichts geheim. Wir fuhren in drei Dimensionen – vorwärts, hinauf und hinunter.

Den ganzen Tag über war mein Herz schwer wegen der schlimmen Eindrücke unterwegs. Kinder, die einem Kamel gerade bis zum Bauch reichten, standen, in Lumpen gehüllt und mit einem verlorenen, hoffnungslosen Ausdruck, am Straßenrand. Wo waren ihre Eltern? Ich sah Männer mit vom *khat*-Kauen schwarz gewordenen Zähnen. Als wir wieder einmal anhielten, um einen Reifen zu wechseln, blickte uns ein alter Mann, der oben auf einem Hügel stand, stumm zu. Er rührte sich nicht, verjagte nicht einmal mehr die Fliegen, die um seine Augen krabbelten. Ich hielt Ausschau nach den langen Reihen der schönen, goldbraunen Kamele, der Wüstenschiffe – aber wir fuhren nur an zerlumpten Menschen ohne Tiere vorbei. Das Schlimmste, was ich sah, war eine dünne, junge Frau, die wir mit ihrem Kind mitten in der Wüste trafen. Sie winkte uns zu, weil wir sie mitnehmen sollten. Es wurde langsam dunkel, und wir waren schon seit Stunden nicht mehr durch ein Dorf gekommen. Sie besaß nur die vordere Hälfte eines Schuhs, und ihre Füße waren wund und blutig. Sie sahen aus wie die Hufe eines Kamels, mit tiefen Schrunden und dicker Hornhaut ... Ich konnte den Anblick kaum ertragen und bat Abdillahi, zu stoppen. »Bitte, halt für die Schwester an. Halt für die Mama an!«

»Was ist los?«, fragte Mohammed.

»Ihre Sandalen sind vollkommen kaputt«, jammerte ich.

»Ihre Füße bluten, weil sie die ganze Zeit über barfuß gelaufen ist.« Früher einmal hatte ich auch solche Füße gehabt – hart und mit tiefen Rissen, wie ein Flussbett in der Dürre. Wir konnten sie sicher ein paar Meilen mitnehmen. Sie hatte einen weiten Weg vor sich, und bald wurde es dunkel. Die Hyänen würden bestimmt hinter ihrem Kind her sein. Manchmal muss man in der Wüste schlafen, weil die Entfernungen einfach zu groß sind, um sie an einem Tag zu überwinden. Als ich von zu Hause weglief, musste ich viele Nächte allein in der Wüste verbringen, ohne Essen und ohne Schutz. Ich hatte schreckliche Angst davor einzuschlafen, weil ich wusste, dass im Dunkeln hungrige Tiere lauerten. Bestimmt würde ein Löwe mich wittern und wenn ich aufwachte, würde er über mir stehen. »Bitte, halt an«, bat ich. »Sie kann hier hinten bei mir sitzen. Hier ist genug Platz.«

Aber Abdillahi fuhr einfach an ihr vorbei und sagte: »Mach dir keine Sorgen. Sie ist doch bloß eine Frau. Warum soll sie im Auto fahren? Wo sie es gewohnt ist, zu Fuß zu gehen!« Ich brach fast in Tränen aus, aber die beiden Männer hörten nicht auf mich. Den ganzen Tag über schleppten sich Frauen und Kinder die Straße entlang, und wir hatten sie in unserer Staubwolke stehen lassen.

Mohammed hatte von Stammesverwandten gehört, dass mein Vater möglicherweise auch allein in der Wüste lebte. Vor drei Regenzeiten hatte unser jüngerer Bruder Raschid die Kamele meines Vaters in der Nähe unserer Stammesbrunnen in der Haud gehütet. Gedankenverloren setzte er sich nieder, um die Tiere beim Grasen zu beobachten. Plötzlich hörte er ein Geräusch und stand auf, um nachzuschauen, wo es herkam. Und auf einmal befand er sich mitten in einem Kugelhagel. Er wollte weglaufen, aber ein paar Männer rannten hinter ihm her und schossen auf ihn. Raschid wurde von einer Kugel in den Arm getroffen und sank ohnmächtig ins Gras. Die Soldaten hielten ihn für tot und stahlen alle Kamele. Als Raschid zu sich kam, waren die Tiere, die ganze Herde meines Vaters, weg. Nur mehr der hohle Wind heulte über die Wüste dahin. Das Lebenswerk meines Vaters – er hatte, abgesehen von den Tieren des Onkels, mit zwei Kamelen angefangen und trotz Dürre und Futtermangel eine stattliche Herde gezüchtet –, sein Vermögen, sein Besitz und sein Stolz … alles weg!

Raschid schleppte sich zum Lager, und meine Mutter pflegte ihn wieder gesund. Glücklicherweise hatte er nur eine Fleischwunde im Arm und der Knochen war nicht verletzt. Ihm ging es bald wieder gut, aber mein Vater war am Ende. Es gibt ein Sprichwort bei uns, in dem es heißt, dass ein verzweifelter Mann sogar in den Milchkörben nach seinen Kamelen sucht – kurz nach dem Vorfall verschwand mein Vater spurlos. Alle Mühen waren umsonst gewesen, und jeder Lebensmut hatte ihn verlassen. Ein paar Tage lang saß er noch niedergeschlagen im Lager, dann verschwand er eines Nachts, und niemand wusste, wohin. Möglicherweise suchte er weiter nach seiner Herde und wollte die Männer töten, die sie ihm gestohlen hatten – oder er war so verzweifelt, dass er kapitulierte und sich einen Platz zum Sterben suchte.

Im Namen Allahs, des Gnädigen,
des Barmherzigen ...,
Führe uns auf den geraden Weg,
Den Weg derer, denen Du Gnade erwiesen hast;
... Nicht den Weg derer, die irregegangen sind.

(Koran, 1. Sure)

7

Mutter

Wir fuhren die ganze Zeit über auf blaue Hügel am Horizont zu, die wir jedoch nie erreichten. Der Himmel dehnte sich weit über uns, und ebenso wie die Hitze fand er kein Ende. Abdillahi sagte, es sei so heiß, dass die Leute sterben könnten, wenn sie sich nicht vor der Sonne schützten. Jeder Busch und jeder Hügel erinnerte mich an meine Kindheit und an meine Mutter. Als kleines Mädchen hatte ich ganz besonders an ihr gehangen. Ich betete jeden Tag, dass ihr nichts passieren möge, und folgte ihr überallhin. Meine Mama war meine Welt, und ich weiß gar nicht, woher ich überhaupt den Mut genommen hatte, sie zu verlassen. Wahrscheinlich hatte ich es im Grunde auch nicht für möglich gehalten; aber dann war ein Weg auf den anderen gefolgt, und ich hatte sie verloren. Auf Somali gibt es ein Wort, *nurro*, was soviel bedeutet wie Instinkt. Allah schenkt Tieren und auch Menschen, die sterben müssen, die Gabe des *nurro*. Mit dieser Gabe bauen auch die Termiten ihre Hügel mit ihrem eigenen Speichel, daher weiß eine Eidechse, wie sie aus ihrem Ei schlüpft und Nahrung findet. Vielleicht jedoch würden wir trotz dieser langen Reise meine Mutter nicht finden. Ich wollte nur zu gerne an mein *nurro* glauben; aber ich hatte Angst, ich sei zu lange weg gewesen und könnte die Zeichen nicht mehr erkennen. Am liebsten hätte ich vor Angst und Frustration geweint. Womöglich hatte ich sie bereits verloren...

Die Nacht kam, dunkel wie eine Schlange. Ich war entmutigt und erschöpft von der Hitze und der anstrengenden Fahrt. Abdillahi machte mir Sorgen. Wenn er nun das Dorf nicht fand und wir uns hoffnungslos verirrt hatten? Da bog er plötzlich überraschend von der Straße ab und fuhr über einen kleinen Hügel. Er schaltete den Motor aus, und Stille umgab uns. Nirgendwo war Licht, aber er verkündete: »Hier ist es. Wir sind da.« Plötzlich schlug mein Herz schneller. Ich sprang auf von meinem Sitz.

»Wirklich? Bist du sicher? Wohnt hier meine Mutter?«

»Ja, Waris«, erwiderte Abdillahi. »Das ist der Ort.«

»Danke, Allah!«, betete ich. Ich jubelte innerlich, dass das Ziel dieser Fahrt ohne allzu grausige Probleme erreicht war. Außer den Anlaufschwierigkeiten und Reifen hatte uns nichts ernsthaft behelligt. Hastig stieg ich aus und sog in tiefen Zügen die Luft ein. Himmel, wie ich diesen Geruch liebe. Der Geruch der Heimat!

Abdillahi wies auf ein rechteckiges Haus am Rand des schlafenden Dorfes und sagte: »Deine Familie wohnt dort.« Er und Mohammed klopften an die Tür. Nach ein paar Minuten ging sie auf und ein großer Mann, der seinen *maa-a-weiss* um sich geschlungen hatte, stand auf der Schwelle. Mohammed sagte, es sei ein Cousin, Abdullah. Er wusste genau, wo jeder wohnte, und begleitete uns zu einem anderen winzigen, rechteckigen Haus. Dort klopfte er an die hölzernen Fensterläden. Eine schwangere Frau kam an die Tür und blickte uns verschlafen an, während Abdullah ihr erklärte, wer wir waren.

»Wer bist du?«, fragte ich.

»Ich bin die Frau deines Bruders Burhaan, aber er ist nicht hier«, erwiderte sie. »Ich heiße Nhur.« Als Mohammed ihr sagte, dass wir zu meiner Mutter wollten, ergriff sie rasch ihren Schal und nahm mich bei der Hand. Im Dunkeln zeigte sie uns den Weg, und unsere Schritte waren die einzigen Geräusche in der Nacht.

Als wir näher kamen, erkannte ich zunächst nur die Umrisse einer winzigen Hütte. Sie bestand offenbar aus einem einzigen Raum und war aus Stöcken gebaut, die man miteinander verbunden hatte. Das Dach war aus Blechstücken zusammengeschustert. Wir blieben stehen, und ich holte tief Luft.

»Wartet«, bat ich meinen Bruder und Nhur. »Sagt nichts, bevor ich sie nicht umarmt und geküsst habe.«

Natürlich gab es kein Schloss in der Tür, sondern nur eine kleine Blechplatte, die an der Seite oben und unten mit Draht befestigt war. Die Öffnung war vollkommen verzogen, und ich musste daran zerren, um sie aufzubekommen. Die Hütte meiner Mutter war so winzig, dass ihre Füße direkt an der Tür lagen und ich beim Eintreten darüber stolperte. Meine Mutter setzte sich auf und fragte in die Dunkelheit: »Wer ist da?« Ich konnte nichts sehen, deshalb tastete ich mich auf den Klang ihrer Stimme zu. In einer Hütte muss man gebückt gehen, weil sie so niedrig ist, aber Mohammed stieß sich trotzdem den Kopf an. Das machte wieder Lärm, und meine Mutter fragte erneut: »Wer ist da?« Ich wollte nicht antworten, sondern kniete mich einfach hin, um den Moment auszukosten. Kläglich rief sie: »Bitte, wer ist denn da?« Schließlich fand ich in der Dunkelheit ihren Kopf, umfasste ihr Gesicht mit den Händen, küsste sie und legte meine Wange an ihre, damit sie die Tränen spürte, die mir übers Gesicht liefen. Sie lauschte einen Augenblick auf meinen Atem, zog meinen Kopf ganz nahe zu sich heran und flüsterte wieder: »Wer bist du?«

»Ich bin es, Mama. Waris.«

Zweifellos erkannte sie sofort meine Stimme, denn sie hielt kurz die Luft an. Dann packte sie mich und hielt mich eng umschlungen, als sei ich ein Baby, das sie in der letzten Sekunde vor einem Sturz bewahrte. »Waris? Bist du wirklich meine Tochter Waris?«, fragte sie lachend und weinend zugleich.

»Ja, Mama«, schluchzte ich. »Ich bin es wirklich, und Mohammed ist auch hier.«

Sie ergriff seine Hände, und ihre Freudentränen rannen mir über den Arm. »Wo kommst du her? Ich habe gedacht, du bist tot. Allah! Allah! Meine Tochter! Mein Sohn!« Sie wiegte mich in ihren Armen und tat so, als wolle sie mich ausschimpfen. »Allah! Allah! Waris, du hast mich zu Tode erschreckt! Was hast du dir dabei gedacht, dich hier so hereinzuschleichen!« Lachend und weinend zugleich fuhr sie fort: »Fahr sofort wieder nach Hause! Ich bin zu alt für solche Scherze!« Dann umarmte sie mich wieder und sagte: »Was machst du denn hier, Mädchen?«

Unwillkürlich musste ich lachen. Sie hatte mich seit Jahren nicht gesehen, und als ich plötzlich mitten in der Nacht auftauchte, packte sie der Übermut. Hoffentlich habe ich ein bisschen von meiner Mutter in mir, dachte.

»Mohammed«, setzte Mama an und umarmte auch ihn. »Ich hätte wissen müssen, dass es nur *Mohammed Dehrie* sein kann, wenn sich jemand so heftig den Kopf anstößt.« Dehr war der Spitzname meines Bruders. Übersetzt heißt es »der Große«, weil er einem Kamel bis an den Kopf reicht.

Ein Kind schlief bei meiner Mutter, wachte jedoch von unserem Gespräch nicht auf. »Wer ist der kleine Junge?«, fragte ich.

»Das ist der Erstgeborene deines Bruders Burhaan, Mohammed Inyer, der kleine Mohammed«, gab meine Mutter Auskunft und strich ihm über das Köpfchen.

Abdillahi richtete aus, Mohammed könne bei meinem Onkel und seiner Familie schlafen, weil in der kleinen Hütte nicht genug Platz für uns alle sei. Als sie weg waren, zündete meine Mutter die kleine Laterne an, die wir *feynuss* nennen. Sie gibt ein weiches Licht, und ich konnte endlich ihr liebes Gesicht, ihre perfekte Nase und ihre zimtfarbenen Augen sehen. Sie zog mich eng an sich, als fürchtete sie, ich sei nur ein Traum und könne wieder verschwunden sein, wenn sie aufwachte.

Meine Mutter, ich und Nhur blieben noch auf und unterhielten uns. Letztere schilderte, wie sie ein Auto und unbekannte Stimmen vor dem Haus gehört habe. Davon sei sie aufgewacht. Sie umarmte mich, streichelte mir über die Arme und mein Kleid. Ich erzählte ihnen alles von unserer Reise und wie lange wir unterwegs gewesen waren. Meine Mutter hielt mich fest in den Armen und kicherte immer wieder, als seien wir auf einem fliegenden Teppich angereist.

»Nhur«, sagte ich, »es tut mir Leid, dass ich fragen musste, wer du bist. Ich wusste ja gar nicht, dass es dich gibt, und ich hatte keine Ahnung, dass mein Bruder ein erstes Mal und jetzt mit dir auch ein zweites Mal verheiratet ist. Außerdem wusste ich nicht, dass ihr schon eine Tochter habt und dass das zweite Kind unterwegs ist.«

Nhur tätschelte mir den Arm und beschwichtigte: »Ach, das ist doch nicht so schlimm. Woher solltest du denn auch wissen, dass ich mit deinem Bruder schon so lange verheiratet bin.«

»Es tut mir Leid«, wiederholte ich, weil es mir in der Tat peinlich war. »Mein dummer Bruder Mohammed erzählt mir überhaupt nichts.«

Lachend frotzelte Nhur: »Und das bedeutet, dass du mir nichts mitgebracht hast.«

»Genau«, erwiderte ich, »wie schade!« Ich hatte weder

etwas für sie noch für ihre Tochter oder das Baby, das sie erwartete. Ich wies auf meine Tasche: »Aber vielleicht findest du ja etwas darin, was dir gefällt, das kannst du dir nehmen.« Dann fragte ich: »Was ist denn aus Burhaans erster Frau geworden?«

Nach langem Schweigen sagte meine Mutter: »Sie ist bei Allah im Garten des Paradieses.«

»Oh, was für ein Unglück«, bedauerte ich ihr Schicksal. »Wie ist sie gestorben?«

»Woher soll ich das wissen?«, fertigte Mama mich ab. »Es war ihre Zeit, und Allah nahm sie zu sich.« Wenn man einen Somali fragt, wie oder woran jemand gestorben ist, antworten sie stets: »Hältst du mich für Gott? Das weiß nur der Herr allein!« Wenn man gehen muss, geschieht es eben. Die Somalis glauben, dass es auf dem Mond einen Baum gibt, den Baum des Lebens. Wenn dein Blatt von diesem Baum fällt, dann stirbst du. Und wenn du tot bist, kommst du in den Himmel. Der Tod steht zwischen dir und Allah. Mir war klar, dass niemand mir erzählen würde, was mit der Mutter des kleinen Jungen geschehen war. Meine Mutter hatte ihn sofort zu sich genommen. Er brauchte sie, also kümmerte sie sich um ihn. Deutlich merkte ich Mama an, dass sie ganz verliebt in den Dreikäsehoch war. Er hatte sich im Bett an sie gekuschelt und wachte während unserer Unterhaltung nicht ein einziges Mal auf. Eingelullt vom Klang ihrer Stimme schlief er friedlich weiter.

Meine Mutter sah aus – wie immer, mit ihrem wie aus Ebenholz geschnittenen Gesicht; und wenn sie lächelt, fällt einem auf, dass einer ihrer Vorderzähne fehlt. Ich nehme an, dass mein Vater ihn ihr ausgeschlagen hat, aber das würde sie natürlich nie verraten. Sie wirkte nicht verbraucht auf mich, im Gegenteil – ihre ganzen Falten verliehen ihr große Würde. Sie hat viel durchgemacht, und tiefe Furchen haben sich in ihre Züge gekerbt. Sie künden von Mühsal – und von Weisheit.

Auf einmal begann es heftig auf das Blechdach zu trommeln. Erschrocken sprang ich auf und fragte: »Was ist das denn?« Sekundenlang konnte ich mir das Geräusch nicht erklären. Es war so kräftig und laut, hatte nicht langsam angefangen, sondern kam ganz plötzlich.

Meine Mutter und meine Schwägerin lachten und erklärten gleichzeitig: »Das ist Regen, Waris. Endlich regnet es.«

Mama fügte hinzu: »Danke, Allah!«

Wie aus Kübeln goss es. Das rauscht und fließt nicht gleichmäßig – in Somalia ist der Regen ein Schlag ins Gesicht. Er prasselte auf das Blechdach wie Geschirr, das am Boden zerschellt.

Im Laternenschein warf Mutter mir einen Blick zu. »Kind, es hat seit über einem Jahr nicht mehr geregnet!«

»Oh, Mama«, frohlockte ich. »Mama, ich habe den Regen gebracht! Ich habe ihn mitgebracht.«

Missbilligend schnalzte sie mit der Zunge. »Waris, du bist nicht Allah! Nimm das sofort wieder zurück. Das darfst du nicht einmal denken, geschweige denn aussprechen – vergleich dich nicht mit dem Höchsten. Es regnet, weil Allah den Regen gesandt hat – das ist nicht dein Werk!«

»Tut mir Leid, ich sage es auch nie wieder«, gelobte ich. Es tat mir gut, von meiner Mutter wieder einmal in die Schranken gewiesen zu werden. Und für den Regen war ich ebenfalls dankbar. Auch ich fühlte mich von Allah gesegnet.

Lächelnd sagte meine Mutter: »Ich wusste, dass du kommst.«

Überrascht über ihre Gewissheit fragte ich: »Woher denn?«

»Vor ein paar Tagen habe ich von deiner Schwester geträumt. Sie hat Wasser geholt und es dann mir gebracht. Sie hat das Wasserlied gesungen, und ihre Stimme wurde immer lauter. Deshalb musste eine meiner Töchter bald hierher kommen – aber ich wusste nicht, welche.«

»Oh, Mama«, seufzte ich. Abermals traten mir Tränen in die Augen, weil wir nach all diesen Jahren immer noch so eng miteinander verbunden waren. Das hatte ich im Westen mehr als alles andere vermisst: die Kräfte und den Geist der Natur, die mir früher so vertraut waren. Ich müsste mich wieder häufiger in Somalia aufhalten, um sie erneut zu erfahren. Hoffentlich würde ich nie wieder so lange wegbleiben müssen. Aber jetzt hatte die Reise ja ihre Schrecken verloren.

Ich kenne meine Mutter eigentlich gar nicht richtig – schließlich war ich noch ein halbes Kind, als ich weglief –, aber zwischen uns gab es immer eine Verbindung. Ich weiß einfach, wie sie denkt, obwohl ich es nicht benennen kann. Als ich sie einmal kurz – anlässlich der Filmaufnahmen – in Äthiopien traf, hatte ich sie gebeten, mit mir nach Amerika zu kommen. »Mama, flieg mit mir nach New York! Ich gebe dir alles, was du willst.«

Sie blickte mich damals an und fragte: »Wie meinst du das, Mädchen? Was heißt denn alles? Was ich brauche, habe ich hier in der Wüste.«

Tief im Innern spürte ich als junges Mädchen wohl, dass meine Bestimmung nicht das Leben in der Wüste war – deshalb bin ich weggelaufen.

Aber jetzt wollte ich ihr Leben verstehen, ihre spirituellen Schätze finden und nie wieder ohne sie sein.

»Mama«, fragte ich, »weißt du, wo mein Vater ist? Mohammed meinte, niemand hätte ihn mehr gesehen, nachdem seine Kamele gestohlen worden waren. Wie geht es Raschid?«

»Oh, du hast davon gehört. Raschid geht es gut, er kann

sich wieder um Tiere kümmern. Die Kugel ist direkt durch seinen Arm gegangen und nicht stecken geblieben – wie die in meiner Brust. Dein Vater wollte unbedingt seine Kamele zurückholen, aber es gelang ihm nicht, sie zu finden. Sie waren spurlos verschwunden. Vielleicht sind sie ja nach Saudi-Arabien verschifft worden, oder die Diebe haben sie aufgegessen. Schließlich gab dein Vater die Suche auf und kam doch wieder zurück. Er ist draußen im Busch.« Sie wies in die Dunkelheit.

Nhur erklärte, mein Vater lebe nicht weit von dem Dorf, in dem wir uns aufhielten, mit einer anderen Frau zusammen. Er will keine menschliche Gemeinschaft, sondern bleibt lieber bei den Tieren, auf die er Anspruch erhebt, in der Wüste. Diese trugen ganz deutlich unser Brandzeichen, und deshalb gelang es ein paar Stammesverwandten, ihm wenigstens einen Teil seiner Herde wiederzubeschaffen. Nhur schätzte, dass er ungefähr fünf Kamele, ein paar Ziegen und Schafe besaß. Mein jünger Bruder Raschid half ihm dabei. Ich dachte an all die menschenleeren Gebiete, die wir auf unserer Fahrt passiert hatten, und fragte mich, ob wir ihn wohl finden würden. Meine Mutter liebte meinen Vater immer noch, aber er hatte sich schon vor langem, als ich noch ein Kind war, eine zweite, jüngere Frau genommen. Die meiste Zeit lebte er mit ihr im Busch. »Ich habe gehört, er besäße noch eine dritte Frau«, sagte ich in Ungewissheit, wie meine Mutter darauf wohl reagierte.

»Ja, das stimmt, aber sie ist ihm weggelaufen, oder er hat sich kürzlich scheiden lassen«, erklärte sie.

»Was?«, stammelte ich. »Was ist denn passiert?«

»Kind, ich weiß nicht, warum sie gegangen ist. Vielleicht wollte sie nicht arbeiten«, meinte Mama gleichmütig. Die Laterne begann zu blaken, und sie richtete sie wieder. Wir sagen, dass der Rauch einem Geheimnisse verrät – aber die

Reaktion meiner Mutter auf die anderen Frauen enthüllte er nicht. Oft ist eine weitere Gattin ein Segen, weil die weiblichen Wesen bei uns viel Arbeit haben und sie sich dann gegenseitig helfen können. Meine Mutter jedoch wollte offenbar genauso wenig über meinen Vater und seine Angetrauten reden, wie über Burhaans erste Frau.

»Vor zwei Tagen ist dein Vater irgendwo im Busch operiert worden«, flüsterte Nhur. »Burhaan hat gehört, dass es ihm schlecht ginge, und leistet ihm jetzt Gesellschaft.«

»Eine Operation in der Wüste?«

»Hiiyea.«

»Vor zwei Tagen«, keuchte ich. Wenn wir doch nur eher hier gewesen wären! Ich dachte an dieses grässliche Hotelzimmer in Abu Dhabi und die unnötige Verzögerung. »Was für eine Operation denn?«, fragte ich.

»An den Augen, Waris«, präzisierte Nhur leise. »Er hatte schon die ganze Zeit über Probleme damit.«

»Allah, seine Augen«, murmelte ich. Ich hatte gehört, dass er nicht mehr gut sah, hatte aber geglaubt, es würde ihm bald wieder besser gehen. Wahrscheinlich, war es mir durch den Kopf gegangen, konnte er nur schlecht sehen und brauchte eine Brille. Aber jetzt hätte er wohl echte Hilfe benötigt!

»Wir haben gehört, er sei blind und leide schreckliche Schmerzen«, fuhr Nhur fort. »Burhaan beschloss, ihn zu suchen und ihn in das nächstgelegene Krankenhaus in Gelkayo zu bringen. Wir haben noch nichts gehört, hoffen aber, dass er überm Berg ist.«

Plötzlich stiegen Sorge und Angst in mir auf. Eine Operation mitten in der Wüste? Wer machte denn so etwas? Das konnte doch unmöglich gut gehen! Ich hoffte bloß, dass mein Vater es überstanden hatte. Wie sollte er sich denn zurechtfinden, wenn er blind war? Wie sollte er sich um seine

Tiere kümmern oder um Wasser? Nach Nhurs Beschreibung nahm ich an, dass seine Augen Schaden genommen hatten, weil sie jahrelang der gleißenden Sonne ausgesetzt gewesen waren. »Ich werde morgen nach ihm Ausschau halten«, nahm ich mir vor. Selbst wenn das eine weitere endlose Fahrt bedeutete – dann musste es eben sein.

Als ich Mama fragte, ob ich bei ihr schlafen dürfte, meinte sie, wir würden nicht alle ins Bett passen. Sie hatte nur ein paar Tücher auf einer Matte ausgebreitet und darüber hing ein zerrissenes Moskitonetz, das kaum für Mohammed Inyer und sie ausreichte.

Als Kind schlief ich oft unter den Sternen, weil es in den Hütten heiß ist und sie keine großen Fenster haben, durch die der Wind wehen kann. Draußen geht für gewöhnlich immer eine leichte Brise, wenn die Sonne gesunken ist und die Nacht hereinbricht. Am liebsten hätte ich heute wirklich draußen geschlafen – allerdings gibt es nach einem Regenguss immer besonders viele Moskitos, und dann hält man sich besser im Innern auf.

Also ging ich zu meiner neuen Schwägerin, um dort zu übernachten. Ich teilte mir die Schlafmatte mit Nhur und ihrer kleinen Tochter. Meine Nichte ist fast zwei Jahre alt. Während meines Somalia-Aufenthalts schlief ich bei den beiden. Mama zog es vor, in ihrer baufälligen Hütte aus Stöcken zu hausen, die sie selber gebaut hatte. Burhaans Heim dagegen ist viereckig und aus weiß getünchten Lehmziegeln gebaut. Es hat zwei Zimmer und einen weiteren Raum in Planung. Wenn der Anbau fertig ist, wird meine Mutter dort hoffentlich einziehen. Aber eigentlich hat sie die meiste Zeit ihres Lebens nur in selbst fabrizierten Hütten gewohnt.

Ich war sehr müde nach der anstrengenden Fahrt. Doch meine Ängste und Sorgen hatten mich auch emotional erschöpft, und ich konnte lange nicht einschlafen. Am nächsten Morgen würde ich sie alle wieder sehen und konnte es kaum erwarten. Schlaflos lag ich neben meiner Schwägerin und ihrer kleinen Tochter und sehnte mich danach, endlich zur Ruhe zu kommen. Ich lauschte auf den Regen, der aufs Dach trommelte, und schließlich überkam mich tiefer Frieden. Meine Mutter hatte ich gefunden, und ich wusste, dass mein Vater noch am Leben war – auch wenn er im Krankenhaus lag – überdies waren all meine Verwandten um mich herum.

Plötzlich spürte ich etwas und sah einen dunklen Schatten an meinem Bein unterhalb des Knies. Glücklicherweise entdeckte ich ihn überhaupt, denn es war sehr dunkel. Angestrengt starrte ich hin und meinte, einen Skorpion zu erkennen. Ich flüsterte Nhur zu: »Ist es das, für was ich es halte?« Uns ist schon als Kindern beigebracht worden, niemals in Panik zu geraten, deshalb blieb ich ganz still liegen. Vielleicht krabbelte der Skorpion ja nur über mich hinweg. Man glaubt vielleicht, man könnte ihn abstreifen, bevor er zusticht; aber ich wusste ganz genau, dass man sich erst dann bewegen darf, wenn man so eine Situation wirklich beherrscht. Deshalb starrte ich wie gebannt auf das Tier und wiederholte: »Ist es das, für was ich es halte?«

Nhur wisperte mir ins Ohr: »Oh, ja!«

Wir nennen einen Skorpion *hangralla*. Als er neben die Matte kroch, sah ich an seinem gebogenen Schwanz, dass es tatsächlich ein *hangralla* war. Seiner Größe nach zu urteilen, musste er der Großvater aller Skorpione sein. Er war gekommen, um mich zu Hause in Somalia zu begrüßen. Rasch sprang ich auf und zertrat ihn.

Trotzdem hatte ich keine Angst, mich danach wieder zum Schlafen hinzulegen. Entschlossen schob ich all meine Sorgen, meinen Stress und mein Chaos beiseite und ließ mich von der somalischen Nacht und der Stille einhüllen. Die

Leute behaupten, Somalia sei eins der gefährlichsten Länder der Welt, aber ich war ganz ruhig. Ich empfand plötzlich einen Frieden, wie ich ihn kaum mehr kannte.

Und ich schlief so gut wie seit langem nicht. Mir kam es ganz bequem vor, auf dem Boden zu liegen. Man kann nicht aus dem Bett fallen und stößt sich nirgendwo an. Es ist auch gut für den Rücken. In New York wache ich ständig auf und mache mir wegen irgendetwas Sorgen. Aber wenn man an einem Ort glücklich ist, so wie ich in der Wüste, dann fühlt man sich sicher. Alle Ängste lösen sich in Nichts auf, wie Wasser auf trockenem Boden. Auf dieser Reise habe ich jede Nacht fest geschlafen. Ich hörte die Hyänen in den fernen Hügeln kichern wie böse Feen, aber vor ihnen hatte ich keine Angst. Sie kommen nicht ins Dorf, um sich die Menschen zu holen. Allah hält seine Hand über die Hütten und beschützt jeden, sodass man sich über Gestern und Morgen keine Gedanken zu machen braucht.

Leber mit Blut

2 Tassen Blut
1 Pfund Leber
2 Esslöffel subaq ghee

Wasche die Leber, und schneide sie in kleine Stücke. Gib Leber, Blut und subaq ghee in eine Pfanne, und gare sie langsam unter ständigem Umrühren über glühender Holzkohle. Entfache die Kohle nicht, damit keine Asche in das Gericht kommt. So lange köcheln, bis eine weiche, feuchte Masse entstanden ist.

8

Wüstenträume werden wahr

An diesem Morgen erwachte ich in einer anderen Welt. Die staubige, graue Ebene hatte sich in dunkelrote Erde verwandelt, und überall standen tiefe Wasserpfützen. In der Hütte meiner Mutter war alles vollkommen durchweicht. Durch die offenen Stellen im Blechdach konnte ich den Himmel sehen. Niemand hatte ihr beim Dach geholfen, sie hatte ganz alleine einzelne Blechplatten auf die Äste gelegt, die die Wände ihrer Hütte bildeten. Und sie war so klein, dass meine Mutter diagonal schlafen musste. Sie und Nhur waren schon seit Sonnenaufgang auf den Beinen. Nhur hatte bereits auf dem Markt eingekauft, und Mama hängte gerade ihre Sachen zum Trocknen über ein rostiges blaues Ölfass und auf den Dornbuschzaun, der die Hütte umgab. In einem kaputten Lastwagenreifen, der an der Hütte lehnte, hatte sich Wasser gesammelt, und eine der Ziegen leckte es auf. Aus den Augenwinkeln warf sie mir einen gelangweilten Blick zu und leckte dann weiter.

Wir beklagen uns nicht darüber, wenn unsere Sachen bei Regen nass werden, sondern danken Allah dafür. Nach dem Koran stammt alles Leben aus dem Wasser. Regen bedeutet, dass das Gras grün wird – dann haben die Tiere und auch wir keinen Hunger mehr. In der Wüste ist Wasser kostbar, es heißt blaues Gold. Wir warten auf Regen, beten darum; waschen uns mit ihm. Ohne Regen gibt es kein Leben. Bei uns gibt es keinen Winter oder Sommer, sondern es gibt *jillal*, die Trockenzeit, und *gu*, die Regenzeit. Im Somalia wird ein Gast mit Wasser begrüßt, es ist ein Zeichen des Willkommens und des Respekts, und ich kam mir so vor, als habe Allah mich begrüßt. Die schwierige Reise, die lange, heiße Fahrt und die schweren Tage der Dürre waren vorüber; die *gu*-Regen hatten eingesetzt und Allah segnete uns mit Wasser. Ein fröhliches und gutes Omen für den Besuch bei meiner Familie!

Ich umarmte und küsste meine Mutter. »Allah sei mit dir, Mama«, sagte ich. »Ich freue mich so, dich zu sehen, und hier an diesem wunderschönen Morgen bei dir zu sein.« Fest drückte ich sie an mich. »Wie habe ich dich vermisst! Ich liebe dich so sehr, Mama – mir fehlen die Worte.«

»Lass mich los«, stöhnte sie im Spaß und sah mich lächelnd an. Sie tat so, als sei sie verärgert, aber ihre Augen leuchteten vor Stolz und Entzücken. »Waris«, sagte sie, »was für eine Überraschung, dich zu sehen! Ich habe gehört, du seist tot. Irgendjemand erzählte das – dann hat jemand behauptet, du seist Prostituierte geworden. Und jetzt hat Allah dich zurückgebracht, und du stehst vor mir in meiner Hütte. Wirklich kaum zu glauben!«

Meine Mutter hat eine ganz besondere Einstellung zum Leben, die mich immer schon faszinierte. Sie trägt eine schwarze Perlenkette und ein Schutzamulett um den Hals. Das Amulett ist ein kleiner Lederbeutel, in dem heilige Worte aus dem Koran eingenäht sind. Ein *wadaddo* oder heiliger Mann hat ihn vor Jahren speziell für sie gemacht, und sie nimmt ihn nie ab. Er beschützt sie vor bösen Geistern.

»Komm, ich zeige dir die Geschenke, die ich dir aus New York mitgebracht habe, Mama.«

PRIMARY SCHOOL SUPPORTED BY UNICEF

Sie machte eine abwehrende Handbewegung: »Geh deinen Onkel besuchen, mich hast du ja jetzt begrüßt.« Das sah meiner Mama ähnlich: immer dachte sie an die anderen, nie an sich selbst.

Von Nhur wusste ich, dass es dem Bruder meines Vaters, Onkel Achmed, nicht gut ging, und ich musste ihn unbedingt sehen. Nhur hatte mir berichtet, ein *djinn* habe von seiner linken Körperhälfte Besitz ergriffen, aber das glaubte ich natürlich nicht. Mein Onkel ist älter als mein Vater und er konnte alle möglichen Krankheiten haben. In meiner Kindheit waren bei den Ziegen, die ich hütete, seine in der Überzahl.

Am sehnlichsten wünschte ich mir damals ein paar Schuhe. Und jetzt als Erwachsene begriff ich, warum. Überall ragten spitze Steine aus dem Boden, und ich konnte mich nur zu gut daran erinnern, wie die Steine und Dornen sich in meine bloße Haut gebohrt hatten. Manche Dornen waren so lang, dass sie leicht durch den ganzen Fuß drangen. Ich sprang und rannte gerne als kleines Mädchen; mit all meiner Energie konnte ich gar nicht aufhören, mich zu bewegen. Meine Füße waren ständig voller Schnitte und blauer Flecken, vor allem, wenn ich wieder einmal den Ziegen hatte nachklettern müssen. Ich beneidete sie um ihre harten Hufe – ihnen konnte nichts etwas anhaben. Nachts schmerzten und bluteten meine Füße oft. Also bat ich meinen Onkel um ein Paar Schuhe als Bezahlung dafür, dass ich seine Ziegen hütete. Schließlich passte ich jeden Tag auf die Tiere auf, damit ihnen nichts passierte. Wenn es heiß und trocken war, musste ich weite Strecken mit ihnen zurücklegen, bis sie etwas zu fressen fanden. Oft kam ich erst nach Einbruch der Dunkelheit wieder nach Hause und dabei verletzte ich mir die Füße am schlimmsten. Bis zum heutigen Tag bin ich ganz besessen von Füßen und Schuhen – es ist das Erste, worauf ich bei anderen achte. Ich besitze nicht viele Kleider, weil ich mir nicht besonders viel daraus mache, aber Schuhe liebe ich geradezu. Allerdings kaufe ich mir nur bequeme Schuhe, keine hochhackigen Pumps – denn darin fühlt man sich nicht anders, als wenn man auf einem spitzen Stein steht. Und warum soll ich das tun, wenn es nicht unbedingt sein muss?

Endlich willigte Onkel Achmed ein, mir vom Markt in Gelkayo Schuhe mitzubringen. Nachts träumte ich von ihnen und stellte mir vor, dann wie auf einem Zauberteppich zu wandeln. Ich konnte überallhin gehen, ohne mir wehzutun, und würde so schnell laufen wie die Strauße, wenn man einen Stein nach ihnen wirft, oder wie die Gazelle, wenn sie einen jagenden Löwen wittert. Als mein Onkel endlich vom Markt kam, tanzte ich vor Freude, jubelte und schrie: »Schuhe, Schuhe!« Mein Vater brüllte mich an, ich solle endlich still sein und den Mann in Frieden lassen; aber ich war so aufgeregt, dass ich nicht von seiner Seite wich. Onkel griff in seine Tasche und überreichte mir ein Paar billiger Gummischlappen – nicht die soliden Ledersandalen, die ich erwartet hatte. Ich war so wütend, dass ich sie ihm ins Gesicht warf.

Nhur hatte ein Feuer entzündet, und der Tee für unser Frühstück dampfte schon. Sie hatte an diesem Morgen auf dem Markt Leber gekauft und diese für meine Mutter gekocht. »Sie kann vieles nicht essen, weil die schreckliche Kugel immer noch in ihr steckt«, erklärte sie mir. »Mama muss sich ständig übergeben, und sie ist viel zu dünn.« Das fand ich auch. »Hoffentlich vermehrt die Leber ihr Blut ein bisschen«, sagte Nhur und stellte die Schüssel vorsichtig vor meiner Mutter auf die Erde. Mama setzte sich und begann zu beten, als Mohammed Inyer hereinwackelte. Er hatte Hunger und wollte auch etwas von der Leber. Da er noch zu klein war, um Hosen zu tragen, hockte er sich mit seinem nackten Hintern direkt vor meine Mutter.

Sie unterbrach ihr Gebet und sagte ruhig: »Kind, nimm deine Eier von meinem Frühstück.« Ich lachte immer noch, als Ragge, der Sohn von Onkel Achmed, auftauchte.

Meine Mutter begrüßte ihn herzlich und erinnerte mich noch einmal daran, dass ich meinen Onkel besuchen sollte. »Du gehst am besten gleich los«, meinte sie warnend, »sonst denkt dein Onkel am Ende noch, du zögest meine Seite der Familie vor.« Bevor ich damals weglief, war Ragge noch ein kleiner Junge, und ich passte immer auf ihn auf, wenn meine Tante keine Zeit hatte. Jetzt war er um die dreißig, groß und schlank, und sprach hervorragend Englisch. Ich mochte ihn sofort. Er hatte einen altmodischen Haarschnitt, kurz an den Seiten und länger auf dem Kopf. In der Hosentasche trug er einen Afro-Kamm bei sich, mit dem er sich alle fünf Minuten durch die Haare fuhr.

Ragge begleitete mich durch das Dorf, um mir den Weg zu seinem Haus zu zeigen. Im Ort standen vielleicht sechzig Häuser mit einem oder zwei Zimmern in unterschiedlichen Stadien der Fertigstellung. Die meisten Leute hatten aus Buschwerk und Zweigen notdürftige Unterkünfte errichtet. Die Familien mit genug Geld, um sich Baumaterialien zu kaufen, bewohnten die solidesten Häuser. Ihre Mauern bestanden aus sonnengetrockneten Lehmziegeln und Dächern aus Wellblech. Andere Frauen hatten einfach Hütten gebaut aus allem, was sie auftreiben konnten: alten Reifen, gewebten Grasmatten und kleinen Blechplatten. Manche der Häuser waren viereckig und mit Stöcken abgestützt, außerdem gab es somalische Rundhütten aus den langen, gebogenen Wurzeln der Akazie, die man mit gewebten Matten oder Plastikplanen bedeckte. Alte Plastiktüten an den Hütten flatterten im Wind. Es wurde nichts weggeworfen, was kein großes Gewicht besaß und von Nutzen sein konnte. Wir kamen an einer Hütte vorbei, an der die Besitzer die Matten zurückgeschlagen hatten, damit innen alles trocknen konnte. Wieder andere Gebäude waren rund aus getrocknetem Lehm mit strohgedeckten, kegelförmigen Dächern. Die verschiedenen Stämme haben jeweils einen eigenen Baustil. In den Hütten gab es weder fließendes Wasser noch Strom. Irgendjemand hatte einen Verschlag für die Hühner gebaut. Er war rund mit einem Kegeldach, und eine rötliche Henne saß davor und gackerte, als sie mich entdeckte. Ein kleiner Junge, ungefähr zwei Jahre alt, folgte uns. Er durfte überall herumlaufen, das war hier überhaupt kein Problem, weil ihm nichts zustoßen konnte. Abgesehen von einem Hemdchen war er nackt. Seine Zähne leuchteten weiß in dem dunklen Gesicht, und er strahlte uns an.

Es war genau das Leben, an das ich mich aus meiner Kindheit erinnerte. Das Dorf kam mir vor wie eine Schildkröte, die sich tief in ihren Panzer zurückzieht und einen selbst dann ignoriert, wenn man sie mit einem Stock piekst. Sie wartet einfach, bis es einem langweilig wird, und dann setzt sie ihre Reise fort – ohne die Richtung zu ändern. Die Ereignisse auf der Welt waren an diesem Dorf im Großen und Ganzen vorbeigegangen. Seit meinem Abschied von Somalia hatte sich hier nicht allzu viel verändert, nur ich selbst! Als Kind hatte ich geglaubt, alles zu besitzen, was ich brauchte – wenn man einmal von den Sandalen absah. Armut war für uns kein Thema, über das man sich den Kopf zerbrach. Ich kann immer noch kaum glauben, dass Somalia zu den fünf ärmsten Ländern der Welt gehört. Die morgendlichen Geräusche und Gerüche, das Gackern der Hühner, das Schreien der Babys, der Duft von Holzrauch und nassen Grasmatten im Dorf berührten mich auf eine Weise, wie es mir lange nicht mehr ergangen war. Ich genoss es, endlich wieder hier zu sein; aber zugleich fiel mir auf, dass keines der Kinder Schuhe besaß.

Mein Onkel wohnte bei seiner Tochter Asha und deren Mann in einem viereckigen Haus aus sonnengetrockneten Lehmziegeln mit einem Wellblechdach. Die Tür war blau gestrichen, und in der Mitte prangte ein großer, roter Glassplitter, umgeben von kleineren, dunkelblauen Steinen.

Onkel Achmed saß auf einem *michilis*, einem niedrigen, dreibeinigen Hocker aus gegerbtem Fell, neben seinem Haus. Seine Haare waren weiß wie die einer Ziege, und er trug den traditionellen karierten *maa-a-weiss*, der um die Taille geschlungen und vorne festgesteckt wird. Seinen Kopf bedeckte die runde, bestickte Kappe, die Männer tragen, die nach Mekka gepilgert sind.

»Afdokle! Afdokle!«, sagte mein Onkel und wiegte sich auf seinem Hocker vor und zurück. Er nannte mich bei meinem Kosenamen, Kleiner Mund. »Setz dich! Setz dich neben mich. Lass mich dich anschauen. Oh, Kind! Isst du denn gar nichts? Du bist so dünn – bist du krank?«

»Nein, Onkel.« Ich lachte. »Man muss nicht dick sein, um gesund zu sein.«

»Nun«, entgegnete er, »ich finde, du siehst schrecklich dünn aus. Hast du Hunger, Kind?«

»Ja, Onkel«, erwiderte ich. »Wir sind erst gestern Abend angekommen, und ich habe gewaltigen Hunger auf Angella.« Ich hatte es schon gerochen, als ich aus dem Flugzeug gestiegen war, und der Duft hatte mich auch heute früh geweckt – das wundervolle Aroma von Angella! Angella sind Fladen aus Hirse. Die Frauen zermahlen das Korn in einem ausgehöhlten Ast zu Mehl. Bevor sie zu Bett gehen, vermischen sie es mit Wasser und schlagen es auf, damit es glatt und luftig wird. Überall im Dorf hört man abends, wie der Teig bearbeitet wird. Es ist der reinste Wettbewerb: je lauter das Geräusch, desto besser wird der Teig. Am nächsten Morgen ist er dann aufgegangen, die Frauen machen ein Feuer zwischen drei großen Steinen. Darauf wird ein dünnes Blech gelegt. Wenn es heiß ist, geben sie einen Löffel Teig darauf und verteilen ihn dünn auf der Platte – so wie die Franzosen ihre Crèpes. Dann kommt ein Deckel darüber, und das Ganze wird etwa drei bis vier Minuten gebacken.

Onkel Achmed rief seine Tochter Asha. »Bring Afdokle zehn Angella und Tee. Schließlich kann sie die Fladen ohne Tee nicht runterschlucken. Sie verhungert, sieh sie dir doch an! Und ich habe immer geglaubt, in Amerika gäbe es so viel zu essen!«

»Onkel, ich kann nicht zehn Stück essen. Vier reichen vollkommen.«

Asha brachte Gewürztee mit Ziegenmilch und Angella auf einer gezackten Blechplatte. Man gießt ein wenig Tee über die Fladen, um sie weich zu machen. Messer oder Gabel benutzen wir nicht, wir essen mit den Fingern.

Ich hatte diesen besonderen, etwas säuerlichen Duft seit all diesen Jahren nicht mehr gerochen und war so aufgeregt, dass ich zugriff, ohne nachzudenken.

Mein Onkel zuckte zusammen wie ein ärgerliches Kamel. »Nein! Warte! Warte!«, schrie er. »Das ist doch deine linke Hand, mein Kind! Deine linke Hand! Damit isst man nicht!«

»Oh, Onkel, es tut mir Leid«, stotterte ich. »Das habe ich… vergessen …entschuldige!« Ich schämte mich. Als Linkshänderin hatte ich das Essen mit der linken Hand genommen, weil es im Westen keine Rolle spielt. In Somalia jedoch ist es äußerst wichtig, nicht zu verwechseln, welche Hand man für was benützt. Mit der Rechten berührt man alles außer dem Unterleib, weil dieser Teil des Körpers als unrein gilt. Wenn man auf der Toilette war, wäscht man sich mit der linken Hand mit Wasser ab, weil wir kein Klosettpapier haben. Mit der Rechten wäscht man sich auch sonst nicht. Die linke Hand ist also zur Säuberung bestimmt und mit der anderen isst man, beziehungsweise verrichtet Sonstiges.

Onkel schüttelte seinen weißhaarigen Kopf. »Warst du denn so lange fort? Hast du alles vergessen, was du wusstest?« Er blickte mich argwöhnisch an. »Wie kannst du nur vergessen, sauber zu bleiben, Mädchen? Alles darfst du in Somalia vergessen, aber das nicht!«

Ich war so hungrig, dass ich vor lauter Gier das Angella so schnell wie möglich in den Mund stecken wollte. Tatsächlich benahm ich mich wie in New York und dachte nicht daran, welchen Respekt Somalis dem Essen entgegenbringen. Bei uns gibt es kein »Fastfood«, wir essen nicht auf der Straße oder während wir unterwegs sind. Hier bekommt man beigebracht, dass Essen ein Geschenk von Allah ist – ein Segen, der mit Achtung behandelt werden muss. Als ich ein Kind war, aß man nicht, weil man Lust dazu hatte, sondern um sich zu erhalten – um dem Tod zu entrinnen. In Somalia schiebt man sich Nahrungsmittel nicht einfach gedankenlos in den Mund. Man setzt sich, spricht ein Dankgebet und genießt jeden Bissen. Jetzt hatte ich nicht nur nach dem Essen gegrapscht, ohne zu beten und ihm Respekt zu erweisen, sondern hatte es obendrein mit der linken Hand getan.

Ich holte tief Luft und begann von neuem, dankte Allah für meinen Onkel, für diesen Tag und diese Mahlzeit. Dann kaute ich das Angella andächtig. Es war köstlich. Während des Essens betrachtete ich meinen Onkel. Er hatte einen dünnen Schnurrbart und ein paar weiße Barthaare am Kinn. Sein *maa-a-weiss* war grau-schwarz. Als ich genauer hinsah, stellte ich fest, dass er sich komisch an die Hausmauer lehnte. Seine Unterlippe hing herunter, und er sprach sehr langsam – als fiele es ihm schwer, die Worte zu bilden. Mohammed unterbrach ständig: »Hiiyea?« Onkel musste unentwegt wiederholen, was er gesagt hatte.

»Was ist mit deinem Vater los?«, fragte ich Asha, als sie uns Tee nachschenkte. »Warum stützt er sich so ab?«

»Eines Abends ist er schlafen gegangen, und als er aufwachte, konnte er seinen linken Arm und sein linkes Bein nicht mehr gebrauchen. Die eine Seite war in Ordnung, aber die andere hing schlaff herunter.«

»Oje«, sagte ich, »was hat der Arzt dann gesagt?«

»Hier gibt es keinen Arzt.«

»Hast du ihn nicht ins Krankenhaus gebracht?«

»Nein. Es ist viel zu weit, und er konnte ja nicht laufen. Warum sollten wir ihn außerdem wegschaffen, wo er doch krank ist?«

»Wie bitte?« Ich konnte es nicht glauben. Da wachte der Mann halb gelähmt auf, und sie brachten ihn nicht einmal ins Krankenhaus. »Wann ist das passiert?«

»Vor ein paar Tagen«, gab Asha Auskunft. »Aber heute geht es ihm schon wieder besser. Alhamdillah!« Offenbar hatte sie sich einfach in das Schicksal ergeben und war jetzt Allah dankbar dafür, dass es irgendwie aufwärts ging. Ich verstehe, warum meine Familie glaubt, dass man eben sterben muss, wenn der Zeitpunkt gekommen ist. Gemäß Allahs Wille hat man den Tod als Teil des Lebens zu akzeptieren. Dagegen gibt es nichts einzuwenden; aber daneben wissen sie leider nicht, dass man geheilt werden kann, wenn man krank ist. Sie glauben nicht an Ärzte, weil sie außer ihrer kleinen Welt einfach nichts anderes kennen.

»Onkel«, sagte ich, »schildere mir mal, was geschehen ist.«

»Ich bin aufgewacht und konnte meine linke Seite nicht mehr bewegen.« Geduldig und resigniert blickte er mich an. »Es tut zwar nicht weh, aber mein linker Arm macht nicht mehr mit, und beim Gehen ziehe ich das Bein nach.«

»Hiiyea!«

»Deine Mutter hat mir Tee aus der zermahlenen Schale eines Straußeneis und Fieberbaumrinde gekocht.«

Obwohl ich wusste, dass die Hausmittel meiner Mutter viele Krankheiten heilen konnten, wollte ich doch der Sache auf den Grund gehen. Also sagte ich zu Ragge: »Wir nehmen ihn mit, wenn wir meinen Vater im Krankenhaus besuchen.«

Ragge zuckte die Schultern und erwiderte: »Wozu denn? Wie sollen sie ihm denn da helfen?«

»Nun, zumindest werden sie die Ursache seiner Lähmung feststellen und können ihm Medikamente geben oder ihn vielleicht operieren, wenn es nötig ist«, erklärte ich ihm.

Asha half ihrem Vater beim Waschen. Sie holte eine kleine Schüssel mit Wasser und wusch ihm Gesicht und Arme mit einem Lappen. Dann zog sie ihm ein blaues Hemd und eine Jeansjacke an. Sie hob den herunterbaumelnden Arm und führte ihn in den Ärmel. Ein Verwandter von Ashas Mann hatte ein Taxi, und ich fragte, ob er uns zum Krankenhaus nach Gelkayo bringen könnte. Ich setzte mich mit ihrem Vater nach hinten, Mohammed und Ragge nahmen auf dem Beifahrersitz Platz. Unsere Fahrt dauerte mehr als drei Stunden; aber ich machte mir keine Gedanken darüber, wie wir zurückkommen sollten. Dort gab es ein Hospital, in dem höchstwahrscheinlich mein Vater lag und wo man meinem Onkel helfen konnte.

Die somalische Wüste besteht nicht aus Sand, sondern aus dunkelroter Erde mit weißen Felsen und niedrigen Dornbüschen, die sie sprenkeln wie das Fell eines Leoparden. Wenn es geregnet hat, sprießen überall Pflanzen aus dem Boden. Winzige Blätter erscheinen an den Büschen und Akazienbäumen. Überrascht sah ich während der Fahrt, wie lebendig alles aussah. Mit dem Regen hatte sich die schreckliche Hitze aufgelöst, die Erde war tiefrot, fast wie Blut, und die

Luft so frisch und sauber, dass ich sie tief einatmete. Warum steht so etwas nie in der Zeitung? Dort jagen sie immer nur den Schreckensmeldungen nach. Obwohl mein armes, kleines Land viel Trauriges erlebt, so ist es doch auch wunderschön. Ach, wenn doch Tränen Regen wären!

Unterwegs gelangten wir an einen Kontrollpunkt, der von Männern mit langen Gewehren über der Schulter bewacht wurde. Ragge sagte, es gäbe an den Territoriumsgrenzen der einzelnen Stämme überall Sicherheitskräfte.

»He«, flüsterte ich ihm vom Rücksitz zu, »sie machen doch nicht wirklich Gebrauch von diesen Gewehren, oder?«

»Darauf kannst du aber wetten. Sie kontrollieren genau, was du bei dir hast oder wer dich begleitet – glaub mir, einiges kann schief gehen. Vielleicht mögen sie dich auch einfach nicht. Wenn du zu einem anderen Stamm gehörst und sie wollen Geld oder sonst etwas von dir, dann gibst du es ihnen besser. Sie haben keine anderen Einkünfte, weil sie nicht von der Armee bezahlt werden.«

»Hoffentlich tun sie uns nichts«, bemerkte ich mit klopfendem Herzen. Wir hielten an, und einer der Soldaten spähte ins Auto. Da wir ohne Umstände zahlten, öffnete er die Schranke und winkte uns durch. Die anderen Soldaten beachteten uns nicht weiter.

Als Kind begann ich immer zu zittern, wenn ich das Wort *Aba*, Vater, hörte. Allein der Gedanke an meinen Vater jagte mir schon Angst ein. Aber trotz meiner widerstreitenden Empfindungen wollte ich ihn unbedingt sehen. Ich wollte ihm ins Gesicht blicken; ich wollte, dass er mich anschaute und begriff, was aus dem kleinen Mädchen geworden war, das er immer herumgeschubst hatte. Ein Gesicht, das auf den Titelseiten von Zeitschriften und in Filmen prangte! Ein Gesicht, das Menschen auf der ganzen Welt kannten! Ich wollte, dass er sich an seine Worte erinnerte. »Du bist keine von uns. Ich weiß nicht, von wo du stammst!« Das hat mich am meisten verletzt, und vielleicht bin ich auch deshalb all die Jahre nicht zurückgekommen.

Über das Krankenhaus in Gelkayo hatte ich mir keine großen Gedanken gemacht; aber mein Herz sank, als ich es nun erblickte. Die meisten Gebäude sahen so aus, als habe man auf halbem Weg aufgehört, daran zu arbeiten. Überall standen Stapel von Ziegelsteinen und anderen Baumaterialien herum. Mohammed und Ragge halfen meinem Onkel aus dem Wagen und stützten ihn, damit er zur Ambulanz humpeln konnte.

Während wir auf den Arzt warteten, sah ich mich um. Nur zwei kleine Zimmer waren fertig gestellt. In einem Raum standen ein Mikroskop und ein paar Flaschen mit Medizin. Es gab keine Schränke mit Instrumenten oder Medikamenten, und auch keine anderen Geräte. Durch die Holzläden vor den Fenstern drang Licht, und hier und dort sah man ein paar leere Tabletts und Flaschen. Die Wände waren unten hellblau und oben rosa gestrichen. An einer davon hing eine gerahmte Augenkarte. Im Badezimmer lagen stapelweise Fliesen, die Toilette war nicht angeschlossen. Und dies stellte die einzige medizinische Einrichtung weit und breit dar. Was sollten die Ärzte hier machen, wie sollten sie den Verletzten oder Kranken helfen? Es sah nicht so aus, als ob sie röntgen oder Bluttransfusionen vornehmen konnten.

Schließlich kam eine Schwester und sagte, sie würde uns das Zimmer zeigen, in dem mein Vater lag. Plötzlich fühlte ich mich ganz schwach und verängstigt. Einerseits hoffte ich, auf den Krieger zu treffen, den ich gekannt hatte, andererseits hatte ich Angst vor dem, was ich vorfinden würde. Ich holte tief Luft und folgte ihr langsam.

Der Raum war voller Menschen – alles Verwandte meines

Vaters. Sie erkannten Mohammed sofort und begrüßten ihn lautstark mit Umarmungen und Freudenschreien. Er stellte mich ihnen vor: »Das ist meine Schwester Waris«, und wieder begannen alle zu schreien, aber ich bekam kaum Luft und wollte nur meinen Vater sehen.

»Mohammed«, bat ich ihn, »sag nichts. Ich möchte Aba als Erste begrüßen.« Dann drängte ich mich zwischen den Leuten hindurch und fand ihn.

Er lag auf einem schmalen Bett. Neben ihm saßen zwei Neffen. Ganz still lag er da. Seine Augen waren verbunden, und er hatte die Arme über der Brust verschränkt wie ein Toter. Als ich ihn sah, brach ich zusammen. Die Tränen strömten mir über die Wangen, und ich ergriff seine Hand. Ich wollte nicht, dass jemand mich weinen sah oder mein Schluchzen hörte; deshalb legte ich meine Wange an seine und ließ meinen Tränen dann freien Lauf. Er sah schrecklich aus, aber ich dankte Allah, dass er noch am Leben war und dass ich ihn gefunden hatte. Ich schämte mich, weil ich so lange nicht da gewesen war und meiner Familie in schwierigen Zeiten nicht geholfen hatte. Seine Haare waren ganz grau, und er hatte nur noch ein schütteres Bärtchen. Mit seinen tief eingesunkenen Wangen wirkte er zerbrechlich und hinfällig.

»Wer ist das?«, fragte Aba.

Ich küsste ihn und flüsterte: »Ich bin es, Aba, Waris.«

»Wer ist das?«, wiederholte er.

»Vater, Vater, ich bin es doch, Waris.«

»Waris?«, meinte er zögernd. »Ich hatte einmal eine Tochter, die Waris hieß, aber jetzt nicht mehr. Ich weiß nicht, was aus ihr geworden ist. Bitte, mach keine Scherze darüber.«

»Aba, o Aba! Ich bin es wirklich!«

»Was? Waris? Sie ist schon viel zu lange weg, um auf einmal aus dem Nichts aufzutauchen.«

»Vater, glaub mir doch!«

»Was? Bist du wirklich Waris? Oh, meine Tochter, meine Tochter! Ich dachte, du seist tot«, krächzte er, wandte mir den Kopf zu und drückte meine Hand.

»Was ist mit deinen Augen passiert?«, fragte ich ängstlich.

»Oh, es geht mir gut, es geht mir gut. Alhamdillah, es geht mir gut! Vor zwei Tagen ist mein Auge operiert worden«, seine Antwort klang wie eine Geschichte.

»Wo bist du operiert worden? Hier im Krankenhaus?«

»Ein Buschdoktor hat es gemacht.« Fassungslos hakte ich nach: »Was hat er mit deinem Auge angestellt?«

»Er hat mit dem Messer hineingeschnitten und die Haut über dem Auge abgezogen.«

»Wer ist er? Ein Arzt? Wer schneidet denn bei solchen Verhältnissen einem Mann ein Auge auf?«

Mein Vater murmelte: »Er hat behauptet, er sei Arzt.«

Ich tätschelte seine Hand. »Aba, hast du etwas gegen Schmerzen bekommen?«

»Kind«, knurrte er jetzt, »was glaubst du denn? Natürlich habe ich Schmerzen. Doch ich konnte mit dem einen Auge nur noch Schatten sehen, und auf dem anderen bin ich blind. Ich spürte, wie er hineingeschnitten hat – aber ich musste bloß stillhalten.«

»Das ist ja Wahnsinn!«, stöhnte ich auf. »Du kannst doch nicht jemanden mit einem Messer an deinem Auge herumschneiden lassen.«

»Waris! Waris, du bist es wirklich – meine Tochter!« Endlich glaubte mein Vater es. »Du hast dich nicht die Spur verändert. Immer schon warst du aufsässig, und jetzt stiftest du wieder Unruhe.«

Bei diesen Worten wirkte er genauso wie früher, stark und hart – ein echter Krieger. Ich konnte gar nicht mehr aufhören zu weinen. »Kind, du darfst Tränen vergießen, wenn ich tot bin«, meinte er und drückte meine Hand. »Im Moment bin ich gerade auf der Suche nach einer weiteren großen Frau.«

Das war mein Vater – derjenige, an den ich mich erinnerte. Er machte sogar noch Witze, wenn er blind und hilflos in einem Bett lag. Ich betrachtete ihn lange, diesen alten Mann. Trotz seines Alters und seines schweren Lebens sah er eindrucksvoll aus. Sein Gesicht ist ein perfektes Oval, und die tiefen Falten betonen diese Form noch.

Mein Vater war sein ganzes Leben lang Nomade. Er ist von Weide zu Weide gezogen, aber nie über die Landesgrenzen hinausgekommen, nie hat er eine Stadt mit Verkehr oder Telefonen kennen gelernt. Er wusste nichts von moderner Medizin. Wie seine Familie seit jeher, ging er zu einem Buschdoktor und ließ sich sein Augenleiden mit einem Messer und einem Gebet zu Allah kurieren. Gleichzeitig nahm er sein Schicksal auf sich, so wie er alles hinnahm, ohne Tränen und Vorwürfe. Diesen Frieden des Herzens kann einem kein Arzt verschaffen.

Auf einmal hörte ich eine Stimme, und dann stand mein Bruder Burhaan neben mir. Bei seinem guten Aussehen hätte mein Vater sich glücklich schätzen können, wenn er ein Mädchen geworden wäre. Er ist so vollkommen, dass sich Stämme wegen ihm bekämpfen würden. Seine glatte Haut wirkt wie gemalt. Ich streichelte ihm über die Wange und umarmte ihn fest. Er ist nicht ganz so groß wie Mohammed, hat gleichmäßige Gesichtszüge und ist eine gelungene Mischung aus beiden Elternteilen.

Burhaan berichtete, in was für einer schlechten Verfassung Aba wegen der Schmerzen und der Schwellung gewesen sei, als er ihn gefunden hatte. Alle Adern in seinem Kopf waren geschwollen, und er hatte so hohes Fieber, dass er delirierte. Mein Bruder befürchtete, er würde sterben oder einfach in den Busch laufen, wo die Hyänen so geschwächten Kreaturen auflauerten. Also brachte er ihn ins Krankenhaus, wo unsere Verwandten bei ihm blieben und ihn pflegten. In Somalia würde niemand ein Familienmitglied im Krankenhaus der Pflege Fremder überlassen. Die Verwandten lagern direkt daneben, damit sie Gebete sprechen und besonderes Essen kochen können.

Ich sagte: »Wir möchten dich gerne mit nach Hause nehmen, Vater, damit wir uns dort um dich kümmern. Wir haben ein Auto, denn du kannst nicht laufen.«

»Nach Hause? Welches Zuhause?«, fragte Aba.

»Mohammed und ich nehmen dich mit in Mutters Haus.«

»Nein, zu dieser Frau gehe ich nicht«, wehrte er ab.

»Vater«, beschwor ich ihn, »wir müssen dich mitnehmen, damit wir dich pflegen können. Mohammed und ich sind nur noch ein paar Tage hier. Wir lieben dich, wir wollen für dich sorgen, deshalb sollst du in den nächsten zehn Tagen bei uns sein.«

»Nein«, beharrte er. »Ich will nicht zu euch. Ihr könnt mich in meinem Heim besuchen.«

Burhaan erinnerte ihn an die gähnende Leere in seiner Hütte, und auch Mohammed flehte ihn so lange an, bis er schließlich einwilligte. Wir baten den Arzt, ihn zu entlassen und vereinbarten, ihn auf dem Rückweg mitzunehmen.

Ich fragte, ob ein Arzt einen Blick auf meinen Onkel werfen und uns sagen könnte, was ihm fehlte und ob es Hilfe für ihn gäbe. Die Krankenschwester wies uns an, ihn zur Ambulanz zu bringen. Sie trug einen weißen Kittel und einen safrangelben Schal um den Kopf. Er bedeckte Gesicht und Schultern fast bis zur Taille. Mir kam es seltsam vor, dass eine berufstätige Frau sich verschleierte. Sie begleitete uns zum Arzt in die Ambulanz und blieb dann hinter ihm stehen, falls er etwas brauchte. Der Arzt entnahm Blut aus dem Arm meines Onkels. Mein Onkel zuckte nicht einmal, als er ihn mit der Nadel piekste, denn damit hätte er Schwäche gezeigt. Ruhig und geduldig ließ er alles über sich ergehen, aber mir fiel auf, dass die Venen an seinem Kopf hervortraten. Der Arzt sah ihm in die Augen, maß seinen Blutdruck und klopfte mit einem kleinen Silberhammer gegen sein Knie. Er horchte sein Herz ab und untersuchte die Ohren. Die ganze Zeit über blickte Onkel mich an, nicht den Arzt. Solange ich mit dem, was geschah, einverstanden war, würde er sich nicht mucksen.

Der Arzt hatte ein rundes, pockennarbiges Gesicht mit tiefen Löchern in beiden Wangen. Die Brille hing an einer Kette um seinen Hals, und er trug eine riesige goldene Uhr. Sie war ein bisschen zu groß für sein Handgelenk und rutschte hin und her, wenn er gestikulierte. Er sprach ein ausgezeichnetes Englisch, und mir fiel es leichter, mich mit ihm in dieser Sprache zu unterhalten als auf Somali, weil ich die Begriffe für moderne Medizin in meiner Muttersprache nicht kannte.

»Was hat mein Onkel?«, fragte ich ihn. »Können Sie ihm helfen?«

»Wir können ihm Medikamente geben«, sagte er.

»Wann wird es ihm wieder besser gehen?«

»Sein Blutdruck ist zu hoch, er hatte eine Gehirnblutung.«

»Oh, mein Gott!«, rief ich aus. Ich wusste nicht ganz genau, was das bedeutete, aber es klang auf jeden Fall ernst.

»Und dadurch einen kleinen Schlaganfall. Ein Blutgerinnsel hat die Lähmung auf der linken Seite verursacht.« Er bat meinen Onkel, den linken Arm zu heben. Er schaffte es bis auf Schulterhöhe, aber es kostete ihn viel Kraft.

»Allah macht dich wieder gesund«, sagte ich zu ihm, um ihn aufzumuntern.

»Wenn die Schwellung im Gehirn zurückgeht, wird er sich erholen«, meinte der Arzt. Er stellte ein Rezept aus und gab uns eine kleine Schachtel mit Tabletten. »Diese Medizin muss er jeden Tag nehmen«, ordnete er an, wobei er »jeden« betonte. Auf der Flasche und dem dünnen Papier in der Schachtel standen auch Anweisungen auf Deutsch oder Französisch, die würde im Dorf niemand lesen können.

»Und wenn die Tabletten zu Ende sind?«, fragte ich. Schließlich war es ein weiter Weg nach Gelkayo, und in dem Dorf, in dem meine Familie lebte, gab es keine Apotheke. Man konnte zwar jemanden beauftragen, etwas aus der Stadt mitzubringen; aber meistens kassierten die Boten nur das Geld ein, ohne den Auftrag auszuführen, oder sie brachten das Falsche mit.

»Hier im Ort gibt es ein paar Apotheken«, informierte der Arzt mich. »Sie haben europäische Medikamente.«

Ich hoffte, dass es meinem Onkel besser gehen würde, wenn er die Tabletten in der Flasche aufgebraucht hatte; denn ich vertraute nicht darauf, dass ihm jemand weitere besorgte. »Gibt es Dinge, die er nicht essen sollte?«, fragte ich. Um eine bestimmte Diät konnte er sich selber kümmern. »Wie steht es mit Zucker?« Ich hatte das Gefühl, ich müsse ihm jedes einzelne Wort aus der Nase ziehen – er erklärte einfach nichts. Und dabei wollte ich doch genau erfahren, wie es passiert war; schließlich ist es nicht normal, gelähmt aufzuwachen, aber der Arzt blieb einsilbig.

»Kein Zucker, kein Salz. Alles andere kann er essen.«

»Wie lange sind Sie schon hier?«, erkundigte ich mich. An der Wand hinter ihm hing ein handgeschriebenes Schild mit seinem Namen, Dr. Achmed Abdillahi. Ich fragte mich, ob er wohl wusste, dass die meisten Nomaden so viel Milch und tierisches Fett zu sich nehmen, wie sie bekommen können, da Gemüse und Obst Mangelware sind.

»Hier in Puntland?«, fragte er. Er sagte nicht Somalia, nicht einmal Somaliland.

»Ja, hier in Puntland.«

»1970 habe ich in Italien Examen gemacht«, gab er knapp Auskunft. »Ich bin Neurochirurg.«

Ich traute dem Mann nicht so recht, deshalb sagte ich: »Wie können Sie den Leuten denn mit dem wenigen, was Sie hier zur Verfügung haben, überhaupt helfen?«

»Hier wird einmal eins der besten Krankenhäuser in dieser Ecke von Afrika entstehen«, entgegnete er ernsthaft. »Wir bauen ein neues, unterstützt von England. Wenn es erst einmal fertig ist, können wir hier auch operieren.«

»Mit welchen größeren medizinischen Problemen haben Sie hier denn zu tun?«, insistierte ich.

»Das kann ich wirklich nicht sagen«, wich er aus.

»Mit Aids?«

»Manchmal, aber nicht allzu häufig.«

»Warum wollen Sie mir die größten medizinischen Probleme nicht nennen?«

»Ich bin Chirurg. Sie sollten besser jemanden anders fragen.«

Bei den anderen Angestellten versuchte ich, mehr zu erfahren, aber niemand wollte mit mir reden. Einen Arzt mit Gesichtsmaske fragte ich, wie lange er schon hier sei.

»Erst einen Monat«, gestand er.

»Was war die schlimmste Erkrankung, mit der Sie bisher konfrontiert waren?«

»Tbc«, nuschelte er und wandte sich wieder seinem Bunsenbrenner zu.

Da wir schon einmal in Gelkayo waren, beschlossen wir, einkaufen zu gehen. Seit unserer Ankunft dachte ich ständig ans Essen, wahrscheinlich weil es einfach nicht so viel gab. Plötzlich war es wichtig, Nahrungsmittel zu besorgen, sich zu sättigen. Ich hatte ganz vergessen, wie es war, keine Schränke voller Nudeln, Milch und Zucker zu haben, keine

Kühlschränke voller Eier, Milch und Brot. Ich sah mich nach einem Laden um, in dem ich Brot, Käse und Dosen besorgen konnte, aber wir kamen an keinem vorbei. In Somalia gibt es kein Kühlsystem, alles muss am gleichen Tag verzehrt werden. Aber selbst wenn man genug Geld hatte, um etwas zu kaufen, nützte das nichts, denn die kleinen Läden waren völlig leer. Mohammed fragte jemanden nach dem Markt oder einem Souk. »Oh, das ist jetzt alles geschlossen. Die Händler sind schon weg«, klärte der Mann ihn auf. Er war groß und musste sich herunterbeugen, um durch das Fenster des Autos blicken zu können. »Wer ist das?«, fragte er Mohammed und wies auf mich. Offensichtlich fühlte er sich beleidigt, weil ich nicht verschleiert war. Ich schwitzte unter dem Kopftuch, zog es mir aber trotzdem über, bis er auf dem Absatz kehrtmachte. Hinterher fragte ich mich, warum ich so auf einen alten Nomaden reagierte, den ich noch nie gesehen hatte. Wahrscheinlich bin ich tief im Herzen eben doch eine somalische Frau.

Vor einem kleinen Geschäft mit offener Tür und leeren Metallfässern vor dem Haus hielten wir an. Ein verschlafener Turbanträger stand auf, als wir eintraten, und stellte sich hinter die Theke. Auf den Regalen hinter ihm lagen einige Tuchballen, eine Kiste mit Batterien und ein paar Plastikschuhe. Er machte den Eindruck, als ob er Fremden nicht traute. Mohammed und ich hatten in Abu Dhabi hundert Dollar in somalische Shilling gewechselt. Sie hatten mir für den Dollar einige Shilling gegeben, und die Geldscheine waren zerrissen und schmutzig. Auf dem Geld befand sich ein Konterfei von Siad Barre, und ich vermutete, dass dies die letzte, offiziell von der Regierung gedruckte Währung war. Aber der Ladeninhaber wollte die Scheine nicht annehmen. »Das ist Geld für die anderen Teile von Somalia«, sagte er und gab es Mohammed zurück. »Wir nehmen hier nur das

Geld von Puntland. Darauf ist ein Bild von Mohammed Egal, unserem Präsidenten.«

Als wir wieder im Auto saßen, fragte ich Mohammed: »Wie ist es möglich, dass in manchen Landesteilen nur eine bestimmte Sorte von Geld akzeptiert wird?«

»Hm – na ja!« Schließlich fanden wir eine Frau, die uns ein paar grüne Orangen, ein paar Päckchen Tee und Gewürze, sauber in Zeitungspapier eingepackt, verkaufte. Außerdem erstanden wir noch Reis in einem Kegel, ebenfalls aus Zeitungspapier.

Am späten Nachmittag waren wir so müde und hungrig, dass wir an einem bescheidenen Lokal anhielten – es erinnerte an eine Garage. Obwohl es schon so spät war, hatten sie immer noch Lamm- und Ziegenfleisch, Reis und Nudeln. Zu trinken gab es Tee, Melonen- oder Papayasaft oder Wasser. Mit größtem Appetit speisten wir. Ich bestellte mir ein großes Glas Melonensaft und einen Berg Pasta. Das Fleisch aß ich nicht, weil ich es am liebsten selbst gekocht mag. Der Koch legte eine Scheibe Fleisch auf meinen Blechteller, aber es war zäh. Ich kann nicht verstehen, warum sie es nicht richtig zubereiten. Wenn sie es in einer Soße garen würden, könnte es wunderbar zart werden. Also begnügte ich mich mit den Nudeln. Da ich nicht krank werden wollte, bat ich um eine Flasche Wasser. Und tatsächlich: der Kellner brachte mir wahrhaftig eine Flasche *Ali Mohammed Jama*-Quellwasser. »Mohammed, so etwas sollten wir auch machen. Wir sollten eine Fabrik bauen!«, sagte ich zu meinem Bruder. Aber Mohammed hatte kein Interesse daran, und so aßen wir rasch weiter, damit wir meinen Vater und Burhaan endlich im Krankenhaus abholen konnten.

Mohammed verwaltete das Geld – so glaubte er zumindest –, deshalb bezahlte er die Rechnung. Die amerikanischen Dollar behielt ich bei mir, und er hatte das somalische

Geld. Es war ein wenig verwirrend wegen der zwei Präsidenten auf den Geldscheinen: der eine war Howiye, der andere Darod. Und die Scheine besaßen einen unterschiedlichen Wert. Ich musste ständig nachfragen.

Aber normalerweise beschwichtigte Mohammed stets: »Mach dir keine Gedanken. Ich erledige das schon.« Er wusste, wie er damit umzugehen hatte, und da ich mich damit nicht abplagen wollte, überließ ich es ihm. Meinem Onkel war heiß, und er war schläfrig; deshalb hielten wir am Haus eines Vetters, damit er sich ein bisschen ausruhen konnte, bevor wir die lange Heimfahrt antraten. In der Zwischenzeit wollte ich in Gelkayo ein wenig Geld auf einer Bank wechseln. Kaum hatte ich es erwähnt, begann Mohammed sich mit mir zu streiten.

»Ich will nicht, dass du mich begleitest. Du bringst mich immer in Schwierigkeiten.«

Mein Bruder blitzte mich an. »Ich sollte aber besser mitkommen, Waris – du weißt nämlich nicht Bescheid!«

»Mach dir keine Gedanken, Mohammed«, zitierte ich ihn. »Ragge kommt mit. Du bleibst am besten hier bei Onkel Achmed.« Wütend zog Mohammed ab. Ich lief hinter ihm her und wollte wissen, was mit ihm los war. Er meinte, ich solle Ragge nicht trauen. »Er gehört zwar zur Familie, aber er steht dir nicht so nahe wie dein Bruder«, erklärte Mohammed. »Lass ihn nicht das Geld auf der Bank wechseln; du weißt ja nicht, wie viel dir dafür zusteht.«

Mein Bruder und ich sind uns leider sehr ähnlich. Ich hatte es satt, mir von ihm ständig vorschreiben zu lassen, wie ich mich verhalten sollte. Also fuhr ich mit Ragge zur Bank.

In muslimischen Ländern dürfen Frauen nicht in ein Geldinstitut, deshalb wartete ich draußen. Ich gab Ragge ungefähr dreihundertfünfzig Dollar und blieb im Auto, während er die Bank betrat. Sie sah aus wie ein Lagerhaus, einfach nur eine große Schachtel mit einer Tür. Schon bald kam Ragge zurück und reichte mir das umgetauschte Geld in drei Stapeln. Ich hatte hundert Dollar für meinen Vater, zweihundertfünfzig für meine Mutter und hundert Dollar für unsere Reise gewechselt. Ragge gab mir jeden einzelnen Shilling und schrieb sogar noch die Namen auf die verschiedenen Notenbündel. Es war jeweils eine Mischung aus beiden Währungen, damit wir überall bezahlen konnten.

Als wir zum Haus meines Vetters zurückkamen, redete Mohammed eine Stunde lang nicht mit mir. Er schaute an mir vorbei und ignorierte mich, so wütend war er. Es kümmerte mich aber nicht, weil immer mehr Menschen herbeiströmten. Sie hatten gehört, dass wir zu Besuch waren, und wollten uns begrüßen. Ich habe eine sehr große Familie, Verwandte, von denen ich noch nie etwas hörte. Alle wollten mich kennen lernen und mich begrüßen – ich fand es schön und schrecklich zugleich. Zwar hat es mir immer gefallen, zu einer so großen Familie zu gehören und so viele Leute zu treffen, denen ich etwas bedeutete; aber die meisten Verwandten brauchten oder wollten etwas von mir, und das war recht ernüchternd. Was konnte ich schon für sie tun? Mein Onkel Ali rief nach einem kleinen Mädchen und sagte ihr, sie solle sich neben mich setzen.

»Dieses Kind ist sehr krank«, begann er.

»Was hat sie denn?«, fragte ich und ergriff ihre Hand.

»Sie hat eine Krankheit.«

»Weißt du, um welche es sich handelt?«

»Nein, aber ihr sind alle Haare ausgefallen, und sie wird immer dünner. Sie wiegt so viel wie eine Feder und wächst nicht mehr.«

Ich konnte nichts an ihr feststellen, weil sie wie die meisten somalischen Mädchen ein langes Kleid und ein Tuch um den Kopf trug.

»Du sollst sie mit in die Vereinigten Staaten nehmen und dort für sie sorgen.«

»Onkel«, protestierte ich, »ich würde ihr ja gern helfen, aber das geht wirklich nicht.«

»Warum willst du dich um dieses Kind nicht kümmern? Ich weiß genau, dass sie wieder gesund wird, wenn du sie mitnimmst. Hier kann sie nicht geheilt werden – wir haben keine Medikamente gegen diese Krankheit. Du musst etwas für das Kind tun, für sie sorgen und sie retten«, bettelte er unbeirrt weiter.

»Bitte, Onkel, ich habe selber so viele Probleme und Verpflichtungen, dass du es dir gar nicht vorstellen kannst. Dass ich im Westen lebe, bedeutet noch lange nicht, dass mir alles von selbst in den Schoß fällt.«

»Was für Probleme kannst du schon haben?«, entgegnete er. »Hier wird gekämpft, und überall gibt es verrückte Soldaten mit Gewehren. Wir haben kein richtiges Krankenhaus und nie genug zu essen. Welche Probleme sollten da schlimmer sein?«

Es wollte ihm nicht in den Kopf, dass ich unmöglich ein krankes Kind mit nach New York nehmen konnte. Sie hatte vermutlich Leukämie, und ich mochte nicht die ganze Verantwortung für sie tragen. »Onkel, ich werde für sie beten, aber sie wird nicht mit mir nach Amerika kommen. Versteh mich bitte!« Ich streichelte ihr über die Hand und nahm sie in den Arm, aber dann stand ich auf und sagte, wir müssten jetzt wirklich meinen Vater abholen. Es wurde langsam spät.

Auf der Heimfahrt saß ich wieder hinten neben meinem Onkel. Mohammed grollte mir immer noch und würdigte mich keines Blickes. Er saß vorne und starrte auf die Straße. Wir fuhren sofort zum Krankenhaus zu meinem Vater und Burhaan; aber als wir Gelkayo verließen, war es schon so dunkel, dass man kaum noch etwas sehen konnte. Bis zum

Dorf meiner Mutter waren es mindestens hundert Meilen. Kaum hatten wir die Stadt verlassen, fragte mein Vater, wohin wir führen; als ich es ihm erklärte, meinte er, er habe seine Meinung geändert und wolle doch nicht mit uns zu meiner Mutter kommen.

»Nein, dort fahre ich nicht hin«, beharrte er, ein hilfloser alter Mann mit verbundenem Gesicht und zu schwach, um zu laufen. Mein Onkel versuchte, ihn zu überreden. Er und mein Vater saßen nebeneinander, und mein Onkel legte seinen Arm um seinen Bruder, redete mit leiser, ruhiger Stimme auf ihn ein. Zum ersten Mal sah ich die beiden so nah beieinander, zwei Greise, echte Brüder. Es war ein wunderschöner Augenblick in all der Trauer in ihrem Leben. Wie die Zeit sie doch gebeugt hatte!

Mein Vater gab jedoch nicht nach, also bat auch ich ihn noch einmal, für ein paar Tage bei uns zu bleiben. »Ich habe dich seit zwanzig Jahren nicht gesehen«, führte ich ins Feld. »Mohammed und ich bleiben doch nur kurz, und wenn du nicht mitkommst, sehe ich dich gar nicht mehr. Bitte, tu uns den Gefallen.« Schließlich willigte er ein, aber vorher wollte er noch an seinem kleinen Haus aus Lehmziegeln vorbeifahren und sich ein paar Dinge holen.

»Vater«, fragte ich, »wo wohnst du denn?«

»Da entlang«, antwortete er und zeigte unbestimmt geradeaus.

Ich versuchte es noch einmal. »Vater, es ist völlig finster draußen, und wir können nichts mehr sehen.«

Ungehalten äußerte er mit lauter Stimme: »Fahr einfach, wohin ich dir sage, Kind! Ich weiß schon, was ich tue. Fahr nur zu!«

Meine Brüder und ich mussten lachen über diesen alten Mann, der hinten im Auto saß, nichts sah und trotzdem darauf bestand, dass der Fahrer in die Richtung fuhr, die er angab. Selbst Mohammed hörte auf zu schmollen, weil die Situation ihn erheiterte. Mein Vater war blind und hilflos, doch trotzdem nach wie vor der uneingeschränkte Herrscher über seine Familie. Nur unsere Scheinwerfer durchdrangen die pechschwarze Dunkelheit, und in ihrem Licht sahen wir auch nichts als Steine und Staub. Mein Vater wies nach links, also bogen wir von der Straße ab und fuhren mitten in die Wüste hinein. Plötzlich sagte mein Vater: »Bieg hier ab, bieg hier ab.« Keiner von uns erkannte einen Weg, aber mein Vater meinte: »Ist dort drüben nicht ein Termitenhügel? Kannst du die *dadune* sehen?«

»Ja, ich sehe sie«, gab Mohammed überrascht zu.

»Nun, und jetzt musst du nach links abbiegen«, befahl Vater, als sei er schon sein ganzes Leben hier nachts entlanggefahren. Ich hatte keine Ahnung, wie er es schaffte – wir konnten kaum die Hand vor Augen sehen, und mein Vater zeigte uns die Richtung trotz seiner Blindheit.

Nach ungefähr fünfzehn Minuten fragte er: »Kannst du es sehen?«

»Was sehen, Vater?«, gab Mohammed zurück.

»Mein Haus«, verkündete er. »Dort drüben steht es.« Im Licht der Scheinwerfer sahen wir ein paar Hütten auf einem kleinen Hügel. »Gut, wir sind da!«

Ich fragte: »Welches ist denn dein Haus?«

Mein Vater verzog das Gesicht und sagte vage: »Ich glaube, das mit der roten Tür.« Dann überlegte er noch einmal: »War sie eigentlich rot?«

»Vater, wir haben keine Ahnung, welches dein Haus ist«, wandte ich abermals ein.

»Na ja, ich glaube, die Tür ist rot. Nimm die Taschenlampe und such sie einfach.« Da uns nichts Besseres einfiel, gingen wir zum erstbesten Haus. Mohammed öffnete die Tür, und der Schein seiner Taschenlampe fiel auf eine arme

Frau mit drei Kindern. »Oh, Entschuldigung. Es tut uns Leid!« Als wir endlich die Hütte meines Vaters gefunden hatten, konnten wir darin nichts erkennen außer dem schmutzigen Fußboden. Ich lief zurück zum Auto und fragte ihn: »Nach was suchen wir eigentlich?«

»Nach meinen Hemden«, antwortete er. Ich erkundigte mich, wo sie sein sollten, aber er meinte: »Das weiß ich doch nicht, Kind! Sie werden irgendwo liegen, in der Ecke vielleicht.« Ich krabbelte in die winzige Hütte und tastete den festgestampften Lehmboden ab. Tatsächlich lagen in der Ecke eine Armeejacke und zwei Hemden. Sie waren völlig verdreckt, voller Flecken und stanken fürchterlich nach Schweiß. Ich ließ sie an Ort und Stelle, und sagte zu meinem Vater: »Aba, vergiss die Hemden! Sie sind schmutzig.«

»Bring sie sofort her«, giftete er. Ich erfüllte seinen Wunsch; dann zogen wir die Tür einfach hinter uns zu, weil es kein Schloss gab, und kehrten zum Wagen zurück. Als wir gerade einsteigen wollten, bemerkte ich die drei Kinder, die am Auto standen und mit meinem Vater redeten. Ich fragte ihn, wer sie seien, und er entgegnete: »Begrüß sie, das sind deine Brüder.« Er erklärte, die Jungen seien von der Frau, von der er sich letzte Woche habe scheiden lassen. Ich bat sie, in das Scheinwerferlicht zu treten, damit ich sie genauer anschauen konnte. Es waren magere Kerlchen mit großen, vertrauensvollen Augen, alle drei unter zehn. Einen Moment lang hatte ich Gelegenheit, meine Halbbrüder zu betrachten, dann mussten wir sie in der Wüste zurücklassen. Mein Vater gab keine weitere Erklärung ab, und ich hütete mich, ihm Fragen zu stellen. Vielleicht konnte mir ja meine Mutter etwas dazu sagen.

Auf der langen Fahrt saß ich zwischen meinem Vater und meinem Onkel und schmiegte mich an beide. Es war ein wunderbares Gefühl. Ich hatte meinen Vater, meinen Onkel und meine Brüder wieder, war zurück in meinem schönen Land. Natürlich fühlte ich mich müde und erschöpft, aber das machte mir nichts aus – Vorrang hier hatten andere Dinge. Ständig dachte ich darüber nach, wie sich doch das Leben in New York, wo es Essen und alles im Überfluss gibt, von dem Leben, das meine Familie in Somalia führt, unterscheidet. Die meisten Menschen im Westen besitzen so viel, dass sie nicht einmal wissen, was sie alles haben. Meine Eltern konnten ihren Besitz wahrscheinlich an den Fingern ihrer Hände abzählen, um Essen mussten sie täglich kämpfen, und trotzdem waren sie freundlich und zufrieden. Die Menschen auf der Straße lächelten und redeten miteinander. Ich glaube, die Leute im Westen versuchen ständig zu kompensieren, was ihnen fehlt. Alle sind auf der Suche. Sie suchen in den Geschäften, bei der Arbeit, im Fernsehen. Bekannte haben mir ein komplettes Zimmer in ihrem Haus gezeigt, in dem nur Kerzen für Gebete und Meditation stehen. Und hier mussten wir uns alle auf engstem Raum aneinander quetschen, um Platz zum Schlafen zu finden. Aber das war kein Problem, im Gegenteil, man fühlte sich wohl zusammen und jeder dankte Allah dafür. In Somalia gibt es keinen besonderen Ort, an dem man betet, wir beten sogar, wenn wir jemanden begrüßen. »Möge Allah mit dir sein«, sagen wir. In New York rufen alle nur »Hallo«. Was soll das denn heißen? Mir ist klar geworden, dass es gar nichts heißt, es ist einfach nur eine Floskel. Die Leute wünschen »Einen schönen Tag noch«, aber auch das hat keine Bedeutung. In Somalia heißt es: »Wenn Allah will, sehen wir uns wieder.« Allah *hatte* gewollt, und mein erster Tag mit meiner Familie war ein guter Tag, ein sehr guter Tag!

Die Schönheit einer Frau liegt nicht
in ihrem Gesicht.

(Somalisches Sprichwort)

9

Stammesgespräche

Als wir endlich wieder in unserem Dorf ankamen, saß meine Mutter am Feuer, streichelte ihre Ziegen und erzählte Nhur, ihrer Tochter und Mohammed Inyer Geschichten. Als sie meine Brüder mit meinem Vater erblickte, sagte sie: »Allah! Ihr habt ihn mitgebracht? Wie geht es ihm?«

»Frag ihn selber«, riet ich ihr. Sie trat zu ihm und sagte: »Na, wen haben wir denn hier? Hast du ein verirrtes Kamel im Busch gefunden?« Dann berührte sie sanft mit den Fingerspitzen den Kopfverband meines Vaters und fragte in ihrer humorvollen Art: »Und wie fühlst du dich da drin?« Sie bat mich, mit ihr zu kommen, um ihm ein Bett zu machen.

»Es überrascht mich, dass dein Vater eingewilligt hat, herzukommen«, gestand meine Mutter mir, als wir allein waren.

»Warum? Glaubst du, es macht ihm etwas aus, dass du ihn so siehst?«

»Nein. Aber, Waris, Burhaan hat nie den Brautpreis für Nhur bezahlt«, flüsterte sie mir ins Ohr. »Dein Vater stellt immer in Aussicht, er würde ihn entrichten, sobald er das Geld habe. Jetzt ist sie schon seit zwei Jahren mit Burhaan verheiratet und erwartet ihr zweites Kind. Ihre Angehörigen beschweren sich bereits.«

»Oh! Sie ist so süß, ich liebe sie richtig.«

»Sie sorgt gut für Burhaan und mich. Ihr Vater macht sich Sorgen, was mit ihr passiert, wenn Burhaan sie verstößt, und jetzt verlangen sie energisch den Preis. Dein Vater hat Burhaan versprochen, ihm ein paar Kamele für sie zu geben; aber stattdessen ging er hin und hat einem Cousin mitgeteilt, sie sei keine fünf Kamele wert. Er sagte, sie sei faul und würde nicht arbeiten – deshalb würde er nichts für sie bezahlen.«

»Nein! Nhur ist doch die Erste, die am Morgen aufsteht – sie arbeitet härter als alle anderen. Diese Frau ist eine Perle«, warf ich ein.

»Nun, auf jeden Fall ist es ihrer Familie zu Ohren gekommen, und sie wollen deinen Vater zusammenschlagen. Nhur hat damals seine Worte gehört, und jetzt schämt er sich, ihr gegenüberzutreten.« Meine Mutter seufzte. Vielleicht konnte mein Vater sich einfach nicht von den wenigen Kamelen, die ihm geblieben waren, trennen; aber das war keine Entschuldigung dafür, dass er sich vor der Zahlung an Nhurs Familie drückte. In Somalia werden in der Hochzeitsnacht viele Frauen aufgeschnitten, damit ihr Mann in sie eindringen kann. Eine Frau nimmt ein Messer und erweitert die Öffnung so, dass Geschlechtsverkehr möglich ist. Am Morgen sieht die Schwiegermutter bei der Schwiegertochter nach, ob sie blutet und ob sie trotz der Schmerzen mit ihrem Mann geschlafen hat. Wenn das Blut zwischen ihren Beinen frisch ist, tanzen die Frauen durch das Dorf und verkünden es jedem. Alle im Dorf hatten gehört, wie meine Mutter Nhurs Tapferkeit besungen hatte, und dass sie eine Jungfrau war, als sie Burhaan heiratete. Sie wussten, wie schwer sie arbeitete. Sie wussten auch, dass sie für die Geburt ihrer Tochter aufgeschnitten werden und danach erneut zugenäht werden musste. Trotzdem wollte mein Vater den Brautpreis nicht herausrücken, deshalb nannten ihn alle einen Feigling und Geizhals. »Er muss hingehen und ihnen sagen, dass man ihm seine Kamele gestohlen und er kein Geld hat«, meinte ich. »Und er soll nicht überall herumposaunen, sie sei nichts wert.«

Gerade kamen wir mit Kissen beladen zurück, als Nhur ihren Mann begrüßte. Obwohl sie sich nie in der Öffentlichkeit küssen würden, zeigte der Ausdruck auf ihrem Gesicht deutlich, wie sehr sie meinen Bruder liebte. Dann trat Nhur direkt auf meinen Vater zu, der neben Mohammed stand. »Willkommen, Aba«, sagte sie, wobei sie die Augen züchtig niederschlug, obwohl er nichts sehen konnte. Er zuckte ein wenig zurück, als er ihre Stimme erkannte, aber sie ergriff sanft seine Hände und beruhigte ihn. »Aba, du bist bestimmt müde. Komm mit, wir haben ein schönes Bett für dich.« Was für eine wundervolle Frau mein Bruder doch geheiratet hatte! Wir alle sind glücklich, dass sie zu unserer Familie gehört. Meine Mutter hatte die Tücher und Kissen, die sie besaß, vor ihrer kleinen Hütte für meinen Vater zu einem Bett arrangiert, und Nhur half ihm, sich niederzulegen. Er war wirklich müde, zeigte es aber erst, als er in die Kissen sank.

Meine Brüder lagerten sich neben Vater, wie sie es schon in ihrer Kindheit getan hatten. Die Frauen schliefen in den Hütten mit den kleinen Kindern zusammen; die Männer und Jungen blieben draußen, um das Vieh zu bewachen.

In der nächsten Früh kam ich mir vor wie in einem Traum. Ich hatte mich so nach diesem Morgen gesehnt – endlich wieder mit meiner ganzen Familie aufzuwachen. Es fehlten nur meine Schwestern und Aleeke. Die Männer schnarchten noch gemütlich, und ich musste lachen, als ich die langen Beine unter den Decken hervorlugen sah. Sie lagen eng umschlungen da, und man konnte nicht sagen, welches Bein zu wem gehörte. In der Nacht hatte es geregnet, und sie hatten versucht, sich mit einer Plastikplane zu schützen; aber die Decken waren trotzdem schmutzig und feucht. Meine Mutter hatte schon Brennholz gesammelt, und Nhur war auf dem Markt gewesen, um das Frühstück für alle zuzubereiten. Sie hatte sich vor Tagesanbruch auf den Weg gemacht, um sich die besten Angebote zu sichern. Gerade buk sie Angella, und bei dem Duft lief mir das Wasser im Mund zusammen. Mutter hatte die Ziegen gemolken und kam mit Milch für den Tee in einer Blechtasse mit blauem Rand zurück. Sie warf einen Blick auf die verknäuelten Beine und meinte: »Wollen die Kerle denn den ganzen Tag faulenzen?« Meine Mutter flüstert nie, man kann ihre Stimme überall laut und deutlich hören. Prompt wurden die Herren auch wach.

Als Erstes wusch ich an diesem Morgen die verdreckte Kleidung meines Vaters in einer flachen Schüssel. Dafür brauchen wir nicht viel Wasser, nur eine gute Bürste, um die Wäsche sauber zu bekommen; Wasser muss nämlich von weither angeschleppt werden. Also säuberte ich die Sachen, so gut ich konnte, wrang sie aus und breitete sie auf Dornbüschen zum Trocknen in der Sonne aus. Mein Vater lag auf seiner Matte neben der Hütte, und als er mich hörte, rief er: »Wer ist da?«

»Ich bin es nur, Vater! Waris.«

»Komm her, Waris«, befahl er. »Ich muss mit dir sprechen.« Er erklärte mir, er wolle mit mir über den Streit sprechen, den ich mit Mohammed wegen Ragge und wegen des Geldes gehabt hatte. Meinem Vater entgeht nichts. Selbst wenn man nur flüstert, hört er doch alles. »Ich habe gestern Abend mitbekommen, wie du dich mit Mohammed wegen Ragge gestritten hast.« Auch er meinte, ich könne Ragge nicht trauen, vor allem nicht in Geldangelegenheiten.

Das hielt ich für ungerecht. »Warum denn nicht? Ragge

ist der Sohn deines Bruders. Mohammed und Ragge sind aufgewachsen wie Brüder! Und ist nicht der Bruder meines Bruders auch der meinige?«

»Ja«, räumte er ein, »aber du kennst ihn doch gar nicht, Waris. Du bist gerade erst hier angekommen. Heute zeigt er dir dieses Gesicht, aber du weißt nichts von ihm. Hör auf mich. Ich möchte nicht, dass du etwas mit ihm zu tun hast.«

»Ich verstehe nicht, was du gegen ihn hast«, wandte ich ein. Ragge sprach gut Englisch, und mit ihm konnte ich mich wirklich unterhalten. Er verstand mich und viele Dinge, die Mohammed und Burhaan nicht begriffen. Manchmal hatte ich das Gefühl, meine Brüder wollten mich sowieso nicht verstehen, sondern nur beherrschen. Aber ich habe mittlerweile zu lange für mich alleine gesorgt, um nachzugeben, wenn ein Mann mir etwas vorschreiben will.

Mein Vater stützte sich mit einer Hand auf seine Matte, und ich merkte deutlich, wie weh ihm jede Bewegung tat. »Lass es mich wiederholen, Waris. Deine Blutsbrüder und du gegen deine Halbbrüder! Deine Brüder, Halbbrüder und du gegen deine Vettern! Deine Sippe gegen andere Sippen! Dein Stamm gegen andere Stämme!«

»Aba, ich glaube nicht an diese alten Geschichten von Stämmen und Sippen.« Ich setzte mich neben ihn und ergriff seine Hand. »Was ist das Problem mit Ragge? Was hat er getan, dass du glaubst, man kann ihm nicht trauen?«

»Ragge ist ein schlechter Sohn, und er behandelt seinen Vater nicht gut«, beharrte mein Vater. »Er sollte sich um den alten Mann und um die Herden der Familie kümmern. Dieser Kerl ist ein Blender – aber du wirst seine andere Seite nicht mehr kennen lernen, du bist ja nur so kurz hier.«

Mohammed und Burhaan kamen zurück und hörten, worüber wir sprachen. Sofort setzten sie sich neben meinen Vater und begannen ebenfalls, mich zu belehren. »Du dummes, naives Mädchen! Hör auf Aba! Warum streitest du dich mit ihm?«

»Nennt mich nicht so«, fuhr ich sie an. Ich erklärte ihnen, sie sollten endlich Schluss machen damit, mich ständig herumzuschubsen und mir etwas einreden zu wollen, was gegen meine Überzeugung war. Natürlich ist die eigene Familie am vertrauenswürdigsten, aber immer stimmt das auch nicht. Nur weil jemand kein direkter Blutsverwandter ist, soll er einen grundsätzlich hereinlegen? Ich verstand nicht, warum ihnen das Thema so wichtig war, dass wir den ganzen Morgen darüber reden mussten – aber eigentlich ist das typisch für somalische Familien. Gespräche, Diskussionen, Streitigkeiten sind unser Lebensinhalt.

Mama kam um die Ecke, und an ihrem ulkigen Gesichtsausdruck konnte ich sehen, dass irgendetwas los war.

»Warum lächelst du so, Mama?« Sie wandte den Blick ab, als habe sie ein großes Geheimnis. Ihre Augen glänzten in der Morgensonne. Und dann erschien ein Mann, der fast so groß war wie Mohammed, auf der Bildfläche. Als er mich sah, blieb er stehen. Ich starrte ihn ebenfalls an. Meine Mutter kicherte. »Erkennst du deinen kleinen Bruder nicht mehr?«

Etwas an dem langen Ende kam mir vertraut vor, aber ich konnte ihn nicht einordnen. Er blinzelte gegen die Sonne und streckte mir aus Spaß die Zunge heraus. Aus meinem kleinen Bruder Raschid war ein erwachsener Mann geworden. Er sah gut aus mit seinem Schnurrbart und dem kurz geschorenen Kinnbart. Und er war groß und schlank, mit langen Armen und Beinen und einem Lächeln, bei dem er seine geraden, weißen Zähne zeigte. Er trug eine grüne Goa mit goldenem Muster über der Schulter und ein braun kariertes Hemd. Raschid war im Busch gewesen, um die Kamele meines Vaters zu hüten; soeben kam er aus der Wüste zurück, um sich neue Vorräte zu holen. Er wusste nicht, dass Mohammed und ich zu Besuch waren, und jetzt staunte er. Kein Wunder, dass meine Mutter strahlte! Es hatte während meiner ganzen Kindheit keinen Tag gegeben, an dem wir alle zusammen gewesen waren. Irgendeiner von uns fehlte immer. Mohammed lebte in der Stadt, ein anderer war auf der Suche nach Nahrung oder Wasser, und der dritte hütete die Kamelherde im Busch. Ich lief von zu Hause weg, als mein Bruder Raschid noch ein Knirps war und ohne Hosen durch die Gegend stapfte.

Ich umarmte ihn fest und spürte seine starken Knochen. Mohammed umarmte ihn ebenfalls; die beiden fingen sofort an, herumzualbern. »Ich hole rasch meine Kamera, um ein Foto von meinen schönen Brüdern zu machen«, sagte ich und eilte in die Hütte. Als ich wieder nach draußen kam, konnte ich niemanden mehr entdecken. Meine Mutter war zu ihren kleinen Ziegen gegangen, um sie mit Orangenschalen und den Angella, die vom Frühstück übrig geblieben waren, zu füttern. Suchend blickte ich mich nach meinen Brüdern um.

Hinter der Hütte, ein wenig außerhalb des Dorfes, war ein großer Termitenhügel. Er sah aus wie ein riesiger brauner Daumen, der aus dem Boden ragte. Oben auf diesem Hügel saß Raschid. Ich weiß noch, wie ich als Mädchen immer hinaufgeklettert bin. Meine Mutter hatte mir erzählt, dass die winzigen Termiten diese riesigen Gebilde mit ihrem Speichel bauen. Sie sind ein Stamm, der zusammenarbeitet, unterwies sie mich. »Ich bin früher auf Termitenhügel geklettert, die fünfmal so hoch waren«, rief ich. Raschid schnitt Grimassen und streckte mir wieder die Zunge heraus. Am liebsten wollte ich ihm folgen; aber ich trug keine Hosen, sondern hatte ein langes, somalisches Kleid an, in dem ich ziemlich unbeweglich war. Als Kind habe ich mir immer den Saum meines Kleides von hinten durch die Beine gezogen und in der Taille festgesteckt, sodass eine Art Hose daraus wurde. Und auch jetzt war ich versucht, es so zu machen, fand aber dann, ich sei zu alt dazu. Ich wollte niemanden beleidigen.

Raschid rutschte auf dem Termitenhügel herum, und ich stellte fest, dass er barfuß war. Dieser erwachsene Mann hatte keine Schuhe. Mein eigener Bruder besaß kein einziges Paar Schuhe. Seine Fußsohlen waren so voller Schwielen und Risse, dass sie aussahen wie Elefantenhaut. Schon als Kind hatte ich mich nicht daran gewöhnen können, dass der Boden so hart war. Er ist mit scharfkantigen Steinen bedeckt, und ich weiß noch ganz genau, wie sie sich ständig in meine Füße bohrten. Damals hatte ich auch keine Schuhe, und jetzt stand ich meinem zwanzigjährigen Bruder gegenüber, der immer noch barfuß lief. Ich beschloss, ihm ein Paar schöne, solide Ledersandalen zu kaufen. Wenn ich im Geschäft keine bekam, würde ich welche beim Schuster bestellen, ganz gleich, was es kostete – aber barfuß sollte mein Bruder nicht mehr in die Wüste gehen. Ich sagte: »Raschid, ich werde dafür sorgen, dass du ein Paar Schuhe bekommst.«

»Gib mir doch einfach das Geld dafür«, schlug er vor. »Ich kaufe sie mir dann schon selber.«

Jedoch befürchtete ich, er würde das Geld für *khat* ausgeben, deshalb sagte ich: »Komm, las uns zum Markt gehen, dort kannst du dir welche aussuchen.«

Ich dankte Allah, dass ich in der Lage war, Schuhe für Raschid und Medikamente für meinen Vater und meinen Onkel zu bezahlen. Zusammen schlenderten wir zurück zur Hütte meiner Mutter. Sie kochte an der Feuerstelle gerade Tee und Reis mit Bohnen für unser Essen.

»Was haben sie denn mit Onkel Achmed im Krankenhaus gemacht?«, fragte Raschid mich. »Angeblich soll ein *djinn* in seiner linken Körperhälfte sitzen.«

»Der Arzt hat ihn untersucht und ihm Tabletten gegeben«, erklärte ich. »Viel mehr kann ich dir auch nicht sagen. Die Leute dort wollten nicht mit mir reden – sie wichen mir förmlich aus!«

»Wer war der Arzt?«, fragte Raschid.

»Wie meinst du das?«, entgegnete ich. »Er hat gesagt, er habe in Italien studiert und sei Neurochirurg.«

»Nein, ich meine, aus welchem Clan stammt er?«

»Ich weiß nicht. Was hat das denn für eine Bedeutung?«

»Wenn wir nicht mit ihm verwandt sind, dann wendet er nicht so viel Zeit und Mühe auf, wie er es bei seinem eigenen Stamm machen würde.«

»Aber er ist doch Arzt, und Stammeszugehörigkeit dürfte für ihn keine Rolle spielen«, bemerkte ich. »Ich glaube, er wollte einfach nur nicht mit einer Frau reden. Normalerweise hat er meistens mit Männern zu tun und glaubt wahrscheinlich, alle Frauen seien dumm.«

»Hiiyea«, stimmte Raschid zu. Als meine Mutter vorbeikam, fragte er sie, wer gerade die Schuhe trüge.

Ständig stritten sich alle um das einzige Paar Gummilatschen. Im ganzen Haus gab es nur dieses Paar, und immerzu hörte ich: »Wo sind die Schuhe? Ich muss zum Abort. Es ist Zeit zu beten. Ich muss mich waschen.« Mama trug sie, wenn sie nach draußen ging; dann musste Burhaan warten, bis sie zurückkam und ihm die Schuhe gab, damit er sein Geschäft verrichten konnte. »Wer trägt gerade die Schuhe?«, hörte ich den ganzen Tag, vor allem, wenn die Gebetszeit nahte und jeder sich waschen wollte. Vier Leute teilten sich ein Paar Gummilatschen! Es waren billige Flip-Flops, die schon auseinander fielen. Der Steg zwischen den Zehen hatte sich gelöst, sie blieben gar nicht mehr richtig am Fuß, und die Sohle klaffte an der Spitze. Also wiederholte ich: »Lass uns zum Markt gehen und neue Schuhe kaufen – dann musst du nicht mehr so viel Zeit verschwenden, auf das richtige Paar Schuhe zu warten.«

Raschid lächelte mich strahlend an. Seine weißen Zähne blitzten. »Zeit ist doch nichts zum Anfassen, Waris. Wie kann man sie da verschwenden?«

»Na ja, mit dir zu reden könnte ein Beispiel für Zeitverschwendung sein«, neckte ich ihn. Er und Ragge begleiteten mich zum Straßenmarkt. Ragge wollte, dass ich ihm ein Paar schwarze Stiefel kaufte. Erstaunt blickte ich ihn an: »Was willst du denn damit? Die wären das Richtige für London, aber hier ist es doch viel zu heiß.« Aber mein Vetter hatte seine eigenen modischen Vorstellungen, also spendierte ich sie ihm. Außerdem kaufte ich zwei Paar Flip-Flops, Räucherstäbchen und Mörser und Stößel, um Gewürze zu zermahlen. Raschid gefielen die Schuhe auf dem Markt nicht; deshalb beschlossen wir, uns an einem anderen Tag noch einmal umzusehen. Allerdings gefiel ihm meine Sonnenbrille, und ich schenkte sie ihm. Sie würde seine Augen vor der Sonne schützen, wenn er die Herde meines Vaters hütete.

An diesem Abend redete ich mit meinen Brüdern und der übrigen Familie ausführlich über Sippen und Stämme. Mein Vater gehört zu den Darod, dem Großstamm in Mittel- und Südsomalia. Ein Volk der Darod sind die Mijertein. Meine Familie lebt schon seit jeher in der Haud, einem Gebiet an der Grenze zu Äthiopien. Der Name meines Vaters lautet Dahee Dirie. Meine Mutter kommt aus einem anderen großen Stamm, den Howiye. Sie ist in Mogadischu aufgewachsen, das früher einmal als die Hauptstadt von Somalia galt. Seinerzeit hielt mein Vater um die Hand meiner Mutter an – und wurde abgewiesen. »Du bist Darod – ein wilder Mann. Wie willst du meine Tochter ernähren? Du gehörst nicht zu unserem Volk«, lautete der Bescheid der Familie meiner Mutter. Daraufhin liefen Mama und er davon, und meine

Mutter hat es nie bereut. Inzwischen leben ihre Brüder und Schwestern über die ganze Welt verstreut. Nur sie hat sich für die Wüste entschieden.

Es gibt vier große Stämme in Somalia. Dir, Darod, Issaq und Howiye. Die meisten Menschen in Somalia gehören zu einem dieser vier Großstämmen. Sie sind Moslems und sprechen Somali. Es gibt auch noch kleinere Stämme, die Rahanwayn und die Digil weit im Süden des Landes, in der Nähe von Kismayu. Die meisten Mitglieder von Vaters Familie sind Hirten, und erst in jüngster Zeit leben auch ein paar von ihnen in Städten. Weil Nomaden ständig umherziehen, ist der Stamm wichtiger als eine Adresse, die sich ja stets ändert. Europäer konnten das nie begreifen. Als sie die Grenzen für Somalia festlegten, siedelten sie viele Somalis in unterschiedlichen Ländern an. Die fünf Sterne auf der somalischen Fahne stehen für Somalia, Somaliland, Djibouti, Ogaden und die Somalis in Kenia. In meiner Kindheit spielten diese ganzen Stammesgeschichten kaum eine Rolle für mich. Ich war lediglich stolz darauf, eine Darod zu sein, weil es der furchtloseste und tapferste Stamm war. Der Spitzname für einen Darod lautet *La'Bah*, der Löwe.

Jetzt, als Erwachsene, interessierte es mich mehr. Für meinen Vater und meine Brüder war es äußerst wichtig und hatte viel mit dem zu tun, was im Land vor sich ging. Siad Barre wollte zunächst das Stammestum abschaffen; aber dann provozierte er Stammeskämpfe, um von seinen Problemen abzulenken. Nachdem Siad Barre 1991 aus dem Land geflohen und seine Regierung gestürzt war, versuchten die einzelnen Stämme, an die Macht zu gelangen. Ihre Fehden verwandelten meine Heimat in ein Chaos. Ich fand das unerhört, und das sagte ich meinen Brüdern auch.

»Somalia wird von den Stämmen zerstört«, erklärte ich ihnen.

Burhaan erwiderte: »Darod ist der größte und stärkste Stamm in diesem Land. Wir sind mittlerweile das politisch mächtigste Volk, Waris.«

»Ja«, stimmte ich zu, »er ist auch der stolzeste und furchtloseste Stamm.« Selbst wenn man aus Angst um sein Leben leugnet, ein Darod zu sein, merkt es doch jeder. »Aber alle sollten eine Stimme in der Regierung haben!«

»Nein – wir entscheiden, was hier passiert«, widersprach er. »Ich teile die Macht nicht mit irgendjemandem von den anderen Stämmen.«

»Aber diese uralten Rivalitäten hindern doch das Land daran, seine gegenwärtigen Probleme zu lösen«, gab ich zu bedenken. »Wenn du Somalia verlassen würdest, würdest du schnell merken, dass wir eigentlich alle gleich sind. Wir leben im gleichen Land, sprechen die gleiche Sprache, sehen gleich aus, denken gleich. Wir müssen endlich lernen, miteinander auszukommen, und mit diesen Streitigkeiten aufhören.« Es machte mich rasend, dass wir innerhalb unserer eigenen Grenzen nicht friedlich zusammenleben konnten, während wir sonst überall auf der Welt einfach Somalis sind.

Meine Mutter brachte uns Tee, und Raschid begann, mit mir herumzualbern. »Waris, wer bist du? Kannst du deinen Stammbaum aufsagen?«

»Ich bin eine Darod«, antwortete ich gehorsam.

»Ja, aber was bist du danach?«

»Nun, Waris Dirie«, erklärte ich, und alle begannen zu lachen. »Ich trage den Namen meines Vaters, Dahee, dann den meines Großvaters, Dirie, Mohammed, Suliman.« Sie lachten mich aus, weil es ungefähr dreißig Namen sind, und ich konnte mich nur an die ersten drei erinnern. »He, sie sind doch alle tot«, wehrte ich mich. Der Name meiner Mutter ist Fattuma Achmed Aden, und sie konnte die Namen ihres Vaters, ihres Großvaters, Urgroßvaters und so weiter aufsagen.

Die Kinder tragen den Namen des Vaters; aber eine Frau behält den Namen ihrer Familie, wenn sie heiratet. Meine Brüder versuchten, mir alle Namen unserer Vorfahren beizubringen. Aber ich konnte sie nicht behalten, und weil sie sie so schnell aufzählten, merkte ich mir nicht einmal, wie sie ausgesprochen wurden. Sie sangen unseren Stammbaum herunter wie einen Rap. Es beginnt alles mit einem gemeinsamen Vorfahren, dann wird für jede Generation ein Name hinzugefügt. Meine Familie glaubt, je mehr Namen, also Generationen, es gibt, desto angesehener ist sie.

Schließlich sagte ich: »Wisst ihr was, wenn ich wieder aus Somalia weg bin, kann ich damit gar nichts mehr anfangen, und deshalb habe ich auch nicht aufgepasst. Was soll denn so wichtig daran sein, sich ein paar Vorfahren zu merken? Was für eine Rolle spielt das für dich in Amsterdam, Mohammed? Das ganze Zeug nützt einem doch überhaupt nichts.«

Mohammed schwieg, als ob er an etwas Furchtbares denken würde. »Als Afweine – Siad Barres Beiname: Großmaul – an die Regierung gekommen ist, hat er zahlreiche unterschiedliche Projekte begonnen. Er beschloss, die lateinische Schrift einzuführen und Schulen zu bauen. Als ihm jedoch das Geld ausging, um die Lehrer zu bezahlen, ordnete er plötzlich an, sie sollten in den Busch gehen und den Nomaden Schreiben und Lesen beibringen. Das war seine große Alphabetisierungskampagne.«

»Daran kann ich mich noch erinnern«, bestätigte ich. »Du hast auch versucht, mir und Altem Mann Buchstaben einzutrichtern.«

»Ja, ich war eben ein Junge aus der Stadt«, erläuterte Mohammed. »Für mich wart ihr blöde Nomaden. Ich wollte eigentlich gar nicht in den Busch und euch irgendwas beibringen.«

»Daran kann ich mich auch noch erinnern«, wiederholte ich. »Du hast mich mit dem Schreibstock verhauen.«

»Afweine war der größte Verfechter des Stammestums von allen«, seufzte Mohammed jetzt. »Wenn neun Männer mit ihm reden wollten, hat er sich jedes Stammesmitglied einzeln vorgenommen. Es sind auch zahlreiche Issaq ermordet worden, einfach nur, weil sie Issaq waren.« Wieder schwieg Mohammed, als wolle er nicht daran erinnert werden.

»Waris, dein Stamm wird dir immer helfen, wenn du Hilfe brauchst«, ergriff Burhaan das Wort. »Dieser Arzt im Krankenhaus war nur deshalb so abweisend, weil er nicht von unserem Stamm ist.«

»Er ist verpflichtet, jedem zu helfen«, beharrte ich.

»Denk doch nur daran, wie wir hergekommen sind«, warf Mohammed ein. »Wir haben einen Fahrer gefunden, der uns chauffierte, weil er zu unserer Familie gehört. Er hat ein Motiv, uns zu helfen – denn wenn er etwas braucht, werden wir uns auch um ihm kümmern.«

Bevor diese Somaliareise klappte, war ich froh darüber, dass es zum ersten Mal seit 1991, also seit fast zehn Jahren, einen neuen Präsidenten gab, und ich hatte geglaubt, dass dadurch viele Probleme gelöst würden. Jetzt aber erkannte ich meinen Irrtum. »Wie wollt ihr denn jemals ein einiges Land bekommen, wenn die einzelnen Stämme nicht zusammenarbeiten?«, fragte ich.

Burhaan meinte: »Es gibt eben zwei Präsidenten.«

»Und wie funktioniert das?«

»Einer ist im Norden, in Somaliland, und der andere im Süden. Und dann gibt es noch Puntland im Nordosten, um Gelkayo herum«, fügte Burhaan hinzu. »Daher haben wir auch zwei verschiedene Währungen. Die eine stammt noch von Siad Barre, und die andere ist das Geld von Mohammed Ibrahim Egal.«

Als ich ein Kind war, lösten die Stammesältesten die Probleme. Wenn man zum Beispiel jemandem ein Auge ausschlug, dann verlangte seine Familie von deiner Familie Entschädigung dafür. Diese Bezahlung wird *diya* genannt. Männer aus beiden Familien trafen sich unter einem großen Baum und setzten sich dort so lange zusammen, bis sie sich einigten, wie viel der Verlust eines Auges ausmachte. Natürlich war das Auge einer Frau weit weniger wert als das eines Mannes. Jeder musste dann seinen Teil zur Entschädigung beitragen, und die entsprechenden Tiere wurden unter den Familienmitgliedern des geschädigten Mannes verteilt. Heute aber heißt es, he, ich wohne in Mogadischu – ich habe nichts mit dem Kerl zu tun, der dem anderen ein Auge ausgeschlagen hat. Ich will nicht für ihn bezahlen. »Wir brauchen eine Regierung mit Gesetzen und Verordnungen«, warf ich ein, »nicht diese Gruppen!« Aber keiner wollte mir zuhören, sie konnten sich einfach nicht vorstellen, wie man das durchsetzte. Mohammed bedauerte, dass es mit den alten Einrichtungen vorbei sei. »Die Alten werden nicht mehr geachtet, und die so genannten militärischen Führer haben ihre Truppen nicht im Griff.« Da sich meine Brüder immer weiter über diese Themen erhitzten, setzte ich mich zu den Frauen und sah zu, wie der Mond zwischen den Wolken aufging und mein Wüstenheim beleuchtete.

Meine Mutter brachte eine Tasse Ziegenmilch zu den Nachbarn. Sie hatte nur vier Ziegen, und doch teilte sie die Milch mit der Nachbarin. Ich sah ihr nach, wie sie zwischen den von Dornenhecken umgebenen Hütten entlangwanderte und vorsichtig ihre kleine Blechtasse mit der roten Blume darauf in der Hand balancierte. Sie trug das gleiche Kleid wie immer und hatte sich einen zerrissenen Schal um den Kopf gewickelt. An den Füßen schlappten die kaputten Gummischlappen. Sie trat in die Hütte der Nachbarin und blieb dort ein paar Minuten. Schließlich kam sie wieder heraus, blieb stehen und betrachtete den Himmel. Dann kehrte sie zurück, wobei die leere Tasse an ihrem Finger baumelte, und hängt sie an den Nagel neben der Tür. So kenne ich meine Mama, immer freundlich, eine gute Nachbarin.

»Mama, setz dich eine Minute – dann zeige ich dir, was ich dir mitgebracht habe«, bat ich. Die gute Seele setzte sich nie, war von morgens bis abends auf den Beinen. Ich hätte ihr am liebsten alles zu Füßen gelegt, was sie nie in ihrem Leben gehabt hatte.

Sie lächelte mich an und stieß einen komischen Seufzer aus. »Ich kann mir kaum vorstellen, was du mir mitgebracht hast«, scherzte sie. Natürlich fragte sie sich, was ihr aus New York schon von Nutzen sein konnte. Sie blickte sich um und sagte dann zu mir: »Nicht hier draußen, Waris. Wenn jemand dich sieht, dann kommt das ganze Dorf und will auch etwas geschenkt haben.« Sie hatte Recht. Meine Verwandten würden mich nie um etwas bitten, aber sie würden so lange herumlungern und mich anschauen, bis für sie schließlich auch etwas abfiele. Also kamen nur Mama und Nhur mit mir in ihre kleine Hütte und wir zündeten eine *feynuss* an.

Nhur begann sofort, meine Tasche zu durchwühlen, und fragte die ganze Zeit: »Was ist das? Und wofür das?«

Ich mahnte: »Jetzt warte doch mal, ich erkläre es gleich.« Dann holte ich einen Topf Kakaobutter heraus. »Das ist *subaq*, Kakaobutter«, sagte ich und öffnete den Topf, damit sie daran riechen konnten. Bevor ich mich's versah, waren Nhur und meine Mutter mit den Fingern hineingefahren und steckten sie sich in den Mund.

»Iih! Das schmeckt ja schrecklich. Kein Wunder, dass du so dünn bist. Wenn ihr in New York nichts anderes zu essen habt ...«

»He«, erklärte ich, »Kakaobutter isst man nicht. Man reibt damit die Hände und die Haut ein.«

»Du kannst nicht damit kochen?«, wollte meine Mutter wissen.

»Nein, es ist ein Balsam für dein Gesicht oder deine trockenen Füße – für die Haut eben.«

»Aber wenn es doch so gut riecht, warum kann man es dann nicht essen?«

»Man nimmt es für die Haut. Iss es bitte nicht.«

»Na gut, na gut, ich werde es nicht essen, aber *subuq ghee* ist viel besser als dieses Zeug. Man kann damit kochen und es gleichzeitig für die Haut verwenden. Was hast du sonst noch?«, fragte Mama und reichte mir achselzuckend den Tiegel.

Ich hielt ihr eine Flasche Johnson's Babyöl hin. »Hm – und das?«, fragte sie und drehte sie in der Hand hin und her.

»Das ist Öl. Du kannst damit dein Gesicht einreiben und deinen Körper, sogar deine Haare. Es dringt noch besser ein als Kakaobutter.«

»Aha«, meinte sie. Statt nur einen Tropfen herauszuholen, drückte sie jedoch so fest auf die Flasche, dass sich ein Schwall auf ihren Fußboden ergoss. Das erschreckte meine Mutter so sehr, dass sie aufsprang und die Flasche fallen ließ. »Was macht man damit?«, wollte sie wissen und rieb sich die Finger.

»Riech einmal daran«, empfahl ich. »Du kannst dich oder ein Baby damit pflegen.«

Meine Mutter schnupperte an ihrer Hand. »Oh!« Zustimmend schmatzte sie mit den Lippen. »Das riecht sehr gut. Es gefällt mir, Waris.« Sie verrieb sich das Öl auf den Armen, die im Schein der Lampe glänzten. »Ich werde es verstecken müssen.«

»Mama, nein«, beruhigte ich sie, »das ist nichts Besonderes, du kannst den anderen ruhig davon abgeben. Ich bringe dir so viel Babyöl mit, wie du haben möchtest.«

»Ich weiß ja gar nicht, wann ich dich wieder sehe – das Risiko gehe ich lieber nicht ein«, meinte sie. Sie trat zu ihrem kleinen Haufen von Habseligkeiten und begann, darin herumzukramen. Schließlich fand sie tief unten in einem Korb einen Schlüssel. Er gehörte zu einer alten Holzschachtel, in die sie das Babyöl vorsichtig hineingleiten ließ. »Das ist sehr kostbar, und hier drin ist es sicher verwahrt«, flüsterte sie mir zu und tätschelte die Schachtel, bevor sie sie wieder in die Ecke stellte.

Ich hatte ein paar kleine Spiegel und einen besonders schönen für meine Mutter mitgebracht, weil sie sich doch noch nie in einem Spiegel gesehen hatte. Sie sollte endlich einmal erfahren, wie schön sie ist. Die Leute sagen mir oft, ich sei schön – nun, wenn ich auch nur eine Spur der Schönheit meiner Mutter besäße, dann würde ich solchen Behauptungen vielleicht Glauben schenken. Allerdings habe ich mein Aussehen von ihr geerbt, und das hat mir lange Zeit dabei geholfen, mir meinen Lebensunterhalt zu verdienen. Ich wickelte ihren Spiegel aus. Er hatte einen Silbergriff und war von geschnitzten Blumen umrankt. »Mama«, sagte ich, »dies hier ist etwas ganz Besonderes!«

»Hiiyea«, erwiderte sie. »Ich brauche nichts Besonderes, Waris.«

»Mama, komm und setz dich neben mich. Sieh, was ich dir mitgebracht habe.« Als ich ihr den Spiegel reichte, blickte sie zuerst verwirrt auf die falsche Seite und wusste gar nicht, was sie damit anfangen sollte. Ich drehte ihn um und hielt ihn ihr vor. »Sieh doch, wie schön du bist!« Als Mama ihr Spiegelbild sah, zuckte sie erschreckt zurück, weil sie dachte, da sei jemand. »Nein, Mama«, erklärte ich ihr, »da ist niemand. Das bist du!« Wieder hielt ich den Spiegel hoch. Sie betrachtete sich, dann schaute sie weg, hob ihre Augen und wandte abermals den Blick ab. Zaghaft berührte sie ihr Gesicht und ihre Haare mit den Fingern. Sie zog die Haut an ihren Wangen zurück, sah sich ihre Zähne an und drehte den Kopf. Lange Zeit musterte sie sich, dann stöhnte sie auf. »O Allah! Ich sehe so alt aus. Wie schrecklich! Ich wusste nicht, dass ich so aussehe!«

»Mama«, flüsterte ich, »wie kannst du das sagen?«

»Schaut doch her!«, brach es aus ihr heraus. Vorwurfsvoll blickte sie mich und Nhur an. »Was ist nur mit meinem Gesicht passiert? Ich war immer eine schöne Frau, aber dein Vater hat mir alles Leben ausgesaugt.« Sie drehte den Spiegel um und reichte ihn mir eilig zurück.

Da ich überrascht und verletzt zugleich war, wusste ich nicht, was ich sagen sollte. Meine Mama heuchelt nicht. Sie sagt ihre Meinung geradeheraus – wie jetzt auch bei meinem Geschenk. Rasch packte ich es wieder in meine Tasche, damit sie es nicht mehr sehen musste. So etwas hätte ich ihr nicht mitbringen dürfen. Ich schämte mich und wäre den Spiegel am liebsten gleich losgeworden. Sie würde nichts annehmen, was sie nicht brauchte, weil Besitz im Leben eines Nomaden hinderlich ist. Es zählen nur deine Familie, deine Geschichten und die Tiere. Sie sind die Quelle des Lebens und der Brunnen der Freude. Ich fand meine Mutter wunderschön, weil sie sich so liebevoll um ihre Familie, Freunde und Tiere kümmerte. Und echte Schönheit zeigt sich nicht in einem Spiegel oder auf der Titelseite eines Magazins. Echte Schönheit ist die Art und Weise, wie man sein Leben führt.

Der Mann mag der Kopf des Hauses sein,
das Herz aber ist die Frau.

(Somalische Redensart)

10

Väter und Männer

Der nächste Tag war so schön, dass ich mich von Allah erneut gesegnet fühlte. Ein paar dünne Wolken segelten hoch am Himmel dahin, und die Frühe belebte und erfrischte. Im Morgengrauen hatte es ein paar Blitze gegeben, Vorboten des Regens. Von der großen Hitze der letzten Tage hatte er uns erlöst. Und meine Familie war zusammen! Ein Wunder! Eine kleine Stimme in meinem Kopf flüsterte: »Habe ich dir nicht gesagt, dass alles gut wird?« Mein Schutzengel Alter Mann sprach mit mir.

Mama schickte Mohammed und Raschid los, damit sie ein Zicklein fingen, weil sie uns ein Festmahl kochen wollte. Sie schlachteten eine kleine männliche Ziege, die sowieso keine Milch geben würde. Meine Mutter schnitt den Kopf ab, legte ihn in einen Korb, kratzte sorgfältig die Haut ab und entfernte die Augen. Dem Kopf eines Tieres werden besondere Kräfte zugeschrieben, um Augen und Gehirn zu heilen; während sie nun diese Medizin für meinen Vater zubereitete, betete meine Mutter die ganze Zeit. Sie besitzt nur einen Kochtopf, den sie jedoch für das Festessen brauchte; deshalb hatte sie kein Gefäß, in dem sie den Kopf kochen konnte. Also ging sie zum Müllhaufen und kam mit einer alten Dose zurück. »Mama!«, mahnte ich. »Du kannst doch nicht in einer alten Dose vom Müll kochen! Sie ist schmutzig und voller Keime. Was denkst du dir denn? Willst du Vater umbringen?«

Sie stemmte die Hände in die Hüften und blickte mich herausfordernd an. »Mir ist es wirklich egal, ob er stirbt. Er ist alt und nutzlos, also hat er hier nichts mehr verloren.«

»Mama, bitte, ich gehe zu den Nachbarn und borge uns einen Topf«, schlug ich vor.

»Nein, du hältst dich da raus«, knurrte sie und wedelte abwehrend mit der Hand. »Ich werde es so machen, wie ich es für richtig halte. Vertrau mir, dein Vater wird davon schon nicht sterben – er stirbt nie, dazu ist er viel zu gemein.« Ich hörte, wie mein Vater hinter der Hütte lachte, und natürlich wurde mit in demselben Moment auch klar, dass das kochende Wasser die Keime abtöten würde. »Kind, geh mir aus dem Weg! Ich werde den Kopf hier drin kochen, und er bekommt die Brühe«, verkündete sie. Die Dose war rostig, sie schrubbte sie mit Sand ab und spülte sie aus. Dann legte sie den Ziegenkopf hinein, gab Wasser und ein paar ihrer speziellen getrockneten Blätter, die sie in einem kleinen Korb aufbewahrte, dazu und stellte das Ganze aufs Feuer. Den ganzen Tag lang köchelte das Gebräu.

Anschließend zog meine Mutter der Ziege sorgfältig die Haut ab, um Stricke und Hocker daraus zu machen. Sie grub ein Loch, das groß genug war, um das Zicklein aufzunehmen und ein weiteres Feuer in Gang zu halten. Nhur und ich entfachten es mit großen Holzscheiten, und als es zu weiß glühender Asche heruntergebrannt war, schob meine Mutter sie auseinander, um das Fleisch hineinzulegen. Die Beine schnitt sie so an, dass sie eng am Körper lagen. Man kann eine Ziege mit allem Möglichen füllen, und heute gab meine Mutter Brot, Knoblauch, Zwiebeln, Tomaten, Reis und ihre speziellen Gewürze hinein. Sie und Nhur verschnürten den Braten und legten ihn auf die glühende Asche. Schon bald dampfte es, und ein wunderbarer Duft erfüllte die Luft. Mutter wusste ganz genau, wann sie ihn wenden musste, damit auch die andere Seite braun wurde. Dadurch wird das Fleisch außen knusprig. Meine Mutter hockte sich neben das Feuer und fächelte ihm Luft zu, um das Holz, das Nhur zusätzlich darauf gelegt hatte, zum Brennen zu bringen. Dann scheuchte sie alle in die Flucht. Ich war so hungrig, dass mich der Duft magisch anzog. »Bleib davon weg«, herrschte sie mich an. »Ich sage dir schon Bescheid, wenn es fertig ist. Ihr steht ja wie die Geier hier herum!«

Als wir es aus der Asche gruben, war das Fleisch so zart, dass es auseinander fiel und im Mund zerging, eine absolute Köstlichkeit. Das Gesicht meines Vaters war so geschwollen und tat so weh, dass er nicht kauen konnte; doch kurz bevor wir uns über die Ziege hermachten, erklärte meine Mutter, seine Medizin sei fertig. Der Ziegenkopf war zu einer gallertartigen Masse zerkocht. Sie goss sie in eine Tasse und trug mir auf, sie meinem Vater zu bringen.

Ich setzte mich neben ihn und sagte: »Hier, Aba, die Suppe ist fertig.«

»Habt ihr euch deswegen heute früh gestritten?«

»Ja, Aba. Aber sie ist gut für deine Augen.«

Er bockte: »Ich habe keine Lust, sie jetzt zu trinken.«

Meine Mutter hörte seine Worte und schrie: »Was hat er gesagt?«

»Mama, er will die Suppe jetzt noch nicht trinken!«

»Was für ein grässlicher, alter Esel!«, murrte sie so laut, dass das ganze Lager es hören konnte. »Da habe ich ihm extra diese Medizin gekocht, und er will sie nicht trinken.« Sie rief mir zu: »Waris, bring sie sofort wieder zurück.« Gehorsam stand ich auf, aber sie hatte ihre Meinung erneut geändert. »Nein, lass sie einfach da. Er bekommt eben nichts anderes, bevor er nicht die Brühe getrunken hat.« Mein Vater nahm es ihr übel wie ein Kleinkind, aber er trank sie aus – die ganze Tasse.

Am Feuer setzte meine Mutter ihm immer weiter zu. »Du bist jetzt auf meinem Grund und Boden, hörst du? Du bist blind, alt und nutzlos. Du tust, was ich dir sage, verstanden?« Was sollte er dagegen machen? Er musste es dulden, dass sie sich um ihn kümmerte, und die Medizin einnehmen, die sie ihm verabreichte.

»Wer sind denn seine anderen Frauen?«, fragte ich meine Mutter. »Als wir an seinem Haus waren, standen da drei Kinder, von denen er sagte, es seien seine.«

»Na ja«, erwiderte meine Mutter. »Er behauptet, er wäre eine losgeworden, kurz bevor du hier ankamst. Angeblich mag sie ihn nicht mehr.«

»Warum?«, fragte ich. »Was ist geschehen?«

»Ich habe keine Ahnung, er erzählt mir ja nichts«, gab sie mir zu verstehen. »Für gewöhnlich lebt er mit seiner zweiten Frau zusammen. Zweifellos taucht sie hier auf, um zu fragen, ob du ihr ein Geschenk mitgebracht hast.« Mama wandte sich wieder ihrer Kochstelle zu, und mir war klar, dass ich nichts mehr aus ihr herausbekommen würde.

»Burhaan«, fragte ich, »lebt Vater immer noch mit der Frau zusammen, die wir mit den Füßen an einen Baum gehängt haben?« Ich hoffte nicht. Seit unserer damaligen Attacke hatte ich seine zweite Frau nicht mehr gesehen. Es war für uns alle ein Schock gewesen, als Vater eines Tages mit dieser anderen ins Lager gekommen war. Sie war nur wenig älter als ich, aber keineswegs ein scheues kleines Mädchen. Sofort übernahm sie das Regiment und kommandierte meine Brüder und mich herum, als sei sie eine somalische Prinzessin und wir die Sklaven. Als mein Vater eines Tages nicht da war, fesselten meine Brüder und ich sie und hängten sie kopfüber an einen Baum. Danach verschwand sie, und ich sah sie nicht mehr wieder. Wenn mein Vater immer noch mit ihr verheiratet war, dann würde sie sich bestimmt zeigen – und wer weiß, was ihr dann einfiele.

»Ich glaube, sie erinnert sich nicht mehr daran«, meinte Burhaan.

»Wie schafft er das bloß mit drei Frauen?«, fragte ich meinen Bruder.

»Ein Mann hatte einmal drei Frauen«, fiel ihm dazu ein. »Sie waren alle eifersüchtig aufeinander, also gingen sie zu ihm und wollten von ihm wissen, wen er am meisten liebte. Er entgegnete, sie sollten die Augen schließen, dann würde er seine Favoritin berühren. Die Frauen schlossen die Augen, und er berührte sie nacheinander alle drei.«

Viele kamen herbei, um die Verwandten, die von so weither gekommen waren, zu begrüßen und sich ein Geschenk abzuholen. Ich hatte keine Ahnung gehabt, was die Leute brauchten, deshalb hatte ich alles Mögliche mitgebracht: Babyöl, Kakaobutter, Frisiercreme, Seifen, Kämme, Shampoos, Zahnbürsten und Zahnpasta. Raschid schenkte ich eine blaue Zahnbürste und Colgate-Zahnpasta mit Fluorid.

Raschid fragte: »Was ist das?«

»Es wird Zahnpasta genannt«, erklärte ich. »Du gibst ein wenig von dieser Paste auf die Borsten, und dann bürstest du dir so die Zähne.« Ich demonstrierte die Bewegung mit dem Finger.

Er grunzte: »Ist das so ein Ding, das dein Zahnfleisch auflöst, und dann fallen dir die Zähne aus?«

»Ja«, zischte ich und verdrehte die Augen. »Genau das passiert dann!«

»Nein«, erwiderte er und gab sie mir zurück, »ich habe einen *caday*.« Er zog einen etwa fingerdicken Zweig aus seiner Hemdtasche. »Der hilft auch bei Zahnschmerzen. Kann die Zahnbürste das auch?«

»Nein.«

»Die Kamele und Ziegen fressen das gerne. Können sie das blaue Ding fressen?«

»Nein, das ist nur für deine Zähne.«

»Und wie schmeckt das Zeug aus der Tube?«

»Man isst das nicht, du musst es wieder ausspucken. Es ist nicht gut, es hinunterzuschlucken.«

»Warum soll man sich denn etwas in den Mund stecken, was nicht gut für einen ist?«

»Du spülst ja deinen Mund mit Wasser aus, und solange du es nicht schluckst, tut es seinen Dienst an deinen Zähnen.«

»Na, das ist aber Wasserverschwendung. Und wenn man mal keins hat, um den Mund auszuspülen?« Darauf wusste ich auch keine Antwort, und er setzte zu einer ausführlichen Lektion über diese speziellen Büsche an. Man kann Zahnbürsten aus den weichen neuen Zweigen machen, und die älteren Zweige eignen sich gut für Speere. Mit den dickeren Ästen hält man ein Feuer in Gang oder errichtet einen Windschutz. Von der Rinde auf den Wurzeln kann man zwar Ausschlag bekommen, aber aus den Blättern kocht Mutter Tee gegen Muskelschmerzen; sie zermahlt sie auch zu einer antiseptischen Paste, die man auf Schnitte und Wunden streicht.

»Die Samen enthalten Öl und sind essbar«, belehrte er mich. »Wenn es sonst nichts zu essen gibt, bewahren sie dich vor dem Verhungern. Kann dich die Zahnpasta in der Trockenzeit auch am Leben erhalten?«, fragte er und musterte die kleine Verschlusskappe mit den Rillen.

»Schon gut, schon gut«, beschwichtigte ich und steckte die Tube wieder in meine Tasche. Stattdessen schenkte ich ihm ein Rasiermesser, aber ich sah ihm sein Missfallen an. Dann versuchte ich, die Zahnbürste Nhur zu geben, aber auch sie wollte sie nicht haben.

Burhaan sagte, in den jungen Zweigen des Zahnbürstenbaumes sei eine Substanz, die Bakterien in den Zähnen abtötete. »Und wenn du von *khat* oder so einen Fleck auf den Zähnen hast, dann entfernen wir ihn mit Holzkohle«, fügte er hinzu und lächelte mich mit seinen schönen Zähnen strahlend an.

»Ich weiß, ich weiß«, gab ich mich geschlagen. Sie gingen mir alle auf die Nerven. »Stell dir vor, ich bin hier geboren! Diese Dinge kenne ich doch! Man kaut Holzkohle, dann kaut man auf einem somalischen Zahnstock herum, und dein Gebiss wird wieder glatt und strahlend weiß.«

»Die besten Zähne, die du jemals gesehen hast«, bekräftigte Raschid.

Ich beschloss, meine Zahnbürsten jemand anders zu schenken. In New York glaubte ich noch, sie könnten sie brauchen, weil es keine Zahnärzte gibt. Oder sie finden keine Zahnbürstenbäume, von denen sie sich Stöcke abschneiden können. Herrje, was denn? Natürlich hätte ich besser Schuhe und Kleider mitgebracht. Nahrungsmittel kamen auch nicht in Frage, weil sie auf der langen Reise verdorben wären – aber eigentlich hätten sie davon am meisten profitiert.

An diesem Nachmittag griff ich meinem Vater unter die Arme und half ihm, sich aufzusetzen, damit ich sein Kissen und seine Decke aufschütteln konnte. Ich musste ihm seine Augentropfen geben, und als ich das Auge sah, kamen mir die Tränen. Es war völlig verklebt und geschwollen. Wenn er es jemals wieder öffnen könnte, würde das an ein Wunder grenzen. Wie konnte nur jemand mit einem Messer da hineinschneiden! Das war ein unerträglicher Gedanke. Ich gab ihm Tylenol gegen die Schmerzen und war froh, dass ich es mitgenommen hatte. So konnte ich doch zumindest etwas für meinen Vater tun. Als ich ihm die Sandalen in die Hand drückte, die ich in New York gekauft hatte, betastete er das Leder und die dicke Gummisohle. »Ich weiß, wer sie gebrauchen kann«, sagte er, »und hebe sie für deinen Bruder Raschid auf.«

Weil er so schwach und unsicher auf den Beinen war und nichts sehen konnte, musste ihn jemand auf den Abort begleiten. Er rief nach meiner Mutter, aber ich sagte: »Aba, ich bin doch da. Ich helfe dir.«

»Sind hier irgendwo Schuhe?«, fragte er.

Ich fand ein Paar weiße Flip-Flops und stellte sie nebeneinander vor seine Füße. »Komm«, forderte ich ihn auf, »gib mir deine Hand.«

»Nein, so blind bin ich nun auch wieder nicht. Stell die Schuhe hin, ich finde sie schon«, wies er mich an. Er hockte sich hin und tastete mit den Zehen nach den Flip-Flops. Als er sie an den Füßen hatte, trug er mir auf: »Hol deine Mutter!«

»Sie ist nicht hier, Vater. Ich weiß nicht, wo sie steckt.«

»Dann warte ich auf sie«, erklärte er und schlang die Arme um die Waden.

»Aber ich kann dich doch stützen, Vater. Ich bin dein Kind und habe selber ein Kind. Lass mich dir helfen!« Er weigerte sich jedoch und stellte sich taub, blieb einfach wartend hocken. Über eine Stunde saß er da, stolz und eigensinnig.

Ich beschloss, ein wenig zu schlafen, weil ich immer noch müde von der langen Reise war. Also legte ich ein paar Matten auf den Boden und streckte mich darauf aus; aber wirkliche Ruhe fand ich nicht, weil ein ständiges Kommen und Gehen herrschte und immerzu Lärm war. Ich hörte, wie eine Frau mit meiner Mutter redete. Schließlich trat sie zu mir.

»Waris!«, begrüßte sie mich herzlich. »Wie geht es dir?«

Halb benommen richtete ich mich auf. Ich erkannte sie nicht und glaubte, sie sei einfach eine weitere Nachbarin.

»Waris, erinnerst du dich nicht an mich?« Sie legte den Kopf schräg.

»Es hat sich so viel verändert«, verteidigte ich mich. Mein Vater lachte. Nach näherer Betrachtung schätzte ich sie etwa so alt wie meine Mutter.

»Frag deinen Vater, wer ich bin«, sagte sie.

Er meinte zu ihr: »Wie geht es denn meinem Baby heute?« Und ich überlegte, welches Baby er wohl meinte.

»Ich hole ihn dir«, stellte sie in Aussicht.

Leise kichernd, lag mein Vater da, bis sie mit einem Baby im Arm wiederkam. »Gib mir meinen Sohn«, sagte mein Vater, und erst da erkannte ich sie als seine zweite Frau. Sie war stark gealtert, denn als er sie damals geheiratet hatte, waren sie und ich beinahe gleich alt gewesen.

Ich umarmte sie. »Als ich wegging, hattest du gerade ein Kind bekommen, und jetzt, nach all diesen Jahren, bekommst du immer noch welche.« Insgeheim betete ich darum, dass sie sich nicht daran erinnerte, wie wir sie kopfüber an den Baum gehängt hatten. Aber in den drei Tagen, die sie bei uns blieb, erwähnte sie den Vorfall mit keinem Wort. Sie hatte einen langen Weg mit dem Baby auf dem Rücken zurückgelegt, um zu uns zu gelangen. Die arme Frau befand sich in einer schlechten Verfassung – sie war hungrig und müde, und ihre Füße bluteten, da sie keine Schuhe hatte. So lernte ich einen Bruder kennen, von dem ich nichts gewusst habe. Ich habe einen Bruder, der fast vierzig ist, und einen neuen kleinen von mehreren Wochen.

Mein Vater ließ sich vernehmen: »Ohne Familie und Kinder macht das Leben keinen Sinn!«

Ich erwiderte: »Weißt du, Vater, es geht nicht darum, wie viele Kinder du hast. Viel wichtiger sind Stärke und Gesundheit, und dass die Familie zusammenhält.«

»Das brauchst du mir nicht zu erzählen«, begehrte er auf.

Als wir an diesem Abend am Feuer saßen, drehte sich die Unterhaltung um Männer. Burhaan berichtete mir, meine Schwägerin habe gefragt, warum ich nicht verheiratet sei.

Was sollte ich dazu sagen? »So einfach ist das nicht. Es geht nicht so wie bei einem deiner Tiere. Man kann es nicht einfach kaufen und wieder verkaufen, wenn man nicht mehr will.« Nhur warf mir einen verständnislosen Blick zu. Sie sind eben so aufgewachsen und wissen nur, dass man einem Mann gehorchen muss. Nhur und meine Mutter fragten, ob ich ein Kind hätte.

»Ja, ich habe einen wunderschönen kleinen Sohn«, berichtete ich stolz.

»Ähnelt er dir?«, erkundigte meine Mutter sich.

»In jeder Hinsicht«, versicherte ich ihr. Sie verdrehte die Augen gen Himmel, und obwohl sie nichts sagten, lachten alle, vor allem mein Vater. Kopfschüttelnd meinte meine Mutter: »Wenn er dir nachschlägt, dann wirst du noch einiges mit ihm erleben – aber du hast es nicht besser verdient!«

Nhur fragte: »Und wo ist sein Vater?«

»Ich habe ihn hinausgeworfen«, erklärte ich.

»Warum?«, riefen alle.

»Weil ich keine Verwendung für ihn in meinem Leben hatte – jedenfalls nicht zu diesem Zeitpunkt.« Darüber lachten sie wieder, aber es schockierte sie auch, dass ich ihn hinausgeworfen hatte. Asha wollte wissen: »Wie hast du das denn bewerkstelligt? Ich habe immer geglaubt, der Mann ist derjenige, der die Frau wegschickt.«

»In Amerika nicht«, erwiderte ich.

Meine Schwägerin hörte auf zu lachen und wurde plötzlich ernst. Sie sagte: »Wir sind schwach. Die Frauen in diesem Land würden das nicht schaffen.«

Jetzt setzte ich an zu einer Lektion: »Schwester, ich bin hier geboren. Genau wie du bin ich hier aufgewachsen und habe hier viele großartige Dinge gelernt, wie zum Beispiel Selbstvertrauen. Dazu kam noch mein Unabhängigkeitsgefühl. Ich sitze nicht da und warte ab, bis jemand etwas tut – sondern ich tue es selber. Das habe ich hier gelernt!« Mein Vater saß direkt neben mir, und auch meine Mutter gesellte sich zu uns. Wahrscheinlich wollte sie wissen, worüber alle so lachten. Die Frauen lachten vor allem darüber, dass ich in Somalia Selbstvertrauen gelernt hatte, aber ich hielt ihnen vor: »Fragt doch meine Brüder! Meine Brüder wissen, wie ich bin und wie ich als Kind war. Oder fragt meine Eltern, auch sie kennen mich.«

Mein Vater warf ein: »O ja, wenn sie ausrief, ›diese Frau ist ein Felsblock‹, dann konnte man ihr nur ihren Willen lassen, diesem Sturschädel!« Alle lachten darüber, vor allem mein Onkel Achmed.

»Bist du hergekommen, um dir einen Ehemann zu suchen?«, beharrte Nhur. Sie konnte es einfach nicht glauben, dass ich nicht verheiratet war. Aber immerhin hatte ich Geld, musste nicht betteln.

Ihre Frage verneinte ich. »Keineswegs! Ich bin zwar nicht verheiratet und habe ein Kind, aber einen Mann brauche ich eigentlich nicht. Wenn ich jemanden finde, der mir gefällt, dann kann ich immer noch übers Heiraten nachdenken. So bin ich eben.« Abweisend verschränkte ich die Arme; es kümmerte mich wenig, was sie von mir dachten.

Mein Vater bestätigte: »Du bist, wie du bist!«

»Entsinnst du dich noch, wie du zu mir gesagt hast, ›du bist keine von uns, ich weiß nicht, von wo du stammst‹?«, half ich seinem Gedächtnis auf die Sprünge. »Du sagtest, du wollest mich loswerden. Weißt du das noch?«

»Ich glaube schon«, gab er zu. Er drehte den Kopf in meine Richtung, und ich hörte an seiner Stimme, dass er es bedauerte, seinerzeit so mit mir geredet zu haben. Auf einmal schwiegen alle – was daran lag, dass ich die Einzige aus meiner Familie bin, die vollkommen auf eigenen Füßen steht. Und darauf bin ich sehr stolz.

Dann begann ich, meinen Eltern zu erklären, was Kleiner Onkel mir angetan hatte, als ich ein Kind war. Mein Vater fragte immer wieder: »Was hat er getan?« Weder er noch meine Mutter konnten sich an diesen schrecklichen Tag erinnern. Ich schilderte jenen Nachmittag, als Kleiner Onkel mit mir zu den Ziegen gegangen war.

Ich brachte die Worte kaum über die Lippen. Mein Herz klopfte heftig, und ich begann zu schwitzen.

Meine Mutter schüttelte den Kopf. »Ich hatte keine Ahnung, dass er dich belästigt hat, Waris. Was redest du da?«

»Ich kann nur wiederholen, dass er ein böser Mann war.«

Vater sagte: »Kind, ich weiß wirklich nicht, wovon du sprichst.« Er entsann sich nicht einmal des Kleinen Onkels, obwohl ich ihm erklärte, dass sie ihn zu uns ins Haus geholt hatten. Ein Mann, dem sie vertrauten, hatte mich missbraucht.

Mama bemerkte: »Wir wissen nicht, was mit dir geschehen ist. Wir haben Kleinen Onkel seit vielen Jahren nicht mehr gesehen.«

»Hoffentlich ist er tot und zur Hölle gefahren!«

Meine Eltern regten sich über meine wütenden Worte auf. »Das ist nicht nett von dir«, meinte meine Mutter und strich mir tröstend übers Bein. »Was sagst du da nur?«

Letztendlich hatte es keinen Zweck, die alte Geschichte wieder aufzurühren. Hier am Feuer würden meine Eltern zu diesem Tabuthema sowieso nichts sagen, weil einen dann vielleicht ein *djinn* in den Mund schlüpft und sich auf die Zunge setzt. »Ihr könnt es euch zwar nicht vorstellen, trotzdem war es sehr schlimm für mich«, endete ich und schwieg dann. Ich mochte nun auch nicht mehr darüber reden. Wir sprechen im Grunde nie über solche Dinge. Das lange Schweigen jedoch tröstete mich. Zumindest hatten meine Eltern begriffen, dass Kleiner Onkel ihrer Tochter etwas Schreckliches angetan hatte. Es gehört zu den schlimmsten emotionalen Schmerzen, sexuell missbraucht zu werden – doch alle ignorieren es. Lange Zeit sagte niemand etwas, und Mama tätschelte mit besorgter Miene mein Bein. Eindringlich forschte sie in meinen Augen, als wolle sie dort den Schlüssel finden, und was sie sah, betrübte sie. Aber sie würde mir keine Fragen stellen... eher würde sie sich die Zunge abbeißen. Wenn man nicht über Sex reden darf, dann näht man die Mädchen eben besser zu, weil sie dann nicht wissen, was mit ihnen geschieht. Manchmal sind Schmerzen aber auch ein Geschenk, und ich glaube, dass Allah mir ein Geschenk gemacht hat. Ich wusste, wo meine Kampagne gegen die Genitalverstümmelung an Frauen anzusetzen hatte. Frauen mussten über Sex aufgeklärt werden, und Männer sollten über den weiblichen Körper genauso Bescheid wissen wie über ihren eigenen.

Meine junge Cousine Amina unterbrach meine Gedanken. »Kannst du für mich einen Brief mit nach Amerika nehmen?«

»Amerika ist groß, ohne Adresse klappt das nicht.«

Nervös zupfte sie an ihrem Kleid. »Ich habe die Adresse, und ich gebe sie dir später.«

»Wer lebt denn da?«, fragte ich neugierig.

»Mein Mann ist dort«, erwiderte sie leise, ohne mich anzublicken.

»Was macht dein Mann dort?«, drang ich kopfschüttelnd in sie. Sie murmelte etwas, und ich dachte, dass sie wahrscheinlich keine Ahnung hatte, was er trieb. »Wie lange seid ihr schon verheiratet?«

»Vier Jahre«, erwiderte sie. Ich konnte es kaum fassen – sie sah nicht älter als sechzehn aus.

»Hast du Kinder?«

»Nein. Er hat mich geheiratet und dann verlassen. Ich hoffe, er kommt bald zurück und holt mich hier weg.«

»Warte nicht auf ihn!«, riet ich ihr. Ein paar Leute keuchten auf, und meine Mutter schüttelte missbilligend den Kopf. Also willigte ich ein, den Brief mitzunehmen, um nicht noch mehr Ärger zu verursachen.

Die meisten meiner Vorstellungen fand meine Familie seltsam. Meine Cousine sagte: »Waris, du redest wie ein Mann, und du benimmst dich, als seist du sehr stark.«

»Du kannst auch stark sein! Schließlich bin ich ebenfalls hier aufgewachsen, genau wie du.« Wieder lachten alle. Ich kam mir vor wie eine Lachnummer. Die Leute folgten mir auf Schritt und Tritt. Das hatte wahrscheinlich zwei Gründe. Zum einen glaubten sie, ich sei reich, und zum anderen fanden sie mich verrückt und lustig. Trotzdem war ich stolz und dankbar dafür, in meinem Dorf sein zu können – endlich hatte ich es geschafft, zurückzukommen. Immer wieder dankte ich Allah. Wundersamerweise hatte ich nicht nur meine Mutter, sondern auch all diese Vettern, Cousinen, Neffen und anderen Verwandten wieder gefunden, die sich nun hier um mich scharten.

Am wichtigsten war jedoch für mich, dass ich mich noch einmal mit meinem Vater auseinander setzen konnte. Mit vielem, was er sagte, war ich nicht einverstanden, und ich erklärte ihm vorsichtig, wie ich die Dinge sah. Wenn er meine Worte nicht verstand, stellte er Fragen. Ich brachte viel Geduld auf, und das gefiel ihm. Ständig witzelte er: »Sag mal, bist du wirklich meine Tochter?« »Wer bist du?«, wiederholte er unentwegt. »Ich habe geglaubt, meine Tochter sei längst tot.«

»Warum?«

»Was kann schon Gutes geschehen, wenn ein kleines

Mädchen seinem Vater wegläuft?«, sinnierte Aba. »Du kanntest doch nur deine Kamele und Ziegen. Zuerst habe ich gedacht, die Löwen hätten dich gefressen und die Hyänen hätten dir das Mark aus den Knochen gesaugt. Dann habe ich gehört, du seist in Mogadischu und London, also nahm ich an, du seist Prostituierte geworden. Was hättest du denn sonst tun sollen? Du bist ganz alleine auf einen anderen *hydigi*, einen anderen Planeten, gereist. Kind, du lebst und verdienst dir aus eigener Kraft deinen Lebensunterhalt! Du sprichst voller Kraft und Würde.«

Mein Vater war stolz auf mich, wahr und wahrhaftig! Das machte mich auch stolz, und ich fühlte mich in der Tat stark und voller Leben. Als Kind hat er mich immer geschlagen, und wenn er mich überhaupt bemerkte, dann sagte er nur: »He, du! Hol mir dieses, hol mir jenes! Beeil dich!« Ich hatte immer Angst vor ihm. Als er mich noch mit seinen eigenen Augen sehen konnte, hatte er nur ein schwaches kleines Mädchen im Blick. Jetzt jedoch sah er mich mit den Augen des Herzens. *Allah bah wain!* Gott ist groß.

Eine Tochter ist kein Gast.

(Amerikanisches Sprichwort)

11

Wüstenleben

In den nächsten Tagen fielen jeden Nachmittag schwere Regengüsse. Alle beobachteten, wie sich die Wolken zusammenzogen und den Himmel bedeckten. Die Regenzeit begann, und das Leben im Dorf veränderte sich, aber niemand beklagte sich darüber. Die Hitze war verschwunden und die Luft kühl vom Segen des Wassers. Mitten über die Dorfstraße, noch vor wenigen Tagen eine Staubpiste, schlängelte sich auf einmal ein Fluss. Die kleine Hütte meiner Mutter stand unter Wasser. Alles war durchnässt, selbst die armen, kleinen Ziegen. Sie wussten nicht aus noch ein und versteckten sich zitternd in den Ecken. Mein Bruder Burhaan hob einen Graben um die Hütte aus, damit das Wasser von drinnen abfließen konnte. Alle lächelten und waren glücklich, weil wir den Regen so sehr lieben. Die Kleinkinder plantschten im Schlamm und tranken ihn leider auch, sie würden sicher bald Durchfall bekommen. Die Frauen fingen das Wasser auf der Straße auf und gossen es aus ihren Eimern in einen größeren Behälter, damit sich der Schlamm am Boden absetzte und sie das Wasser zum Kochen und Baden verwenden konnten.

Jeden Morgen standen wir um sechs Uhr auf, wenn die Hähne krähten, die Vögel anfingen zu zwitschern und die Hühner gackernd umherliefen. Am Abend ruhten wir aus, und manchmal gab es in den Läden auch kein Öl mehr für die Lampen. Nach Sonnenuntergang gingen wir früh schlafen. Die Versorgungslage war, vermutlich auf Grund der Gefahrenzonen um Mogadischu, äußerst prekär.

Mohammed schlief im Haus meines Onkels, in dem sich sehr viele Leute aufhielten. In diesem kleinen Dorf gab es natürlich keine Hotels oder zusätzlichen Wohnraum. Alle schlüpften irgendwo unter, und wenn jemand zu Besuch kam, dann rückte man eben ein bisschen zusammen.

»Hast du gut geschlafen?«, fragte ich Mohammed.

Er wedelte mit den Händen durch die Luft, als wolle er eine Fliege verscheuchen. »Wenn wir das nächste Mal herkommen, sollte der Anbau an Burhaans Haus fertig sein, damit wir alle hier wohnen können«, verlieh er seiner Hoffnung Ausdruck. Er trat in Mamas Haus, um ihren gelben Plastikeimer mit Wasser zum Waschen zu füllen. Dabei stieß er sich wie immer den Kopf an der Tür. Dann setzte er sich auf einen niedrigen Hocker in den Hof, nahm seine Brille ab und wusch sich Gesicht und Arme. Er nahm ein wenig Wasser in die hohle Hand, verrieb es auf seinem Oberkörper und ließ sich von der Sonne trocknen. Danach zog er den rechten Socken und Schuh aus, um den Fuß zu waschen, und dann erst den linken, um das Gleichgewicht zu halten.

Mir fiel auf, dass ein hellgrüner Schimmer alle Büsche und Bäume überzog; dabei hatten sie noch vor ein paar Tagen leblos und tot gewirkt. Meine Haut ist der festen Überzeugung, dass alle Pflanzen in Somalia Dornen tragen. Sie brauchen ihre ganze Energie für sich selber, und in der *jilaal*, der Trockenzeit, sagen die scharfen Dornen: »Bleib weg, ich habe nichts für dich!« Aber wenn es regnet, wachsen die Blätter sehr rasch, und alles ist voller Freude.

Den öffentlichen Abtritt benutzte ich übrigens nicht gerne. Meine Mutter hatte keinen eigenen, es gab nur einen für alle, und man konnte ihn schon von weitem riechen. Es war ein kleiner viereckiger, nach oben offener Raum mit einer Holztür, die keinen Riegel besaß. Mitten im Zementboden befand sich ein viereckiges Loch, über das man sich hocken musste, um sein Geschäft zu erledigen. Es stank grauenhaft, der Boden war nass und schmutzig, und ich sah immer zu, dass ich so schnell wie möglich wieder herauskam. Meine Leute gehen barfuß über Felsen und durch Dornenbüsche, aber niemals ohne Schuhe auf den Abort. Wenn man keine eigenen hatte, dann wartete man so lange, bis man sie sich von jemand anders borgen konnte.

Auf dem Rückweg bemerkte ich, dass ein paar kleine Jungen aus dem Dorf mich beobachteten. Einer von ihnen hatte tiefschwarze Haut, die in der Sonne glänzte. »Oh, Blackie, Blackie«, rief ich ihm zu, »schenk mir deine schöne Haut!« Ich holte meinen Fotoapparat, um ihn zu fotografieren, und wollte auch ein paar Bilder von meiner Familie machen. Die Jungen tanzten herum und lächelten, wenn sie mich nicht gerade anstarrten. Mit ihren schönen weißen Zähnen in den hübschen schwarzen Gesichtern posierten sie vor meiner Kamera. Jedes Kind trug ein ledernes Schutzamulett um den Hals. Allah war überall!

Meine Familie aufzunehmen, erforderte schon etwas mehr Geduld. Als Mohammed mich mit dem Apparat um die Hausecke biegen sah, rief er allen zu: »Zieht euch bloß um, bevor sie Fotos von euch schießt! So dürfte ihr euch nicht knipsen lassen, sie verkauft die Bilder an eine Zeitschrift!« Er streckte dauernd die Zunge heraus und wedelte mit den Händen vor der Kamera herum, sodass ich kein einziges gutes Bild zu Stande brachte. Burhaan verschwand im Haus und kam nicht wieder zurück. Er presste seine Nase gegen das Metallgitter am Fenster, und immer wenn ich den Apparat zückte, zog er sich rasch zurück.

Wütend schrie ich sie an: »Seid doch nicht albern! Ich verkaufe eure Bilder nicht an Modemagazine. He, ich will doch nur ein paar gute Schnappschüsse für mich selber haben, um sie meinen Freunden zu zeigen. Jetzt kommt doch wieder heraus, Jungs!« Schließlich jedoch gab ich es bei den Männern auf und wandte mich an meine Mutter. »Mama, bitte, dann fotografiere ich eben dich. Ich möchte doch wenigstens ein Foto von dir haben.«

Mohammed behauptete: »Nein, nein, sie verkauft es an die Titelseite einer Zeitschrift, das garantiere ich dir!« Alle glaubten ihm. Er sagte ihnen, sie müssten ihre besten Sachen anziehen und sich waschen, damit sie auf den Bildern nicht so schmutzig wirkten. »Wenn sie euch so verstaubt fotografiert, dann müsst ihr ihr die Kamera wegnehmen!«, hetzte er sie auf.

Empört schrie ich meinen grässlichen Bruder an: »Mohammed! Hör endlich auf, ihnen so verrückte Sachen weiszumachen!«

»Ich denke ja nicht daran«, erwiderte er fröhlich. Er genoss das Spiel. Immer wieder deutete er mit dem Finger auf mich und erklärte im Brustton der Überzeugung: »Sie geht mit den Fotos hausieren!«

Schließlich erklärte ich: »Wisst ihr was, ihr seht aus wie Flüchtlinge. Ich könnte euer Foto höchstens an den *National Geographic* verkaufen. Und das meine ich ernst!« Es ärgerte mich, dass sie sich wegen einer Hand voll Schnappschüsse, die bei mir zu Hause in der Drogerie entwickelt würden, so aufführten. »*Hoyo*, Mutter«, bat ich, »lass mich wenigstens ein Foto von dir machen.«

»Ich habe keine Zeit«, wehrte sie ab. Sie gab nie Ruhe, ständig war sie beschäftigt, vom frühen Morgen bis spät in den Abend hinein.

»*Hoyo*«, bat ich, »bitte, sitz still. Ich möchte dich nur fotografieren, damit ich die Bilder meinem Sohn zeigen kann. Er soll doch seine Großmutter und seine Familie kennen lernen.«

»Na, dann mach ein Foto«, erwiderte sie ungeduldig und stellte sich stocksteif hin.

Raschid versperrte mir die Sicht und meinte: »Mama, du musst ein anderes Kleid für das Bild anziehen.«

»Ich habe mich heute Morgen schon angezogen«, fauchte Mama.

Er zupfte an ihrem verschlissenen, braunen Kleid und beharrte: »Zieh das Neue an, das ich für dich gekauft habe. Du kannst doch auf dem Foto nicht diesen alten Fetzen tragen.«

Mama murrte, er solle sie in Ruhe lassen; aber sie ging doch in ihre Hütte und kam mit einem anderen Kleid, das sie einfach über das braune Gewand gezogen hatte, wieder heraus. Es hatte ein Muster aus dunkelroten Streifen und gelben Blumen. Sie war so dünn, dass die zwei Kleider übereinander gar nicht auffielen. Plötzlich gab sie sich schüchtern und zog sich den *chalmut* vors Gesicht, während ich auf den Auslöser drückte. Mohammed saß auf seinem dreibeinigen Hocker und scheuchte wie immer alle herum. Er erklärte ihr, auf Fotos müsse man die Zunge herausstrecken, was sie natürlich prompt befolgte.

»Burhaan«, bat ich, »hilf mir bitte, Aba zu fotografieren.« Burhaan und Mohammed gingen ihn holen. Sie stützten ihn und traten vorsichtig mit ihm in die Sonne.

»Oh, die schöne Familie Dirie«, lobte ich und filmte alles mit der Videokamera. Ich stellte fest, dass mein Vater nicht mehr so groß war wie Mohammed. Als Aba merkte, dass ich ihn aufnahm, schob er meine Brüder beiseite und stellte sich alleine in Positur, aufrecht und würdevoll, obwohl er auf einem Auge blind und das andere verbunden war. Es widerstrebte ihm, dass seine Hilfsbedürftigkeit auf einem Bild festgehalten wurde. Er sah aus wie der mächtige Vater, den ich als Kind gekannt hatte. Nichts konnte seine Stärke brechen.

Nhur war im achten Monat schwanger, aber sie schleppte sich trotzdem jeden Tag in die Stadt, um sauberes Trinkwasser zu holen. Dort gab es eine Zapfstelle, an der man für zehn Shilling seine Behälter füllen konnte. Ganz alleine trug sie etliche Gallonen zurück. Sie füllte zwei Eimer und nahm in jede Hand einen. Als ich sie mit ihrer Last über den Hügel kommen sah, lief ich ihr sofort entgegen, um ihr zu helfen. Meine Brüder saßen in der Zwischenzeit am Haus, unterhielten sich und diskutierten über Politik. »Wo ist denn eigentlich dein nichtsnutziger Ehemann?«, fragte ich sie. »Er faulenzt herum. Warum lässt du das zu?« Sie warf mir nur einen Blick zu.

Wenn Nhur das Wasser geholt hatte, ging sie in der Hitze auf den Dorfmarkt, um sich nach Lebensmitteln umzuschauen. Sie kaufte Reis, der in kegelförmige Tüten aus alten Zeitungen gefüllt wurde, und Ziegenfleisch, wenn es welches gab. Außerdem besorgte sie Gewürze in Papierpäckchen, immer nur so viel, wie sie für einen Tag brauchte. Dann sammelte sie Holz und errichtete ein Kochfeuer. Sie schnitt das Fleisch in Stücke, wobei sie sorgfältig Fett und schlechte Teile entfernte. Zuletzt kochte sie Reis und Fleisch mit ein bisschen Öl, ein oder zwei Zwiebeln und Tomaten. Dabei schnürte sie ständig das Feuer, damit es in Gang blieb. Wenn alles gar war, häufte sie den Reis auf eine runde Blechplatte und drückte eine Vertiefung in die Mitte, in die sie das Ziegenfleisch mit der würzigen Soße legte. So wurde die Reisplatte mit Tee, in den sie ein wenig *ghee* gegeben hatte, den Männern serviert. Während sie aßen, säuberte sie die Kochtöpfe und räumte auf. Was vom Essen übrig blieb, trug sie wieder an die Kochstelle und erst dann aß sie mit den Kindern die Reste.

An meinem ersten Tag zu Hause kam Nhurs Mutter aus

dem Wüstenlager, in dem sie lebte, ins Dorf. Das machte sie täglich. Sie war eine der schönsten Frauen, die ich jemals gesehen habe: einmal wegen ihrer stattlichen Größe und dann wegen ihrer grünen Augen in dem perfekt geformten Gesicht. Als Kleidung besaß sie jedoch nur Lumpen, einen verschlissenen, grau aussehenden Fetzen, der früher vielleicht einmal orange oder rot gewesen sein mochte – anscheinend wirklich ihr ganzer Besitz. Aber wie die meisten Somalis war sie eine stolze Frau und würde nie um etwas bitten. Wir stellten ihr keine Fragen, sondern luden sie einfach zum Essen ein, weil das in meinem Land üblich ist.

Als ich Nhur so schwer arbeiten sah, ohne dass ihr jemals einer half, sagte ich zu meiner Schwägerin: »Nhur, heute koche ich. Du gehst deine schöne Mutter besuchen.« Nhur lächelte mich an und erklärte, sie würde jetzt Wasser holen. Sie zog sich ihren blauen *chalmut* über den Kopf und ergriff die Eimer. Ich errichtete einen kleinen Holzhaufen für das Feuer und stellte den größten Topf, den ich finden konnte, darauf. Er schwankte hin und her, deshalb rammte ich ihn tief hinein, damit er nicht umkippte. Dann füllte ich ihn mit Reis und Bohnen und gab Wasser hinzu.

Das Feuer qualmte, weil das Holz nass vom Regen war. Trockene Zweige hatten wir nicht, da wir sie nirgendwo lagern konnten. Ich versuchte, es erneut anzufachen, indem ich ihm Luft zufächelte, aber es qualmte bloß. Der Rauch brannte mir in den Augen, und ich hustete. Wahrscheinlich hatte ich irgendetwas falsch gemacht, aber ich hatte ja auch seit zwanzig Jahren nicht mehr an einem offenen Feuer gekocht. In New York City oder in London wäre das ein Witz. Also bat ich Burhaan, mir bei dem Feuer zu helfen. Er hatte damit wesentlich mehr Erfahrung als ich.

»Das ist Frauenarbeit«, knurrte er und blieb auf seiner Matte im Schatten liegen.

»He«, sagte ich, »ich brauche aber Hilfe.«

»Bitte Nhur darum!« Er blieb stur. »Kochen ist Frauenarbeit.« Ungerührt sah er mir zu, wie ich mich abmühte – nur weil Kochen Frauenarbeit ist. Er hatte nichts zu tun, aber er würde keinen Finger für mich krumm machen. Am liebsten hätte ich mit meinem Schuh auf ihn eingedroschen.

»Mohammed, benimm du dich doch wenigstens nicht so albern wir Burhaan«, keifte ich. »Hilf mir, das Feuer zum Brennen zu bringen, sonst haben wir alle nichts zu essen!«

»Das ist nicht mein Problem. Wir sind für Männerarbeit zuständig«, klärte er mich auf.

»Was ist denn zum Beispiel Männerarbeit?«, fragte ich spitz und stemmte die Arme in die Hüften. »Wenn etwas getan werden muss, dann geht es dich nichts an, weil es keine Männerarbeit ist?« Ich warf einen Stock nach den beiden und Mohammed warf ihn lachend wieder zurück. »Das verstehe ich nicht«, fuhr ich ihn an. »Du würdest also lieber verhungern, wenn du keine Frau zum Kochen hättest?«

»Nein«, tönte Burhaan, »dann würden wir eben die Kinder kochen lassen!« Schließlich kam Nhur mit dem Wasser langsam und keuchend zurück. Sie stellte die Eimer ab und hob den schweren Topf vom Feuer. Dann ordnete sie die Holzscheite anders an, legte auf jede Seite größere Äste und stellte den Topf darauf. Nun hockte sie sich vor das glimmende Holz und blies es erneut an.

»*Khat* hat dieses Land in den Ruin getrieben«, schimpfte ich in Richtung meiner Brüder.

»Wir haben heute gar kein *khat*«, tat Raschid beleidigt.

»Aber wenn ihr welches hättet, würdet ihr es kauen«, warf ich ihnen vor. Ich hasste diese grässliche Angewohnheit. »Männer sind so schrecklich unmotiviert«, fügte ich entrüstet hinzu. »Sie gebrauchen ihren Verstand nicht und vergeuden ihre Zeit damit, auf diesem blöden Zeug herumzukauen.«

Nach dem Essen ging ich zu meiner Mutter. Wir saßen in ihrer kleinen Hütte und unterhielten uns, weil es draußen regnete. Als die zweite Frau meines Vaters aufstand, um zum Abort zu gehen, bat ich sie, ihr kleines Baby halten zu dürfen. Er sah genauso aus wie ich, und wir hatten sofort eine Verbindung zueinander. Er gab keinen Laut von sich, während ich ihn in den Armen hielt, sondern schaute mich unverwandt an.

Mama holte ein bisschen Ziegenmilch, die sie für ihn in einer Tasse aufbewahrte. In Somalia gibt es keine Babyfläschchen. Wir drücken einfach die Wangen des Kindes sanft zusammen und halten ihm die Tasse so an den Mund, dass es die Milch tropfenweise schlucken kann. Mein Neffe hatte ein winziges, perfektes Mündchen, und es würde mir Freude machen, ihn so zu füttern. Meine Mutter schien allerdings unzufrieden zu sein. Leise murrte sie vor sich hin.

»Himmel, überlass ihr bloß nicht das Baby«, murmelte sie. »Soll sich das Kind etwa verschlucken? Weiß sie eigentlich, was sie vorhat?«

Ich blickte sie an und sagte: »Mama, für wen hältst du mich bloß? Findest du mich wirklich so hoffnungslos? Weißt du nicht, dass ich selber Mutter bin?«

»Hiiyea«, gab sie zu.

»Und ich bin schon über dreißig.«

»Hiiyea«.

»Hast du mich nicht selbst hier aufgezogen?«

Meine Mutter warf mir einen schrägen Blick zu: »Ja, das stimmt.« Aber es klang so, als habe sie kein Vertrauen zu mir.

»Komm und setz dich neben mich«, forderte ich sie auf. »Deine Worte beleidigen mich.« Sie reichte mir die Tasse, und ich fütterte das Baby. Es trank, ohne dass ein Tropfen der kostbaren Flüssigkeit an seinem Kinn herunterrann.

»Ach, Kind, ich habe es nicht so gemeint«, sagte meine Mutter. »Ich habe geglaubt, weil du jetzt so anders lebst, hast du vergessen, wie man mit Babys umgeht.«

Wahrscheinlich glaubte sie, ich hätte alles vergessen, was sie mir beigebracht hatte, deshalb antwortete ich: »Mama, ich habe mein Kind selbst großgezogen, und zwar auf traditionelle Weise. Du hast mich gelehrt, ein Baby zu füttern, und weil du es mir gezeigt hast, werde ich es nie vergessen. Bitte, denk nicht, dass ich nicht wüsste, wie man Kinder versorgt.«

»Es tut mir Leid, Waris«, sagte sie und schaute mich von der Seite an. Ich glaube, sie freute sich. Ihr Misstrauen hatte sich gelegt – es gefiel ihr, dass ich ihre Methoden und die Dinge, die sie mir beigebracht hatte, schätzte. Nur weil ich woanders wohnte, hatte ich doch nicht alles vergessen!

Ich verlasse mich am liebsten auf mich selber, denn in meiner Kindheit lernte ich zu improvisieren, was die meisten Menschen nicht können. Haare schneiden gehört auch dazu; also versuchte ich, meinem kleinen Bruder die Haare zu schneiden. Im Dorf gab es keinen Friseur, und Raschid beschwerte sich, dass seine Haare zu lang wurden.

»Vater fragt mich ständig, warum ich immer noch hier bin«, sagte er. »Ich muss zu den Tieren zurück. Wie soll ich hier sitzen und warten, bis ein Friseur auftaucht?«

Als ich jedoch zur Schere griff, schrien alle: »Nein, nein!«

»Was soll das heißen?«, fragte ich.

»Das kannst du doch nicht«, sagten sie.

»Natürlich kann ich Haare schneiden«, erwiderte ich. »Überlasst mir das ruhig.«

»Nein, Waris, darum geht es nicht«, meinte mein Vater und fuchtelte abwehrend mit den Händen.

»Um was dann?«

»Eine Frau darf einem Mann nicht die Haare schneiden.«

»Wovon redet ihr da?«, fuhr ich sie an. »Ist es nicht völlig egal, wer einem Mann die Haare schneidet? Merken die Kamele es etwa?«

Alle schrien: »Er würde ausgelacht.«

»Wer würde ihn auslachen?«, wurde ich grob. »Ihr? Seid ihr so?«

»Er würde eben ausgelacht«, beharrte mein Vater.

Ich konnte mit dieser Einstellung nichts anfangen und widersprach: »Aber wenn ich doch Haare schneiden kann, wo liegt dann das Problem?«

»Es bedeutet nichts weiter, Waris. Aber so ist es hier eben«, beendete mein Vater die Diskussion.

»Aba«, sagte ich, »beleidige bitte nicht meine Intelligenz. Ich kenne schließlich die Sitten und Kultur hier auch.« In diesen Themen prallten wir immer aufeinander, auch heute blaffte ich ihn und meine Brüder an: »Wann werdet ihr euch endlich ändern? Bei den Frauen ist es mit der Beschneidung genauso. Aber die Frauen sind bereit für modernere Ansichten.« Die Stimmung verfinsterte sich, als sei plötzlich eine Wolke vor die Sonne gezogen. Mir war klar, dass sie über dieses Thema nicht mit Frauen diskutieren wollten. »Ich fotografiere euch jetzt«, versuchte ich zu retten, was zu retten war. »Und doch glauben immer noch viele Leute hier, dass ich euch damit die Seele raube.«

»Ach, nur dumme Menschen!«, meinte Burhaan wegwerfend.

»Warum dulden die Gescheiten dann nicht, dass eine Frau einem Mann die Haare schneidet?« Immer wieder versuchte ich, sie zu überzeugen, aber es gelang mir nicht. Ich konnte sie noch so provozieren, sie würden sich einfach nicht ändern. Aber es machte mich nicht wirklich wütend. Da es mir genügte, mit meiner Mutter, meinem Vater, meinen Brüdern und all den Menschen zusammen zu sein, die ich seit langem nicht gesehen hatte, sagte ich nur: »Diesen Traum hege ich schon über dreißig Jahre lang. Das heißt, ich glaube zumindest, dass ich so alt bin. Genau weiß ich es nicht.«

Mein Vater hob den Kopf und korrigierte: »Nein, ich glaube, du bist schon fast vierzig.« Mohammed und ich mussten lachen.

Mama warf ein: »Das stimmt nicht! Burhaan ist ungefähr siebenundzwanzig, und sie sind nur einige Jahre auseinander.« Ihre Stimme erstarb, weil sie genauso wenig wie mein Vater unser Alter wusste.

Es spielte keine Rolle, dass Daten meinen Eltern nichts bedeuteten. Ich saß hier unter den Sternen einer wunderschönen afrikanischen Nacht. Wie viele Sterne es am Himmel gibt, hatte ich ganz vergessen; oder vielleicht waren auch nur viele neue Sternenkinder geboren worden in der langen Zeit meiner Abwesenheit. Der Himmel war so klar, dass ich das Gefühl hatte, ihn mit Händen greifen zu können. Eine uralte Wahrheit – es gibt kein Gefühl, das dem gleichkommt, zu Hause zu sein! Oh, wie mir diese Vertrautheit gefehlt hat. Ich bedauerte es, so lange nicht da gewesen zu sein und nicht gesehen zu haben, wie die Menschen, die mir etwas bedeuteten, älter würden. Wie oft hätten sie mich brauchen können? Mein Vater sagte: »Mach dir wegen mir keine Sorgen, Waris, es ist nur das Alter. Ich bin immer noch stark. Morgen suche ich mir eine neue Frau und zeuge mit ihr noch ein paar Kinder, die die Ziegen hüten können.« Ich freute mich, dass er nach wie vor zu Scherzen aufgelegt war, und ich merkte auch, wie sehr er mir gefehlt hatte und wie sehr ich ihn liebte. Natürlich tat ich so, als sei ich ihm böse, und warf ihm vor, er habe mich davongejagt und er sei schuld, dass ich weglaufen musste; aber rückblickend würde ich nichts an meinem Leben ändern wollen. Und das meine ich ernst. Ich wünschte zwar, ich könnte die Zeit ein wenig zurückdrehen, aber ich bedauere nichts. Wir stolpern alle durchs Leben, und obwohl ich keine Schuhe hatte, um meinen steinigen Weg etwas abzupolstern, akzeptierte ich die Vergangenheit. Manche Zeiten sind hart gewesen, andere waren wundervoll, aber sie gehörten alle zu meiner persönlichen Entwicklung. Ich träumte früher häufig davon, dass meine ganze Familie an einem Ort zusammenleben würde, weil ich diese Erfahrung sehr vermisste. Aber jetzt hatte ich eine wunderbare Woche mit meiner Familie verbracht, und der Traum war vorübergehend Wirklichkeit geworden. Dafür dankte ich Allah.

Mit einem Mädchen schwanger zu sein heißt,
mit einem Problem schwanger zu sein.

(Somalische Redensart)

12

Somalische Ausbildung

Das kleine Dorf meiner Mutter war voller Leute, die Mogadischu verlassen hatten, um Sicherheit zu finden. Sie waren vor Gewehrkugeln und den ständigen Straßenkämpfen geflohen. Das Dorf wuchs permanent, aber es gab nicht genug Wasser, keinen Strom, keine Ärzte, und das nächste Krankenhaus lag hunderte von Meilen entfernt. Als ich nach Schulen für die Kinder fragte, erklärte Ragge mir: »Ich unterrichte.«

Neugierig hakte ich nach: »Wo denn? Ich wusste gar nicht, dass es hier eine Schule gibt.«

»Komm, ich zeige sie dir«, bot er an. Letztes Jahr hatten Ragge und ein Stammesbruder aus Mogadischu beschlossen, ein Schulhaus zu errichten. Sie bekamen so viel Geld vom Kinderhilfswerk der Vereinten Nationen, dass sie einen viereckigen Raum mit Blechdach und Lehmfußboden bauen konnten. Ragge war in Mogadischu zur Schule gegangen, wo mein Onkel früher als Geschäftsmann gearbeitet hatte. Er beherrschte Somali, Arabisch, Italienisch und Englisch. Da er keinen Job bekam, hatte er sich vorgenommen, Kinder zu unterrichten. Sein Englisch war hervorragend, und ich unterhielt mich gerne mit ihm.

»Morgen früh hole ich dich auf dem Weg zur Schule ab«, versprach er. »Sieh zu, dass du fertig bist.«

»Okay, ich tue mein Bestes!« Ich freute mich schon darauf, ihn bei seiner Arbeit unterstützen zu können.

Die Ziegen warfen noch lange Schatten, als er am nächsten Morgen vor unserer Hütte erschien. »Bist du bereit?«

»Natürlich«, rief ich und kam heraus. Ich stand jeden Morgen so früh auf. Um sechs Uhr hatte ich bereits gefrühstückt und war angezogen. Man macht sich keine Gedanken darüber, wie spät es jeweils ist, wenn man mit den ersten Sonnenstrahlen aufsteht und sich bei Sonnenuntergang schlafen legt.

Als ich aus der Hütte trat, saß meine Mutter gerade davor und reinigte sich die Zähne mit ihrem Zahnstock. Sie nahm ihn aus dem Mund und sagte: »Allah! Was glaubst du, wo du hingehst?« Missbilligend zupfte sie an meinem Kleid.

»Bitte?«, fragte ich. »Stimmt irgendetwas mit meinem Kleid nicht?« Es war das gleiche, das ich auch im Haus trug; ein langer, somalischer *dirah* mit einem weißen Unterrock darunter. Um den Kopf hatte ich einen Schal gewunden, den ich mir von Dhura in Amsterdam geliehen hatte. Da sie immer noch tadelnd mit der Zunge schnalzte, entwand ich mich ihrem Griff und sagte: »Für wen soll ich mich denn herausputzen? Ich gehe doch nur in die Schule.«

Meine Mutter verdrehte die Augen und rang die Hände, als trüge ich einen Minirock. »Ich weiß nicht, wo du herkommst, Mädchen, aber so gehst du mir nicht aus dem Haus. Ich muss mich ja für dich schämen mit diesem Kleid.«

Was war denn so schlimm daran? »Mama, sieh doch, ich bin ganz verhüllt«, jammerte ich und drehte mich vor ihr, um zu zeigen, dass ich von Kopf bis Fuß züchtig bedeckt war.

Sie blieb jedoch hartnäckig: »Geh zurück ins Haus und zieh dir für die Schule etwas Hübsches an.«

Ich sagte: »Was ist denn falsch an meinem Aufzug? Würdest du mir bitte sagen, was damit nicht stimmt?« Nhur und meine Mutter taten so, als beleidige ich den Propheten Mohammed höchstpersönlich. Sie behaupteten, die Farbe sei zu aufdringlich, der Schal passe nicht, und ich solle mein Ausgehkleid anziehen. Sie benahmen sich, als ginge ich zur Königin oder zum Präsidenten. Ich konnte es kaum fassen. »Ihr wollt euch wohl lustig über mich machen! Es ist staubig und schmutzig hier. Warum soll ich mein bestes Kleid ruinieren, nur um mir ein paar kleine Kinder in der Schule anzusehen? Und glaubt mir, ich verstehe etwas davon. Kennt ihr Gucci? Habt ihr schon mal was von Armani gehört? Mit einem dieser Kleider könnte man ein ganzes Dorf wie dieses hier ernähren.«

»Warum sollten wir ein Kleid essen?«, fragte Nhur – natürlich würden sie das nie verstehen. Ich habe mit hunderten von Leuten in der ganzen Welt Fotoserien gemacht und trat im Fernsehen auf. Das ist mein Beruf! Aber meine Familie behandelte mich wie ein dummes, kleines Mädchen, und ich konnte nichts dagegen ausrichten. Ich musste auf Leute hören, die sich zwei Paar Gummischlappen teilen und noch nie in ihrem Leben eine Serviette oder einen Aufzug benutzt haben. Ragge stand daneben und schwieg. Er würde sich in diese Auseinandersetzung nicht einmischen, ganz egal, was er dachte.

Meine Mutter bestand also darauf, dass ich mich umzog. Sie ergriff mich einfach bei der Hand und zog mich sanft in die Hütte zurück. In Somalia spielt es keine Rolle, ob du verhungerst oder ob du Schuhe an den Füßen hast. Wie du dich anziehst und auftrittst, das allein zählt! Ich machte mir Gedanken um sauberes Wasser, medizinische Versorgung und gute Schulen. Meine Kleidung kümmerte mich nicht. Aber wenn meine Mutter sich etwas vorgenommen hat, dann kann man nur noch ihren fixen Ideen Folge leisten. Also musste ich den *dirah* aus dünner Baumwolle ausziehen und mein bestes Gewand mit dem bestickten Unterrock und dem dazu passenden Seidenschal heraussuchen. »Ja«, nickte meine Mutter immer wieder, »zieh dich um! Der *dirah* hat ausgesehen, als ob du nicht aus einer guten Familie stammst.«

Es wurde langsam heiß, weil die Sonne schon höher gestiegen war, und ich schwitzte. Aus lauter Sorge, dass Ragge wegen mir zu spät zur Schule käme, durchwühlte ich hektisch meinen Koffer, um mein gutes Kleid zu finden. Dann musste ich mich vollständig neu anziehen, wobei ich vorsichtig darauf achtete, dass nichts zu Boden fiel oder schmutzig wurde. Die Hütte war so winzig, dass ich kaum aufrecht stehen konnte, und die Sonne, die auf das Blechdach brannte, verwandelte das Innere in einen Glutofen. Mama war erst zufrieden, als ich den Seidenschal um den Kopf legte, der ständig rutschte, wie auch immer ich ihn drapierte. Ich musste ihn fest um den Hals wickeln, damit er nicht zu Boden fiel. Als ich wieder draußen erschien, schallte mir ein vielstimmiges »Nein«, entgegen. »Durch das Kleid kann man ja hindurchsehen«, schrien alle. »Bist du verrückt? Zieh etwas darunter. Hast du ein T-Shirt?«

»Tut mir Leid«, erwiderte ich entschlossen. »Es reicht mir! Immerhin schwitze ich schon jetzt, dabei ist es noch früh.«

Wie aus dem Nichts tauchten zu allem Überfluss meine drei Brüder auf. Arm in Arm kamen sie um die Ecke gebogen. Wenn man sie braucht, sind sie nicht da – aber auf einmal schlichen sie daher wie die Hyänen. »He, was macht sie da?«, fragten sie.

Mohammed spielte sich wie üblich als Familienoberhaupt auf. »Nein, nein, so kannst du nicht gehen«, eröffnete er mir kategorisch. Wieder zupften und zerrten alle an mir herum. Schließlich gab ich nach und zog genau das an, was sie mir vorschrieben, nur damit ich endlich wegkam.

Ragge hörte gar nicht mehr auf zu lachen, als wir durch das Dorf zur Schule marschierten. Ich sagte ihm, er solle endlich den Mund halten, sonst würde ich nicht in seine blöde Schule mitkommen. Aber er lachte so heftig, dass er einen Schluckauf bekam. Dies also war mein offizieller Antrittsbesuch in einem somalischen Schulraum mit zwei Löchern für die Fenster, einer wackeligen Holztür, mit Lehmboden und einem Wellblechdach. Ein großartiges Ereignis!

Ungefähr hundert Kinder jeden Alters rannten herum. Ragge und sein Freund Ali, der sich als Direktor bezeichnete, fungierten als Lehrer. Ragge klatschte in die Hände und rief: »Kinder, stellt euch auf, die Schule beginnt.« Sie fangen nicht um eine bestimmte Uhrzeit an, sondern dann, wenn die Lehrer eintreffen. Sofort bildeten die Kinder Reihen und trippelten artig hinein. Die Mädchen sahen aus wie Blumen in ihren hellblauen und gelben Kleidern mit roten Schals. Die Muster waren ausnahmslos die gleichen, wahrscheinlich gab es im Dorf keinen anderen Stoff. Eins der Mädchen hatte ein kugelrundes Gesicht und abstehende Ohren. Sie warf mir einen offenen Blick zu und lächelte mich strahlend an, als sie an mir vorbeiging. Sie erinnerte mich an meine eigene Kindheit, weil sie so kühn war, mir direkt in die Augen zu blicken, und ich liebte sie dafür. Die meisten Jungen trugen so etwas Ähnliches wie alte Schuluniformen: weiße Hemden mit blauer Einfassung an Kragen und Manschetten. Manche Jungen hatten lange blaue Hosen an, die ihnen viel zu groß waren, sodass der Saum im Dreck schleifte. Erstaunlicherweise stolperten sie nicht darüber, wie ich das bei meinem Kleid ständig tat. Es waren so viele Kinder, dass der Raum summte wie ein Bienenschwarm. Da ich erst einmal abwarten wollte, bis sich alle gesetzt hatten, blieb ich in der Tür stehen. Es gab weder Stühle noch Tische noch Bücher im Klassenzimmer. Die Kinder setzten sich einfach auf den schmutzigen Boden. Ein paar hatten eine dünne Matte, aber die meisten saßen unmittelbar auf dem Lehm. Mit glänzenden Augen blickten sie nach vorne, begierig darauf, etwas zu lernen, obwohl es keine Unterrichtsmaterialien gab. Es machte mich stolz, dass mein Vetter ihnen etwas beibringen wollte. Ich konnte wirklich nicht verstehen, warum mein Vater und meine Brüder Ragge nicht trauten. Er saß nicht herum und beklagte sich den lieben langen Tag, sondern tat etwas dafür, bessere Verhältnisse zu schaffen.

Ragge erklärte den Schülern die Wörter und wies mit einem langen Stock darauf. Es gab keine richtige Tafel, aber er hatte ein paar Holzbretter schwarz angemalt. Die Kinder hörten ihm aufmerksam zu. Sie merkten nicht einmal, dass ich sie fotografierte, so eifrig waren sie bei der Sache. Manche Jungen kauten auf ihren Bleistiften herum, aber die meisten Kindern hatten nichts! Wenn ein Kind einen Stift und ein Blatt Papier besaß, war es reich. Bei dem Gedanken daran, wie widerwillig die Kinder in New York oft zur Schule gingen, wurde ich richtig traurig. Ich hatte mir immer sehnsüchtig gewünscht, lesen und schreiben zu lernen; aber ich hatte nie die Chance dazu gehabt, weil ich mein ganzes Leben lang arbeiten musste, um mich zu ernähren. Nie saß ich regelmäßig in einem Klassenzimmer und hatte offizielle Lehrer. Alles, was ich weiß, habe ich mir selbst oder in sporadischen Kursen beigebracht. Während ich dem Unterricht lauschte, vergaß ich die Hitze und mein unbequemes Kleid. Schule ist seit jeher ein magischer Ort für mich gewesen.

Ragge fragte, ob ich die Kinder begrüßen wolle. »Ich freue mich so, euch kennen zu lernen«, sagte ich. »Schule ist etwas Wunderbares, und glücklicherweise steht euch ein Lehrer zur Verfügung.« Die Kinder wollten wissen, wo ich lebte, und ich versuchte, ihnen von New York City zu erzählen. »Dort gibt es Häuser, die so hoch sind, dass ihr das Dach nicht sehen könnt. Auf den Straßen fahren viele Autos, und alles ist asphaltiert, sodass es kein Gras gibt.«

Hände flogen hoch, und ein Junge fragte: »Was fressen denn dann die Ziegen?«

»Es gibt keine Ziegen in New York.«

»Und woher bekommt man Milch?«, erkundigten sie sich.

Ich fragte, ob denn jemand von ihnen mal in New York leben wollte, und leider gingen fast alle Hände hoch. Die Kinder wollten unbedingt weg aus Somalia in den Westen, selbst wenn sie nichts darüber wussten – sie nahmen einfach an, dass es dort auf jeden Fall besser war als daheim.

Ich fragte den Direktor, wer das Gebäude errichtet hätte. Er erzählte mir, die UNICEF habe den Dorfältesten das Geld für die Ziegel und das Blechdach gegeben. Daraus hatten die Väter dann die Schule für ihre Kinder gebaut. Ali zeigte mir vor dem Gebäude ein Schild von UNICEF. Schon jetzt war der Raum viel zu klein, und immer mehr Kinder standen morgens vor der Tür. Ich fragte ihn, wie die Lehrer bezahlt würden; er berichtete, sie könnten von Glück sagen, wenn sie dreißig Dollar im Monat bekämen, aber jetzt hätten sie schon seit langer Zeit gar nichts mehr erhalten. »Ab und zu kam jemand mit dem Geld vorbei; aber ich weiß nicht, ob es überhaupt noch ein somalisches Bildungsministerium gibt oder ob das Geld von den Vereinten Nationen stammt.«

»Und wie macht ihr das ohne Bezahlung?«

»Alle tragen zu unserem Lebensunterhalt bei. Du musst nicht um Essen bitten, wenn du die Eltern in ihren Häusern besuchst; sie teilen bereitwillig alles mit dir. Ich mache mir keine Sorgen darum, dass ich verhungern könnte – aber ohne Gehalt kann ich mir kein eigenes Leben aufbauen, mir kein Haus leisten oder heiraten und Kinder bekommen. Versuch doch mal, ob du etwas für uns tun kannst«, bat Ali mich.

»Wir werden nicht bezahlt, und wir haben auch keine Bücher oder andere Lehrmittel. Brauchen könnten wir alles!«

Als ich aus der Schule trat, spazierte ein alter Hahn über den Schulhof und krähte, als sei er hier der Chef. Wichtigtuerisch pickte er im Staub herum. Die anderen bemerkten ihn wahrscheinlich gar nicht, und genauso geht es Somalia. Die Leute im Westen nehmen mein armes, kleines Land nicht zur Kenntnis.

Anschließend drängte mich Nhur: »Wir müssen eine Hennabemalung machen, um deinen Besuch zu feiern. Du kannst nicht ohne Henna wieder nach Hause fahren.« Ich freute mich darauf. Es ist eine alte Tradition, mit der die Schönheit einer Frau gefeiert wird. Henna ist ein Symbol der Freude, und man nimmt es vor der Hochzeitsnacht oder nach der Geburt eines Kindes. Auch wenn eine Frau sehr krank ist und von Allah geheilt wird, feiern wir mit Henna ihre Rückkehr ins Leben. Manchmal schmücken Frauen sich damit, wenn sie zu einem Fest gehen.

»Könntest du es mir auftragen?«, fragte ich Nhur, aber sie weigerte sich. Sie wollte auf ihre Cousine oder die Nachbarsfrauen warten. Da ich jedoch nicht wusste, wann sie vorbeischauen würden, sagte ich: »Warum sollen wir die Zeit vertrödeln? Wir machen es einfach selber.« Ich nahm an, dass sie Hennamuster genauso beherrschte wie alles andere – schließlich hatte sie ihr ganzes Leben im Dorf verbracht. Allerdings fiel mir auf, dass sie keines trug und auch Mama nicht. Hennamuster halten ungefähr zehn Tage – je dunkler und tiefer die Farbe ist, desto länger.

Gesagt, getan – am Nachmittag kauften Nhur und ich auf dem Markt Henna. Sie vermischte das Pulver mit warmem Wasser und gab ein paar Tropfen Öl dazu, damit es eine cremige Masse wurde. Man muss die Mixtur ungefähr zehn Minuten lang stehen lassen, dann ist sie fertig. Nhur ergriff ein Stöckchen und begann, ein Muster auf meine Wade zu zeichnen. Je mehr sie malte, desto mehr lief alles ineinander, bis ich schließlich fragte: »He, was machst du da?«

Nhur gab zu, dass sie wirklich keine Hennamuster zu malen verstand. Na ja, sie sollte sich nicht dumm vorkommen, deshalb versicherte ich ihr, es sei schon in Ordnung. Vorsichtig bemalte sie auch mein anderes Bein, und wir unterhielten uns miteinander. Ich bot ihr Orangen an, die ich auf dem Markt gekauft hatte, aber sie lehnte ab. »Als ich mit Aleeke schwanger war, hatte ich solchen Hunger, dass ich dauernd gegessen habe«, erzählte ich ihr.

Meine Schwägerin warf mir einen traurigen Blick zu. »Ich esse lieber nicht so viel, damit das Baby nicht zu groß wird. Bei meiner Tochter hatte ich eine sehr schwere Geburt. Sie mussten mich aufschneiden, damit das Baby herauskommen konnte, und anschließend wurde der Schnitt wieder zugenäht.«

Was sollte ich dazu sagen? Mitfühlend tätschelte ich ihr die Hand. Für eine beschnittene Frau ist der Gebärvorgang eine Tortur. »Ich bete dafür, dass bei dir alles gut geht«, versuchte ich einen schwachen Trost.

Während sie malte, sang Nhur einen *hoobeyo*, ein Frauenlied. Wir besingen immer unsere kleine Welt.

Oh, meine Tochter, die Männer haben uns Unrecht getan –
In einer Siedlung, in der es keine Frauen gibt,
werden keine Kamele gemolken
und die gesattelten Pferde nicht bestiegen.

Als Nhur mit den Zeichnungen auf meinen Armen und Beinen fertig war, ging ich nach draußen, um sie in der Sonne trocknen zu lassen. Mir war heiß, und weil ich nicht wollte, dass das Henna verwischte, nahm ich meinen Schal ab. Ich wollte nicht ganz verhüllt in der Sonne sitzen, sondern auch ein bisschen meine Farbe intensivieren. Also zog ich mein Kleid hoch, steckte es zwischen den Beinen fest und rollte es an den Schultern hoch. Dann streckte ich Arme und Beine in der wunderbaren somalischen Sonne aus wie eine Eidechse. Zwar sahen meine Beine so aus, als sei ich in einen Eimer mit roter Farbe getreten, aber das tat nichts zur Sache. Es war wundervoll, von Nhur umsorgt und verwöhnt zu werden, von der Schwägerin, die ich lieb gewonnen hatte.

Als ich es mir gerade bequem gemacht hatte, kam mein Bruder Mohammed vorbei und sagte: »Haben sie dich aus der Hütte ausgesperrt?«

Meine Mutter und Nhur hörten ihn und kamen schreiend angelaufen. »Oh, Hilfe! Sieh dir das an, sie hat sich das Kleid bis zur Taille hochgezogen! Was macht sie da bloß?«

Sie tanzten um mich herum wie aufgeregte Hühner, die von einem Hund gejagt werden. Ich blickte sie an. »Nhur, gleich setzt es was! Du hast mir heute schon genug Kummer bereitet.«

»Waris, du kannst so nicht draußen sitzen«, ermahnte Nhur mich eindringlich.

»Lasst mich doch in Ruhe, ihr verrückten Frauen«, maulte ich. »Worüber regt ihr euch eigentlich auf? Wer kommt schon an dieser kleinen Hütte vorbei? Und was soll er sehen?«

Ich musste lachen, aber sie seufzten nur. »Oh, sie wird sich nie ändern, es wird immer schlimmer mit ihr. Sie ist noch verrückter als früher. Jetzt hört sie nicht einmal mehr auf uns!«

Eine Stunde später bekam Nhur von zwei Frauen Besuch. Mir fielen die wunderschönen Hennamuster auf, die sie an Händen und Füßen hatten. »Wer hat das gemalt?«, fragte ich. »Das sind ja herrliche Blumen und Symbole!«

»Die haben wir selbst gemalt«, versicherten sie mir.
»Wo wohnt ihr?«, fragte ich.
»Direkt nebenan.«
Nhur sagte: »Das sind die Nachbarsfrauen, die deine Hennamuster malen sollten – aber du wolltest ja unbedingt, dass ich es übernehme.«

Ummi

Ein arabisches Wort, das »Analphabet« bedeutet – unberührt von Wissen, das nicht von Allah stammt.

13

Ummi

Meine Mutter, Gott segne sie, rastet und ruht niemals. Am Tag vor unserer Abreise war sie lange Zeit verschwunden. Ich suchte im ganzen Dorf nach ihr und fragte Mohammed, Raschid und Burhaan. Als Nhur vom Straßenmarkt zurückkam, sagte sie mir, Mama sei schon gegangen, noch bevor die Hühner erwachten. Sie zeigte in westliche Richtung zu den blauen Hügeln nahe der Grenze zu Äthiopien. Kurz vor Sonnenuntergang sah ich eine winzige Gestalt in der Ferne, die eine schwere Last auf dem Rücken balancierte. Sie sah aus wie ein *djinn* oder ein Feuergeist, weil die Hitze sie in Wellen umwaberte. Mama hatte Stöcke und tote Äste gesammelt, das staubige Holz in ihren *chalmut* gewickelt und alles verschnürt. Kein Wunder, dass ihr Schal so zerrissen war! Sie trug darin alles, angefangen von Ziegen bis hin zu Brennmaterial. Und sie schleppte die schwere Last auf ihrem Rücken von der anderen Seite des Horizonts bis nach Hause. Außerdem transportierte sie noch in jeder Hand einen großen Wassereimer. Das Holz alleine war offenbar nicht genug gewesen, sie hatte auch noch Wasser am Brunnen holen müssen – und das zur heißesten Zeit des Tages!

Ich lief ihr entgegen, um ihr einen Teil der Last abzunehmen. »Mama«, schrie ich, »warum hast du mir nicht Bescheid gesagt? Ich hätte dir doch geholfen!«

Sie zuckte nur die Schultern und lachte. »Du hast noch geschlafen.«

Aufgebracht entriss ich ihr die Wassereimer. Sie lächelte mich nur an und ging weiter. Meine Mutter ist stärker als alle anderen Frauen, die ich kenne. Jeden Tag sammelt sie Holz. Während ich die Laufstege in Paris und Mailand entlanggeschritten bin, hat sie Holz gesammelt, das Allah uns schenkt, und Ihm den Rauch zurückgesandt.

Als wir an ihrer Hütte anlangten, ließ Mutter das Brennholz von ihrem Rücken gleiten und erzählte Nhur, was sie an diesem Morgen im *souk* gefunden hatte. An manchen Tagen gibt es nur sehr wenig zu kaufen, selbst wenn man Geld hat, und heute früh wurde überhaupt kein Fleisch angeboten. Normalerweise hängt eine ganze gehäutete Ziege oder ein Schaf an einem Nagel am Stand, sodass man sofort erkennt, ob es richtig geschlachtet wurde. Der Verkäufer wischt die Fliegen weg und schneidet einem das Fleischstück heraus, das man haben will – Rippe, Schulter oder Keule. Aber heute war nichts da gewesen. Meine Mutter hatte zwar Holz für ein großes Feuer gesammelt, aber außer Reis und Ziegenmilch hatten wir nichts in den Topf zu tun. Mama rief nach Raschid. Wenn ich ihn um irgendetwas bat, war er nie dazu bereit, aber sobald meine Mutter nur seinen Namen aussprach, war er gleich zur Stelle. Sie trug ihm auf, das letzte ihrer Zicklein zu holen. »Hol mir *Ourgi Yeri*, mein Junge«, sagte sie und wies in die Richtung des Termitenhügels.

»Was hast du mit der hübschen kleinen Ziege vor?«, fragte ich, aber sie gab mir keine Antwort, sondern fing an, das Feuer zu schüren. *Ourgi Yeri* war weiß mit schwarzbraunen Knien, so als ob er immer im Schmutz kniete, um zu beten. »Mama«, flehte ich, »bitte, lass das! Ich muss ganz bestimmt kein Fleisch essen. Du brauchst das Zicklein nicht zu schlachten, nur weil ich hier bin. Behalt es lieber! Bitte, Mama, ich mache mir wirklich nichts aus Fleisch.«

»Das Leben ist eben manchmal so, Waris«, entgegnete Mama fest. Sie hat einen so starken Glauben, dass er sich auf die Menschen in ihrer Umgebung überträgt. Sie glaubt fest daran, dass Allah für sie sorgt. Ich sagte nichts mehr.

Raschid tat, was sie ihm aufgetragen hatte, und nahm das lange Schlachtermesser mit. In der Regenzeit muss man sich um die Ziegen kaum kümmern, weil sie in der Nähe des Lagers immer genug frisches Gras finden. Schnell hatte Raschid das Tier eingefangen und trug es auf den Armen hinter die Hütte. Dort half ihm Burhaan dabei, die kleine Ziege mit gestrecktem Hals auf die Knie zu drücken. Das arme Ding ahnte etwas und blökte jämmerlich. Ich konnte nicht zusehen, wie sie die Ziege schlachteten, es war so ein hübsches Tier. Sie mussten es korrekt ausführen, weil meine Familie das Fleisch sonst nicht essen würde. Man hatte die Kehle so aufzuschlitzen, dass der Tod schnell und ohne Schmerzen eintrat. Das ist die Vorgehensweise der Muslime.

Mich regte es ganz besonders auf, weil meine Mutter die kleine Ziege liebte. Jeden Morgen hat sie sie getätschelt und unter dem Kinn gekrault, wo langsam schon ein Bärtchen zu sprießen begann. Ihre Ziegen bedeuteten ihr alles, und das war auch kein Wunder, schließlich gaben sie Milch, und das war oft das Einzige, was sie ihrer Familie anbieten konnte. Und jetzt wurde ihr zweites und letztes Jungtier geschlachtet. Mama dachte nie an morgen, immer gab sie bereitwillig, was sie hatte.

Plötzlich herrschte tiefes Schweigen, sodass man die Tauben auf der Hütte der Nachbarin gurren hörte. Mama blieb natürlich ungerührt wie immer, sie blickte nur einen Moment gedankenverloren zu den Hügeln. Für mich hat Hunger ein menschliches Gesicht, er sieht aus wie meine Mutter.

Sie hatte nur fünf Ziegen gehabt – jetzt waren noch drei übrig, weil für unseren Besuch die beiden Zicklein dran glauben mussten.

Raschid brachte das geschlachtete Tier zu meiner Mutter. Den Kopf hatte er in einem Korb aufgefangen. Mutter schärfte das Messer an einem Stein, häutete das Tier und nahm es aus. Die Haut legte sie beiseite, sie ergab, nass über die Hölzer gespannt, den Bezug für einen dreibeinigen Hocker. Wenn sie trocknet, schrumpft sie und passt sich an das Gestell an.

Dann schnitt Mama sorgfältig jedes einzelne Teil des Tieres heraus, einschließlich der Augen, Nase und Lippen. Die beiden kleinen Hörner gab sie Mohammed Inyer zum Spielen, das Fleisch wanderte in den Kochtopf. Mohammed Inyer tanzte mit den Hörnern herum und blies hinein, um zu sehen, ob er einen Ton damit erzeugen konnte. Fröhlich tutete er meiner Mutter ins Ohr. Als ihm das keinen Spaß mehr machte, begann er mit einem Horn ein Loch zu graben, und der Staub flog auf das Fleisch. »Bleib von meinem Kochtopf weg, sonst nehme ich dir die Dinger wieder ab«, drohte ihm meine Mutter. Gehorsam trollte er sich zu seinen Freunden.

Meine Brüder und ich haben einmal ausgerechnet, wie alt meine Mutter wohl sein mag. In Somalia schätzt man das Lebensalter eines Menschen danach, wie viele *gu* oder Regenzeiten er erlebt hat. Es war bei ihr nicht ganz einfach, aber wir halten sie für siebenundfünfzig, obwohl sie eher älter aussieht, wie siebzig. Das harte Leben hat natürlich seine Spuren hinterlassen. In ihr Gesicht haben sich tiefe Falten gegraben, weil sie jeden Tag so schwer arbeiten muss. Sie hat kein Gramm Fett am Körper, und ihre Füße sind voller Hornhaut und Schwielen. Ihre Augen sind trüb und glänzen nur mehr selten. Aber ich bin dankbar dafür, dass sie immer noch gesund ist. Wenn ich beobachte, wie sie beim Arbeiten singt, merke ich, wie ihr Glaube sie trägt. Man muss Gott und der Kraft, die er einem schenkt, vertrauen. Und diesen Glauben besitzen sowohl mein Vater als auch meine Mutter, den Glauben an die magische Kraft der Natur. Sie sind nicht sozial abgesichert, sie haben keine Krankenversicherung und keine Rente. Mein Vater ist fast blind, und meine Mutter wiegt vielleicht noch achtzig Pfund – aber sie sind stärker als ich. Die Hälfte ihrer Kinder ist tot, und meine Mutter hat mindestens eine Kugel in der Brust; dennoch stellt sie sich jeden Tag aufs Neue ihrem Leben, voller Mut und Hoffnung.

An diesem Nachmittag rief mein Vater nach jemandem, der ihm half.

»Ich bin es nur, Aba«, meldete ich mich und trat an seine Matte.

»Wo ist Mohammed?«, fragte er. »Meine Augentropfen sind fällig!«

»Also, im Moment ist gerade niemand hier.«

»Ich brauche Mohammed, Burhaan oder seine Mutter, damit sie mir meine Augentropfen geben«, beharrte er.

Er hielt mich immer noch für ein kleines Mädchen, und ich musste ihm versichern, dass ich das genauso gut konnte wie Mama oder meine Brüder. »Vater, ich bin doch mittlerweile ebenso erwachsen wie die Jungen«, sagte ich. »Ich weiß, was ich tue.« Vorsichtig nahm ich ihm den Verband ab und wusch sein Gesicht mit sauberem Wasser. Die Schwellung war ein wenig zurückgegangen, und er konnte wieder besser reden und kauen; aber das Auge sah immer noch zum Fürchten aus. Der Augapfel war eingesunken und hässlich gelb. Als ich die Tropfen hineingeträufelt hatte, behauptete mein Vater, er könne jetzt besser sehen. »Was siehst du denn?«, fragte ich ihn.

»Schatten«, erklärte er. »Ein paar Farben und Umrisse.«

»Das ist wirklich ein Geschenk Allahs«, atmete ich auf.

»Ich danke dem Herrn, dass du die Behandlung durch den Buschdoktor überlebt hast. Hoffentlich entschließt du dich in Zukunft mal für ein ordentliches Krankenhaus. Vater, du darfst einfach nicht mehr zu so einem Verrückten gehen, der mit dem Messer an dir herumschneidet!«

»Hiiyea«, erwiderte er leise. Ich verband ihm das Auge wieder, damit kein Schmutz oder Fliegen hineingelangten. Dann löste ich noch zwei Tylenol in seinem Tee auf, weil er sie nicht ganz schlucken konnte. Wenigstens etwas Nützliches hatte ich für meine Familie mitgebracht.

Nach dem Essen sagte ich zu ihm: »Vater, ich komme wieder zurück und das nächste Mal bleibe ich länger. Die acht Tage sind so schnell vorbeigegangen. Es wäre besser, wenn ich einmal zwei Monate oder länger hier bleiben könnte, und das mache ich bestimmt bald.«

Mohammed nickte, und Raschid neckte mich: »Vielleicht würdest du ja dann auch lernen, ein Feuer anzuzünden, ohne gleich alle bei lebendigem Leib zu räuchern.«

»Mit euch habe ich überhaupt nicht geredet, ihr nutzlosen Tagediebe!« Ich ergriff die Hand meines Vaters und sagte ihm, wie gerne ich wollte, dass mein Sohn seine Familie kennen lernte. »Wenn ich mit Aleeke zusammen herkomme, dann bleibe ich mal für ein paar Monate. Ich habe so viele Leute noch nicht einmal begrüßt, weil die Zeit nicht ausgereicht hat.«

Verwirrt blickte Raschid mich an und fragte: »Waris, wie lange warst du nicht mehr hier?«

»Über zwanzig Jahre.«

»Und wie lange warst du jetzt da?«

»Eine Woche.« Mein Bruder warf mir einen Blick zu, als sei ich nicht ganz bei Verstand. Für ihn war es völlig unvorstellbar, dass jemand eine so weite Reise unternahm und dann nur acht Tage blieb.

»Wichtig ist, dass du überhaupt wiedergekommen bist, Waris«, beschwichtigte mein Vater.

Mein letzter Abend mit meiner Familie war für uns alle etwas Besonderes – ein fast magischer Abschied! Als es dunkel wurde, breiteten wir gewebte Matten und Tücher auf dem Boden um das Feuer aus. In dieser klaren Nacht quälten uns die Moskitos nicht so wie sonst, also konnten wir draußen sitzen bleiben. Mutters Ziegen kamen auch ans Feuer und legten sich neben sie. Die älteste Ziege, Whitey, begann zu schnarchen, als sie eingeschlafen war, und alle lachten über das Tier, außer Mutter.

»Macht euch nicht über sie lustig«, mahnte sie. »Sonst ist morgen früh ihre Milch sauer.«

»Sie furzt auch ziemlich viel«, warf Raschid ein, und meine Mutter zischte ihn böse an.

Ich sagte meinen Eltern und meinen Brüdern, wie froh ich war, dass wir hier alle beisammen sein konnten. Für eine Nomadenfamilie grenzt es an ein Wunder, vor einer kleinen Hütte zu sitzen. Bisher hatten meine Geschwister und ich uns noch nie an einer Stelle gemeinsam aufgehalten.

»Wann waren wir eigentlich das letzte Mal alle zusammen?«, fragte ich meine Eltern.

»Noch nie«, meinte mein Vater entschieden

»Dann ist das heute Abend wirklich ein großartiges Ereignis und ich danke Allah dafür«, sagte ich. Mohammed war sehr still und blickte zu den Sternen. Er denkt sicher daran, dass wir morgen wieder fahren müssen, überlegte ich. Und er denkt, dass wir uns so vielleicht nie wieder alle treffen.

Meine Mutter betrachtete ihren ältesten Sohn. »Es war einmal ein reicher und berühmter Sultan«, begann sie.

»Hiiyea«, freuten wir uns einstimmig. Eine Geschichte! Mutters Augen glänzten im Feuerschein nun doch, und sie unterstrich jeden Satz mit viel sagenden Gesten.

»Er hatte bestickte Hemden und weiche Teppiche. In seinem Palast in Mogadischu am Indischen Ozean wehte immer ein kühlender Wind. Ausgestattet war er mit kostbaren Edelsteinen und Seiden aus Arabien. Feinste Duftlampen brannten in jedem Gemach, ob er sich nun darin aufhielt oder nicht. Trotz seines unermesslichen Reichtums war er jedoch unglücklich – aber er wusste nicht, was ihm fehlte. Er hatte viele Frauen, die ständig nörgelten, Söhne, die miteinander stritten, und Töchter, die schmollten. Zwar konnte er sich alles kaufen, was er nur begehrte, aber empfand indes keinerlei Zufriedenheit. Eines Morgens nach einer schlaflosen Nacht rief er seine Diener und sagte zu ihnen: ›Macht euch auf die Suche nach einem wahrhaft glücklichen Mann. Wenn ihr ihn gefunden habt, bringt ihn zu mir. Ich will mich mit ihm unterhalten.‹

Die Diener suchten im ganzen Land und eines Tages stießen sie auf einen armen Hungerleider, der sang, während er aus einem kleinen Wasserloch Wasser für sein mageres Kamel schöpfte. Summend molk er das Tier und teilte die wenige Milch mit den Dienern des Sultans. Obwohl sein Magen leer war, lachte er und machte Scherze.

›Bist du ein glücklicher Mann?‹, erkundigten die Diener sich.

›Weshalb sollte ich denn unglücklich sein?‹, erwiderte er.

›Bitte, dann komm mit zum Palast des Sultans‹, bat der älteste Diener. ›Mein Herr möchte dich gerne kennen lernen.‹ Der Arme willigte ein, und sie reisten vom Haud bis in die große Stadt Mogadischu. So etwas hatte er noch nie gesehen. Es gab so viele Menschen, so viele Farben und Dinge, die man riechen und berühren konnte. Der Sultan bewirtete ihn reichhaltig mit wundervollen Früchten und Speisen, er gab ein üppiges Festmahl für ihn und überreichte ihm eine bestickte *goa*.

›Was ist das Geheimnis des Glücks?‹, fragte der Sultan schließlich und lehnte sich in seine weichen Kissen zurück. Der Arme wusste nicht, was er antworten sollte, seine Zunge war wie angewachsen, und er konnte nicht sprechen. Er hatte keine Ahnung, was ihn am Leben in der Wüste glücklich machte – es war einfach so. Enttäuscht schickte der Sultan ihn wieder weg, und der Mann kehrte zu seinem Kamel und zu seiner aus Holz geschnitzten Milchschüssel zurück. Aber nie vergaß er die Wunder im Sultanspalast – und er wurde nie wieder glücklich.«

»Hiiyea«, sagte ich, weil mich die Geschichte überzeugte. Mohammed wandte das Gesicht ab und zog sich seine *goa* über den Kopf.

Die Nacht funkelte vor Sternen. Nirgendwo war ein Laut zu hören, nur köstliche Stille umgab uns. Überall sonst, wo ich gewesen bin, hört man irgendwelche Geräusche, Tiere, Stimmen, Straßenlärm. So still wie in der Wüste wird es nirgendwo. Irgendwann, nachdem alle Geschichten und Witze erzählt waren, ging ich mit Mama, Nhur und den Kindern schlafen. Vor dem Dorf heulte eine Hyäne auf; aber man braucht keine Angst vor ihr zu haben, weil sie niemandem etwas tut.

Ich hatte schreckliche Träume und schlief nicht gut in dieser Nacht. Im Traum hatte ich mich mit meiner Mutter verlaufen, und wir waren kurz davor, zu verhungern und zu verdursten. Ich kletterte auf einen großen Hügel, von dem aus ich ein Haus mit einer Feuerstelle und einem Teekessel sah. Rasch lief ich zurück, um meiner Mutter davon zu berichten. »Mama, Mama, ich habe ein Haus und Menschen gesehen. Komm schnell! Wir sind gerettet!« Ich rannte den Hügel zu dem Haus hinunter, und als ich näher kam, schrie ich: »Hallo, hallo, ist da jemand?« Niemand antwortete, und es kam auch keiner aus der Hütte. Aus dem Teekessel stieg ein seltsamer Dampf auf, und ich hob den Deckel hoch, um nachzusehen, was darin war. Wenn wir nicht viel Wasser haben, bewahren wir es im Teekessel auf, damit es nicht verdirbt. Aber dieser Teekessel war voller Blut, und jemand wurde darin gekocht. Entsetzt ließ ich den Deckel fallen, trat einen Schritt zurück und sah mich um. Überall tauchten plötzlich seltsame Gestalten auf – sie sahen aus wie weiße Teufel mit eingesunkenen Wangen und hohlen, trüben Augen. Auf jeder Seite standen zwei. Meine Mutter kam gerade den Hügel herunter, und ich schrie: »Mama, Mama, komm nicht her. Lauf weg, lauf weg!«

Sie erwiderte jedoch: »Nein, Waris, ich bin nicht mehr so schnell. Du musst weglaufen.« Ich wollte sie nicht allein lassen, aber die bösen *djinns* kamen immer näher. Also flehte ich sie an: »Mama! Komm, wir laufen zusammen!« Aber sie konnte das Tempo nicht halten – und ich lief immer weiter und rief ihr zu: »Schlag die Teufel, Mama, schlag sie weg!«

Sie gellte: »Lauf, lauf, Waris!«

»Nein, Mama«, kreischte ich. »Was ist mit dir?«

»Renn, Waris«, keuchte sie. »Ich komme schon zurecht.«

Als ich zurückblickte, sah ich, dass die Teufel mit langen Schlachtermessern auf sie einhieben. Sie fiel zu Boden, aber als ich zu ihr wollte, verfolgten sie auch mich, sodass ich immer weiterlaufen musste und ihr nicht helfen konnte. Schreiend fiel ich hin und davon erwachte ich.

Wir mussten zeitig aufbrechen, um in einem Tag nach Bosasso zu gelangen, aber ich konnte mich kaum rühren, so zerschlagen fühlte ich mich. Meine Mutter stand auf, noch bevor der Mond untergegangen war, und tappte mit ihrer Gebetsmatte aus der Hütte. Sie entrollte sie auf dem Boden und wandte sich mit dem Gesicht der heiligen Stadt Mekka zu, dem Nabel der Welt. Dann verneigte sie sich auf den Knien liegend und begann zu beten. »Es gibt keinen Gott außer Allah, und Mohammed ist sein Prophet!« Oh, wie ich den Klang dieser Worte liebe! Für meine Mutter ist es das Lied des Lebens, das dem Tag Struktur verleiht. Auch wenn sie noch so viel zu tun hat, verpasst sie doch nie ihre Gebete. Sie drückt damit aus: Ich gehöre Gott, er ist das Wichtigste in meinem Leben und das Einzige, was zählt. Fünfmal am Tag berührt sie die Ewigkeit.

Ich dagegen habe überall Uhren und Terminkalender im Haus, als sei die Zeit das Wichtigste. Es ist zwei Uhr, also muss ich bei meiner Agentur anrufen, ganz egal, ob das Baby schreit oder es an der Haustür läutet. Die Uhrzeiger beherrschen alles, und ich bin ihr Sklave. Meine Mutter ihrerseits ist ein Sklave Gottes. Er verleiht ihr Würde und Stärke.

Ein paar Tauben flogen von Osten heran und setzten sich auf das Dach ihrer kleinen Hütte. Wir nennen sie Engelsvögel, weil sie den *tuspah*, einen schwarzen Federring, wie ein heiliges Amulett um den Hals tragen. Sie bringen Engel und gute Nachrichten mit sich, und ich dachte sofort, dass Allah schon für meine Mutter sorgen wird.

Meine liebe Schwägerin Nhur machte Angella für mich. Als die Holzkohle glühte, hockte sie sich neben das Feuer und strich den Teig, den sie am Abend zuvor zubereitet hatte, auf die Blechplatte. Ich konnte die Angella nicht mit nach Amerika nehmen; aber ich wollte wenigstens ein paar Fotos machen, um mich besser an ihren besonderen Geschmack und Duft zu erinnern. Als ich jedoch versuchte, Nhur zu fotografieren, ergriff sie das lange Messer, lächelte mich an und stach zum Spaß nach mir. »Lass mich in Ruhe, ich koche hier!«

»Ich weiß, dass du davon Gebrauch machst, wenn ich dir zu nahe komme«, entgegnete ich, aber was konnte ich schon ausrichten? Nhur war hochschwanger und trug ein langes Kleid. Ich fotografierte sie aus jedem Winkel, um sie zu necken. Sie würde kaum im Stande sein, mich zu verfolgen.

Die Nachbarn tauchten auf, um noch etwas von mir zu ergattern. Sie wussten, dass ich wegfuhr und nichts mit nach Hause nehmen wollte. »Gib mir die Kakaobutter, gib mir diesen Schal!«, riefen sie. »Du brauchst ihn doch nicht mehr.« Ich hatte nicht mehr viel zu verschenken, aber das Wenige, was ich hatte, überließ ich ihnen. Es war wie ein somalischer Secondhandladen.

Manchmal rennt die Sonne geradezu über den Himmel, und an diesem Morgen war das der Fall. Das ist im Übrigen ein weiteres Problem mit Uhren – Zeit stimmt nicht immer überein. Mein Vater lag in Burhaans Haus, und ich ging hin, um mich von ihm zu verabschieden. Ich hatte das Gefühl, mein Körper würde zehn Tonnen wiegen. Es gibt ein somalisches Wort dafür, wenn man mit jemandem ein letztes Mal vor einer Reise spricht, und als Aba es aussprach, begann ich zu weinen. Er war so schwach und hilflos. Aber er sagte: »Warum weinst du, Kind?«

»Ich wünschte, du könntest mein Gesicht sehen, bevor ich fahre.«

»Liebes, du weißt doch, dass ich dich nicht sehen kann.«

»Ja, aber ich will, dass du mich siehst – mein Gesicht, meine Augen«, schniefte ich. »Es ist über zwanzig Jahre her, seit du mich das letzte Mal gesehen hast. Damals war ich ein kleines Mädchen, jetzt bin ich eine erwachsene Frau.« Er griff nach meiner Hand, und ich führte sie an mein Gesicht. Scheu und zärtlich betastete er meine Haut, fuhr mit den Fingern an meiner Nase entlang. Die Tränen rannen mir über die Wangen. Ich wollte meinen Vater wieder so streng und stark sehen wie früher. Es war die Sehnsucht nach dem mächtigen Herrn, vor dem ich als Kind mehr Angst gehabt hatte als vor Löwen.

Anscheinend konnte er meine Gedanken lesen, denn er sagte: »Waris, wir werden alle älter und verändern uns. Nichts kann je das Gleiche bleiben.«

»Vermutlich gibt es ja einen Grund für alles, aber hierfür kennt nur Allah ihn«, schluchzte ich. Draußen warteten schon alle auf mich – Mohammed rief nach mir und hupte ungeduldig. »Aba, ich muss jetzt gehen!«

»Ich habe etwas für meinen Enkelsohn«, sagte mein Vater, »ein *xudden-xir.*« Er reichte mir ein langes Haar von einer Kamelstute. Es ist ein Geschenk für ein neu geborenes Kind, und als ich es erblickte, musste ich noch mehr weinen. »Tu mir einen Gefallen«, flüsterte er, »zeig ihnen deine Tränen nicht. Du bist eine erwachsene Frau, und ich bin noch nicht tot. Wenn ich tot bin, kannst du immer noch weinen. Jetzt geh!« Das war seine Art, mir zu sagen, dass er mich liebt. Er wollte mich abhärten, weil man seiner Ansicht nach nur so mit dem Leben fertig wird.

»Weißt du noch, Aba«, beeilte ich mich loszuwerden, »wie wir alle zusammengesessen und uns unterhalten haben und jemand sagte, ›Waris, du siehst aus wie dein Vater‹. Jemand anders erklärte: ›Nein, du siehst aus wie deine Mutter, du bist ihr wie aus dem Gesicht geschnitten‹? Aba, ich weiß genau, wer ich bin. Den Eigensinn und die Stärke habe ich von dir – die Klugheit und das Aussehen von meiner Mutter. An dem Tag haben alle darüber gelacht – aber du weißt, dass es stimmt.«

Er ermahnte mich: »Denk immer daran, Waris. Du hast meine Stärke. Bewahre sie dir!«

Mittlerweile wusste ich, was meine Familie am Nötigsten brauchte, aber mir war klar, dass sie mich nie darum bitten würden. »Aba, sobald ich zu Hause bei einer Bank vorbeikomme, schicke ich Geld für Nhurs Brautpreis«, versprach ich ihm. Er zog meine Hand an sein Herz, dann drehte er sich zur Wand. Ich weiß, dass er weinte, als ich ging – aber auch das würde er mir niemals zeigen.

Als ich mit Tränen aus dem Haus trat, sagte meine Mutter: »He, warte mal! Warum weinst du eigentlich nie um mich? Warum nur wegen ihm?«

»Mama, bitte, komm mit mir«, flehte ich sie an und ergriff ihre Hände.

»Waris, das geht doch nicht«, wehrte sie ab. »Ich muss deinen Vater und Mohammed Inyer versorgen.«

»Mama, dann komme ich wieder und hole dich später zu mir nach New York.«

»Waris, für diese Stadt bin ich zu alt«, sagte sie. »Ich habe schon Abu Dhabi gehasst, als ich dort bei deiner Schwester war. Es gab Haufen von Gold und Juwelen und einen großen Baum ganz aus Gold – aber in den Straßen verhungerten die Kinder, weil sich niemand um sie kümmerte. Ich kann dort nicht leben.«

»Mama, New York ist nicht so.«

»Mit wem soll ich denn da reden? Ich kann doch nur Somali sprechen. Wen soll ich dort besuchen? Alle meine Freunde sind hier.« Sie nahm mich bei der Hand und ging mit mir auf das Auto zu. »Liebes«, erklärte sie, mir hat doch die Stadt Abu Dhabi schon nicht gefallen, und dort ist es fast so wie hier. Es ist heiß, die Leute beten fünfmal am Tag – aber es bedeutet ihnen nichts. Wie können sie einfach so an hungernden Kindern vorbeilaufen?«

»Mama, bitte, ich brauche dich«, flehte ich sie an.

Sie schüttelte den Kopf. »Ich will nicht dorthin. Hier ist mein Zuhause, hier kenne ich alles, und hier werde ich sterben.« Sie hatte Recht. Im Grunde konnte ich sie mir in New York nicht vorstellen. Meine Mama würde todunglücklich sein. Sie würde nicht mehr so leben können, wie sie es gewohnt war. Dort würde sie nicht einfach morgens aufstehen und irgendwohin gehen können. Niemand in New York würde Witze über eine furzende Ziege verstehen. Mit wem sollte sie dann Witze austauschen? Sie zwinkerte mir zu. »Ich kann meine Kinder nicht verlassen. Ich muss hier bleiben, falls mein größtes Kind, dein Vater, nicht in der Lage ist, eine neue Frau zu finden.«

»Mama«, beschwor ich sie, »du bräuchtest zur Abwechslung mal jemanden, der sich um dich kümmert. Bitte, komm mit mir!« Ich wünschte mir verzweifelt, sie für mich zu haben, aber es war ein egoistischer Wunsch. Ich wollte, dass sie meinem Haus in New York, meinem Sohn, meinem Leben Frieden brächte.

Sie zog mich an sich, küsste mich auf die Stirn und sagte: »Nein. Ich bleibe hier, diesen Platz hat Allah mir zugewiesen.« Meine Mutter ist das unerschütterliche Fundament unserer Familie, der Lebensbaum, dessen Wurzeln tief in die Erde reichen.

»Oh, Mama!« Weinend klammerte ich mich ein letztes Mal an sie. Ich umarmte Burhaan und Raschid, Ragge, Onkel Achmed, die kleine Asha und Nhur. Raschid lächelte und zeigte auf seine perfekten Zahnreihen. Dann überreichte er mir zehn Zahnbürstenstöcke, die er am Morgen frisch geschnitten hatte. Blinzelnd und lachend steckte ich sie in meine Tasche. Mohammed und ich stiegen ins Auto, und langsam wurden meine Lieben immer kleiner, während wir über die Hügel auf die Borama-Straße nach Bosasso glitten. Ich konnte gar nicht mehr aufhören zu schluchzen. Meine Mama! Ich liebe sie so sehr. Sie besitzt eine Anmut und Würde, die ich nie erreichen werde – eine echte Somali, die sie immer bleiben wird. Mutter akzeptiert den Ort, an den Allah sie versetzt hat, und dankt ihm jeden Tag dafür. Sie wird Gott nie in Frage stellen, weil sie bei ihm sicher aufgehoben ist. Ich dagegen konnte es nicht akzeptieren, ich musste weglaufen und mir meinen Weg allein suchen. Manchmal wünschte ich, ich besäße ihre Ruhe, ihr Gottvertrauen, aber ich wusste immer schon tief im Innern, dass ich für dieses Leben nicht taugte. Wenn ich ehrlich bin, hat es mich nicht einmal überrascht, dass meine Mutter nicht mit nach New York kommen wollte. Ich verstand genau, was sie meinte. Es ist nicht schwer, in Somalia zu bleiben, wenn man in dem kargen Land geboren und aufgewachsen ist und nicht viel anderes kennt. Dadurch besitzt sie etwas, das mehr wert ist als aller Reichtum des Westens. In ihrem Leben herrschen Gelassenheit und Frieden.

Frauen sind Fallstricke des Teufels.

(Somalisches Sprichwort)

14

Die Rückreise

Die Rückreise zu dem kleinen Flughafen in Bosasso unterschied sich völlig von der Hinfahrt zum Dorf meiner Mutter. Dieses Mal bestand die ungeteerte Straße aus dickem, rotem Schlamm mit Schlaglöchern voll braunen Wassers. An manchen Stellen ähnelte sie sogar einem Fluss. Wir durften nicht anhalten, weil wir sonst stecken geblieben wären, und wir mussten uns die ganze Zeit über festhalten, damit wir uns nicht irgendwo anstießen. Wenn man auf so einer Strecke einsinkt, kann man nur warten, bis ein anderes Auto vorbeikommt, das einen aus dem Schlamm zieht. Aber die Landschaft war üppig grün und wunderschön. Am Himmel hingen dicke, weiße Wolken, und die Temperatur empfand ich als angenehm. Ich saß auf dem Rücksitz und weinte, weil es mir so schwer fiel, meine Eltern zurücklassen zu müssen. Ich betete zu Gott, dass mein Vater wieder gesund würde und wieder sehen könnte. Mohammed und der Fahrer, den wir engagiert hatten, Musa, unterhielten sich über die enormen Temperaturen, als wir angekommen waren. Musa erzählte, dass Leute in der glühenden Sonne gestorben seien.

Wir fuhren den ganzen Tag ohne Unterbrechung, um vor Einbruch der Dunkelheit Bosasso zu erreichen. Musa war Darod und ein früherer Bekannter von Mohammed. Er hatte Bosasso noch nie einen Besuch abgestattet, und ich fragte mich, woher er wohl ohne Straßenkarte den Weg kannte. An den Kreuzungen gab es auch keine Hinweisschilder, und sie sahen alle gleich aus. Aber Musa fuhr, ohne zu zögern immer in Richtung des Sonnenuntergangs. Dikdiks sprangen durchs Gebüsch – sie sind winzig, mit spindeldürren langen Beinen. Wir kamen an einem langhalsigen Geranuk vorbei, das sich auf die Hinterbeine aufgerichtet hatte und an einer Akazie knabberte. Es war viel zu sehr mit Fressen beschäftigt, als dass es sich durch ein vorbeischepperndes Auto hätte stören lassen. Von einem Hügel herunter bellte uns ein alter Pavian mit seiner Horde wütend an. Sie bleckten ihre langen Zähne und schwenkten die haarigen Arme.

Am späten Nachmittag war ich so hungrig, dass ich sagte: »He, ich halte es nicht mehr aus. Ich verhungere hier hinten und brauche dringend eine Pause.«

»Okay«, stimmte Musa zu. »Es gibt einen Teeladen nicht weit von hier. Dort können wir anhalten und etwas essen.«

»Was servieren sie denn da?« Ich dachte an einen großen Teller mit irgendetwas Gutem wie Reis mit gewürztem Ziegenfleisch oder einem Shish-Kebab. Außerdem hoffte ich, dass sie dort Kamelmilch anböten. Ich hatte mich die ganze Zeit zu Hause schon darauf gefreut, aber meine Mutter konnte keine auftreiben. Es war so trocken gewesen, dass die Kamele keine Milch gaben. Kamelmilch ist fett und nahrhaft, Menschen können ohne weiteres davon leben. Mir fielen die dreieckigen *zambusi* ein, mit denen im Ramadan das Fasten gebrochen wird, und süßer Tee mit Kardamom und Milch. Ich war so hungrig, dass mein Magen ganz flach und eingefallen war.

»Ich weiß nicht, was sie heute noch übrig haben, das meiste wird jetzt schon weg sein – aber irgendetwas gibt es sicher, man isst dort gut«, stellte Musa in Aussicht. »Ich war schon mal dort!«

Er hielt vor einem baufälligen Restaurant, das ein wenig abseits von der Straße neben ein paar Gebäuden lag. Eigentlich war es ein winziges Dorf, es gab eine Tankstelle, den Teeladen und ein paar Hütten. Das Restaurant war nicht viel mehr als eine freie Fläche mit einem Wellblechdach. Der Küchenbereich lag dahinter, und der Rauch des Feuers stieg gerade zum Himmel, weil kein Wind ging. Die Terrasse befand sich im Schatten einiger hoher Bäume. Überrascht sah ich, dass mindestens fünfzig, sechzig Männer auf Holzbänken an den alten Metalltischen saßen. Das Dorf war so klein, dass ich mir gar nicht vorstellen konnte, wo sie herkamen.

Musa und Mohammed schritten auf ihren langen Beinen voraus durch das Restaurant. Als ich auftauchte, hörte ich auf einmal die Männer murren: »Oh, nein! Oh, nein, nein. Was tut sie hier?« Ich ignorierte sie und ging einfach weiter. Als ich an ein paar Tischen vorbei die Küche ansteuerte, trat auf einmal ein Mann auf mich zu und versperrte mir den Weg. Offenbar war er der Kellner, aber er trug keine Schürze und sah auch nicht besonders sauber aus. Ich versuchte, mich an ihm vorbeizuquetschen, und sagte »Entschuldigung«, allerdings auf Englisch. Er begann zu schreien und wedelte mir mit den Händen vor dem Gesicht herum. »He! He! He!«, bellte er, aber ich marschierte einfach hinter meinem Bruder her. Ich hatte keine Lust, mich mit einem Mann auseinander zu setzen, der so schmutzige Fingernägel hatte.

Auf einmal begannen ein paar andere Anwesende zu schreien: »Halt sie auf! Wirf sie hinaus!« Wieder stellte sich mir der Kellner in den Weg.

Ich blickte ihm direkt in die Augen und sagte auf Somali, damit er wusste, dass ich ihn verstand: »Gibt es ein Problem, Krieger?«

Er mied meinen Blick und zischte nur, als sei ich ein Huhn, das er aus der Tür scheuchen wollte. »Sie sind hier nicht erwünscht«, sagte er laut. »Das Lokal ist nur für Männer, Frauen gehen woandershin.«

»Was? Was reden Sie da? Warum darf ich hier nicht essen?« Zwar essen somalische Frauen normalerweise nicht mit Männern in einem Restaurant, aber es war mir neu, dass es ihnen ausdrücklich verboten ist.

Er wiederholte: »Hier speisen nur Männer. Frauen dürfen nicht herein.«

»Das ist doch lächerlich. Ich belästige ja niemanden.«

»Ich habe Ihnen gesagt, Sie sollen gehen.« Er spuckte mir die Worte förmlich entgegen und plusterte sich auf. Ich war so geschockt, dass ich nicht wusste, was ich tun sollte. Mohammed dachte nur ans Essen, und Musa hatte es eilig, wieder ins Auto zu kommen. Der grässliche Kellner würde mich nicht einmal zu ihnen lassen, damit ich ihnen Bescheid sagen konnte – er hatte sich wie ein Schrank vor mir aufgebaut. Ich schäumte vor Wut, aber da ich hungrig war – schließlich hatten wir den ganzen Tag noch nichts gegessen – lenkte ich ein. »Nun, und wo essen die Frauen?«

»Dort drüben.« Er wies mit seinem knochigen Finger aus der Tür, als ob ich das schäbige Lokal mit seinem Lehmfußboden und den mit Draht zusammengehaltenen Tischen verunreinigen würde.

Zufällig drehte Mohammed sich um, um nach mir Ausschau zu halten. Er brauchte Geld, um das Essen zu bezahlen, das er bestellt hatte, und wunderte sich wohl, wo ich blieb. Er trat zu uns und fragte den schmierigen Wichtigtuer: »Was ist los?«

Auf einmal wurde der Kerl sehr höflich und schnatterte: »Es tut mir Leid, aber Frauen haben hier keinen Zutritt. Sie essen in einem anderen Raum.«

Mein Bruder musterte den Mann mit den kleinen Augen und dem schmutzigen Hemd. Auf einmal war es ganz still im

Lokal geworden, und alle warteten gespannt, was jetzt passieren würde. Schließlich fragte Mohammed kopfschüttelnd: »Und wo ist der andere Raum? Zeigen Sie uns den Weg!«

Der Kellner führte uns nach draußen, an der Terrasse und den Bäumen vorbei zu einer kleinen Hütte, die hinter dem Abort stand. Dann machte er auf dem Absatz kehrt und schlurfte wieder davon.

Die Örtlichkeit war natürlich nicht mit einem weißen Porzellanbecken und Wasserspülung ausstaffiert, sondern es handelte sich um einen typischen somalischen Abtritt mit einem Loch im Boden. Er war schmutzig, voller Fliegen und großer, brauner Kakerlaken. Sie sind so dreist, dass sie direkt aus dem widerlichen Loch herauskrabbeln, während man darüber hängt. Es stank infernalisch, und aus allen Ecken umschwärmten uns die Fliegen; die eine Wand der Lokalität war übrigens gleichzeitig die Wand für das Esszimmer der Frauen. Es gab nicht einmal einen Tisch oder Stühle, sondern lediglich eine alte Bank mit einem kaputten Bein. Fast wäre ich in Tränen ausgebrochen. Meine Mutter würde an so einem entsetzlichen Ort nicht einmal ihre Ziegen unterbringen. Die Männer saßen wie Könige im Schatten der Räume, und die Frauen mussten mit dieser Kloake vorlieb nehmen.

Mein Bruder und ich warfen uns einen Blick zu. Obwohl er immer so tat wie ein großer Somali-Häuptling, war das selbst für ihn zu viel. Kopfschüttelnd sagte er: »Vergiss es!« Wir drehten uns um und gingen zum Auto zurück. Dort fragte Mohammed: »Was schlägst du vor?«

»Gibt es hier irgendwo ein anderes Restaurant?«, fragte ich Musa. »Ich verhungere.«

»Ich auch«, echote Mohammed.

Musa schüttelte den Kopf. »Tut mir Leid, aber in der näheren Umgebung gibt es nichts anderes.«

»Waris, hast du irgendetwas zu dem Kellner gesagt?«, wollte Mohammed wissen, als ob ich den Kerl beleidigt hätte.

»Der Pavian hat es schon als Beleidigung empfunden, dass überhaupt eine Frau sein Lokal betrat«, grollte ich.

»Wir versuchen mal, mit dem Koch zu reden. Er kam mir einigermaßen vernünftig vor«, sagte Mohammed und ging zur Küche zurück. »Entschuldigen Sie, aber ich kann meiner Schwester nicht zumuten, in der Hütte zu essen«, versuchte er es. »Bei all dem Schmutz da! Wir sind auf der Durchreise und möchten nur rasch einen Imbiss zu uns nehmen.«

Der Koch hörte ihm zwar zu, war aber genauso unerbittlich wie der Kellner. »Es tut mir Leid, aber Frauen dürfen hier nicht rein!«

»Was soll das eigentlich heißen? Wir sind hungrig. Haben Sie etwas zu essen?«

»Ja«, erwiderte der Koch.

»Verkaufen Sie es?«

»Ja.«

»Nun«, argumentierte Mohammed ruhig, »sie ist ein menschliches Wesen, oder nicht? Wo also liegt das Problem? Wir wünschen uns nur eine kleine Mahlzeit.« Ungerührt stand der Koch da. Mohammed fuhr fort: »Okay, ich verstehe ja, dass Frauen hier nicht essen dürfen. Und wenn meine Schwester draußen wartet, damit wir ihr etwas rausbringen?«

»Nein«, herrschte der Koch ihn an. Aufgebracht fügte er hinzu: »Ich habe Ihnen doch gesagt, dass Frauen sich hier nicht aufhalten. Niemals!« Mit verschränkten Armen stand er da, als sei er ein Staatsoberhaupt oder so was.

Mein Bruder musterte ihn von Kopf bis Fuß, dann sagte er: »Wissen Sie was? Ich scheiße auf Sie und Ihr verdammtes Essen, *Aba'ha Wuss*!« Er drehte sich auf dem Absatz um und sagte zu mir: »Komm, Waris, lass uns gehen.« Voller Stolz folgte ich meinem Bruder.

In einer Staubwolke fuhren wir davon. Musa warf Mohammed einen Blick zu und meinte im Nachhinein: »Das Essen da taugt sowieso nichts!«

Ich war so froh über meines Bruders Beistand, dass ich ihn am liebsten umarmt hätte. Mohammed schäumte vor Wut. »Dieses Land wird es nie zu was bringen, wenn die Leute sich nicht von den blöden, alten Traditionen lösen. Das ist doch absurd!«

Es freute mich, dass mein Bruder begann, die Dinge nun vielleicht anders zu sehen. »Was das Land niederdrückt, ist diese ignorante Buschmentalität«, erklärte ich. »Frauen und Männer essen nicht zusammen. Eine Frau darf einem Mann nicht die Haare schneiden, Frauen werden zugenäht. Frauen sind Männern in keiner Hinsicht gleich gestellt. Ich respektiere diese Einstellung zwar und will sie nicht auf Teufel komm raus ändern – aber ich mag es nicht, wenn man sie mir unbedingt aufzwingen will.«

»Da wird etwas in Gang kommen, Waris«, prophezeite er. »Wenn man Frauen wie Dreck behandelt, dann behandelt man Menschen aus anderen Stämmen genauso schlecht. Das muss einfach anders werden.«

Mohammed, du bist schon anders geworden, dachte ich, und Tränen des Stolzes rannen mir über die Wangen.

So gib dem Verwandten, was ihm zukommt,
wie auch dem Bedürftigen und dem Wanderer.
Das ist das Beste für die,
die nach Allahs Antlitz verlangen,
und sie sind die Erfolgreichen.

(Koran, Sure 30,39 – Die Römer)

15

Wüstendämmerung

Wie ein Wilder fuhr Musa von der äthiopischen Grenze bis zum Indischen Ozean. Wir passierten Garoowe, Nugaal und Qardho. Es waren zwar größere Orte als das Dorf meiner Mutter, aber auch dort gab es keinen Strom, keine Kanalisation, keine Schulen oder Krankenhäuser. Auf der Straße standen riesige Pfützen, und die Schlaglöcher waren so tief, dass das Auto halb darin versank. Wir rutschten und schlitterten durch tiefen Schlamm, aber irgendwie gelang es Musa immer, wieder in die Spur zu gleiten.

Am späten Nachmittag hielten wir an einem Fluss, um uns zu waschen und uns ein wenig abzukühlen. Stare flogen auf, und ihre blau-goldenen Federn blitzten in der Sonne. Zwei Pfauen stolzierten davon ... ein gutes Omen, vor allem der Anblick eines Paares – wohingegen es Pech bedeutet, wenn man nur die Federn findet. Mohammed zog seine Schuhe aus und watete ins Wasser. »Gäbe es hier überall solche Flüsse, dann wäre Somalia bestimmt das schönste Land der Welt«, sagte ich. Wie ein durstiger Löwe hätte ich am liebsten mein Gesicht in das klare Wasser getaucht. Ich bespritzte mir die Stirn und Arme; ach, wie gerne wäre ich schwimmen gegangen! Als ich jedoch mein Gewand hochzog, ermahnte Mohammed mich, es unverzüglich wieder herunterzulassen. Ein Kamel mit zusammengebundenen Vorderbeinen hoppelte langsam ans Ufer, um zu saufen. Man bindet sie ihnen zusammen, damit sie nicht zu weit weglaufen. »So komme ich mir mit meinem Kleid und dem Schal auch vor«, warf ich Mohammed vor. »Man kann sich nicht richtig darin bewegen, weil man ständig schwitzt und stolpert.«

»Du solltest sowieso langsam aufhören, überall herumrennen zu wollen«, mäkelte er.

Er würde mich wohl doch nie richtig verstehen. Schweigend tauchte ich wieder meinen Schal ins Wasser und wusch mir damit das Gesicht. Musa fiel eine Landschildkröte neben der Straße auf. Sie blickte uns aus ihren schwarzen Knopfaugen an, zog sich aber sofort in ihren Panzer zurück, als ich näher trat. »Vielleicht ist sie ein Schutzgeist, der mir etwas sagen will«, meinte ich. »Diese Schildkröte bedeutet sicher, dass zu Hause alles in Ordnung ist!«

Als wir endlich den Indischen Ozean riechen und die Lichter von Bosasso sehen konnten, lag die Stadt bereits in tiefem Schlaf. Alles war still, nur die Wellen schlugen an den Strand. Man brachte uns zu einem Hotel, und Mohammed begab sich zum Empfang, um uns Zimmer zu nehmen und zu fragen, wo es etwas zu essen gab. Ich sehnte mich nur noch nach einer kühlen Dusche und einem Bett... Außerdem glaubte ich nicht, dass noch ein Lokal offen war. Die Leute essen ihre Hauptmahlzeit mittags, und die meisten Restaurants schließen nach Einbruch der Dunkelheit, weil die Stromversorgung nicht zuverlässig funktioniert. Mohammed versuchte es in mehreren Häusern, aber nirgendwo gab es Zimmer. Schließlich fuhr Musa mit uns in ein weiteres Hotel in einer Nebenstraße. Es war nicht besonders hübsch, aber das spielte keine Rolle. Ich war einfach nur müde, also ging ich mit Mohammed hinein.

»Nein, heute Abend ist leider nichts mehr frei«, erklärte uns der Mann an der Rezeption. Er stand auf und rieb sich die Augen. Seinen Bart hatte er mit Henna gefärbt, aber sein Haupthaar war weiß.

»Warum gibt es denn nirgendwo Zimmer?«, verlangte Mohammed zu wissen. »Die anderen Hotels waren auch ausgebucht.«

»Es warten so viele Leute auf das Flugzeug nach Abu Dhabi«, informierte uns der Mann und wies auf die Menschen, die in der Hotelhalle herumsaßen. »Zurzeit arbeiten sie hier scharenweise an unterschiedlichen Projekten für die Vereinten Nationen oder andere Organisationen. Es wird überall gebaut. Die Leute kommen und gehen, nur letzte Woche war es etwas ruhiger.« Unten fehlten ihm drei Zähne, und die übrigen waren schwarz vom *khat*-Kauen. »Das Flugzeug konnte nicht landen, weil Ziegen die Landebahn blockierten. Oh, der Pilot war so wütend, dass er umdrehte und auf der Stelle nach Abu Dhabi zurückflog!«, berichtete er lachend.

Ich fand das nicht besonders komisch. Denn ich musste nach New York zurück, und ich hatte keine Lust, mich noch eine Woche oder länger in Bosasso aufzuhalten, nur weil Ziegen sich auf der Landebahn tummelten. Wir hatten weder Boarding-Pässe noch reservierte Plätze – normalerweise fährt man einfach zum Flughafen und stellt sich dort in die Warteschlange. Ich warf Mohammed einen Blick zu und sagte: »Hoffentlich bekommen wir überhaupt Plätze. Glaubst du, es könnte problematisch werden?«

»Ich fahre jetzt gleich zum Flughafen und kümmere mich darum.« Dann wandte er sich wieder an den Mann an der Rezeption und fragte: »Gibt es noch ein anderes Hotel in der Stadt?«

»Heute Abend sieht es schlecht aus. Es ist schon spät, und viele Hotels haben wir nicht in Bosasso. Im Moment fällt mir keins ein.«

Wir überlegten noch, was wir tun sollten, als ein Mann auf Mohammed zutrat und ihn fragte: »Bist du Mohammed Dirie?«

»Und mein Vater ist Dahee Dirie«, bestätigte Mohammed. Sie unterhielten sich über meinen Vater, aber ich war so müde, dass ich ihnen kaum Beachtung schenkte. Der Mann hatte einen dicken Bauch und trug die bestickte Kappe, das Zeichen dafür, dass er nach Mekka gepilgert war. »Waris, das ist Hadschi Suliman«, stellte Mohammed ihn mir vor. »Er ist sowohl mit den Mijertein als auch entfernt mit den Howiye aus unserer Familie verwandt.«

Hadschi warf mir einen Blick zu und sagte dann zu Mohammed: »Deine Schwester kann heute Nacht mein Hotelzimmer haben.«

Seine Großzügigkeit machte mich fassungslos. Er bot einfach einer Fremden sein Bett an, weil wir aus derselben Familie stammen. Einen Moment lang brachte ich kein Wort heraus. Im Westen muss man bei solchen Gelegenheiten sagen: »Oh, das kann ich unmöglich annehmen!« Dann beharrt die andere Person auf ihrem Angebot, und schließlich akzeptiert man es doch. Aber bei uns wäre es eine Beleidigung, zuerst einmal abzulehnen. Also bedankte ich mich eilig.

Mohammed und ich folgten Hadschi auf sein Zimmer. Er holte seine Sachen heraus und gab mir den Schlüssel, wobei er mich ermahnte, immer abzuschließen. »Und wo schläfst du?«, fragte ich Mohammed.

»Ich schlafe draußen, mach dir um mich keine Sorgen«, winkte er ab und machte sich auf den Weg zum Flughafen.

Mein Herz sank, als ich das Zimmer betrat. Die Hitze war unerträglich, und trotzdem musste ich die Tür abschließen. Als ich das kleine Fenster öffnete, kam auch keine kühle Luft herein. Am schlimmsten jedoch war der Gestank von

Schweiß und Urin. Ich hatte eine kühle Dusche und saubere Laken erwartet, aber in dem winzigen Raum mit dem Betonboden gab es kein Bad. Der Ventilator an der Decke funktionierte auch nicht. Mohammed würde einfach seine Goa auf die Erde legen und in der frischen, kühlen Luft schlafen.

Das Bett bestand aus einer zerschlissenen Matte, die auf einem Holzgestell lag. Ich beklagte mich nicht, weil ich nicht undankbar sein wollte – aber die Matte hatte Löcher und stank. Am liebsten hätte ich draußen bei den Männern übernachtet, aber das kam nicht in Frage.

Zum ersten Mal auf dieser Reise war ich dankbar für mein langes Kleid. Ich zog es mir fest um die Beine und wickelte meinen Kopf in den Schal ein, um die Insekten abzuhalten. Aber dann konnte ich wegen der Hitze nicht einschlafen, und außerdem hatte ich Angst vor Ratten. Ständig hörte ich Kratzen und Schaben in der Dunkelheit und verbrachte den größten Teil der Nacht damit, herauszufinden, woher das Geräusch kam.

Noch vor Sonnenaufgang ertönte der Aufruf zum Gebet. Es muss ungefähr vier Uhr morgens gewesen sein. Der Muezzin singt vom Minarett in der Moschee: »Es gibt keinen Gott außer Allah, und Mohammed ist sein Prophet!« Das Gebet hallt in alle Richtungen. Mich überkam ein seltsames Gefühl, da es über die ganze Stadt hin tönte. Fünfmal am Tag wird das Gleiche gebetet. Alle halten inne und beten mit.

Mohammed kam mich abholen, und während wir auf Musa warteten, tranken wir Tee. Musa kam jedoch nicht, und Mohammed meinte, er sei sicher vor Erschöpfung zusammengebrochen. Schließlich fuhr er pausenlos, um Geld zu verdienen. Kurz entschlossen mieteten wir ein anderes Auto, um damit zum Flughafen zu gelangen, weil Mohammed am Abend zuvor dort niemanden mehr angetroffen hatte. Ein paar andere Gäste wollten ebenfalls mitfahren, und als wir starteten, winkten noch zwei und baten darum, mitgenommen zu werden. Das Auto war völlig überfüllt, aber wir halfen ihnen natürlich gerne.

Der frühe Morgen ist die heißeste Tageszeit, weil kein Lüftchen geht. Als wir uns dem Flughafen näherten, blickte ich sehnsüchtig auf das blaue Meer, das in der Ferne schimmerte. »Welche Straße führt denn zum Meer?«, fragte ich, weil ich mich nach einem kühlen Bad sehnte.

»Warum will sie das wissen?«, wandte sich ein großer Mann mit einer langen Stammesnarbe an Mohammed.

»Hallo«, meldete ich mich zu Wort, »Sie brauchen nicht mit meinem Bruder zu sprechen. Ich sitze direkt neben Ihnen!«

»Was will sie denn am Meer?« Er ignorierte mich einfach und redete weiter mit Mohammed.

»Sehen Sie sich doch meine Kleider an. Sie sind völlig durchweicht, weil mir so heiß ist«, plapperte auch ich stur weiter. »Ich möchte mich ein wenig abkühlen und ein bisschen im Meer schwimmen.«

»Sie sollten ihr besser sagen, dass wir hier nicht schwimmen«, erklärte er Mohammed. »Wir sind ein Wüstenvolk!«

Am Flughafen ging Mohammed in das Gebäude, und ich wartete im Auto auf ihn. Er kam mit schlechten Nachrichten zurück. Damal Airlines landete erst in zwei Tagen, und so lange mussten wir in Bosasso warten.

»Was?«, schrie ich. »Zuerst haben wir einen ganzen Tag gebraucht, um von Gelkayo nach Bosasso zu kommen, und jetzt dauert es noch mal zwei Tage, bevor wir fliegen können? Mohammed, ich hätte mindestens noch einen Tag mit Mutter verbringen können. Warum mussten wir denn so früh abfahren? Wir hätten erst morgen hier zu sein brauchen!«

»Du musst in Bosasso sein, um einen Flug zu erwischen«,

erklärte Mohammed. »Das ist die einzige Maschine, und es gibt keine Boarding-Pässe. Du musst unbedingt sicherstellen, dass du hineinkommst.«

»Das ist ja lächerlich«, schimpfte ich. »Wir vergeuden zwei volle Tage, die ich noch mit meiner Familie hätte verbringen können.«

»Nun, so ist es hier eben. Ärgere dich nicht! Wenn das Flugzeug kommt, kriegen wir schon einen Platz.«

»Inschallah, wenn Allah es will«, sagte ich ergeben. Meine Mutter hat mir beigebracht, dass immer ein Sinn hinter Allahs Entscheidungen steckt; also beschloss ich, die Zeit zu nutzen, um den Leuten etwas über die Projekte der Vereinten Nationen zu erzählen. Ich wollte mich mit eigenen Augen von ihren Bedürfnissen überzeugen, um ihnen besser helfen zu können.

Mohammed stellte mich einem weiteren Verwandten vor, wieder einem Mann, der unseren Vater kannte. Abdillahi Aden war der Direktor des Flughafens und er ließ für uns Plätze reservieren, ohne dass wir uns in die Warteschlange einreihen mussten. Anschließend fuhr er mit uns in die Stadt zurück. Auf der Fahrt redete er über die zahlreichen Bauvorhaben in Bosasso.

»Wenn Menschen voller Hoffnung sind, wollen sie etwas tun«, sagte er. »Die Regierung in Somaliland hat eine gewisse Stabilität geschaffen, und jetzt kommen viele Leute nach Bosasso, um hier zu arbeiten. Die Stadt wird jeden Tag größer.«

Mohammed erklärte ihm: »Meine Schwester ist aus New York und nach über zwanzig Jahren zum ersten Mal wieder ins Land gekommen.«

»Hiiyea! New York! Ich habe gehört, es soll sehr gefährlich dort sein«, meinte Abdillahi.

»Ja, manchmal«, räumte ich ein.

»Angeblich sollen sie dort auch Hunde essen.«

»Nein«, sagte ich, »das ist ein Gerücht!«

»Er meint Hotdogs«, unterbrach Mohammed mich. »Europäer und Amerikaner essen Würste, die Hotdogs heißen. Aber sie bestehen aus Schweinefleisch.«

»Was für ein schrecklicher Ort«, äußerste Abdillahi mitfühlend, und ich merkte auf einmal, dass er mich nur necken wollte. »Wann kommt ihr beiden denn nach Somalia zurück? Es ist mittlerweile ein sicheres Land geworden, und wenn ihr wieder hier lebt, braucht ihr keine Hunde und Schweine mehr zu essen!« Er drängte Mohammed, zurückzukommen und sich am Aufbau des Landes zu beteiligen – aber Mohammed wich seinem Blick aus.

Nach dem Essen führte Abdillahi uns in ein anderes Hotel. Dort hatten sie zwar nur ein Zimmer mit zwei schmalen Holzbetten frei, aber es war zumindest sauber, und es gab auch ein Bad. Wir schätzten uns wahrhaft glücklich, überhaupt eine Unterkunft zu haben. Ich duschte mit Salzwasser, das vom Meer hierher geleitet wurde, und dankte Gott für diesen Segen.

An einem Gebäude nicht weit vom Hotel entfernt hing ein Schild der Vereinten Nationen, und am späten Nachmittag gingen Mohammed und ich dorthin. Über Mittag, in der heißesten Zeit des Tages, war alles geschlossen, und erst am Nachmittag wurde wieder geöffnet. Drinnen saßen ein paar Männer, und der Verantwortliche erklärte, er stamme aus Sierra Leone. Er hatte nicht die gleichmäßigen somalischen Züge – seine Nase war zu groß und sein Gesicht voller Pockennarben.

»Was für ein Projekt ist das hier?«, fragte ich. Er warf mir einen seltsamen Blick zu, als ich weitersprach. »Mein Name ist Waris Dirie, und in ein paar Tagen bin ich wieder in New York bei den Vereinten Nationen. Ich nehme dort an einer großen Konferenz teil und möchte gerne nähere Informationen über die Projekte in Bosasso mitbringen. Darf ich Ihnen ein paar Fragen stellen?«

Er nagte an seiner Unterlippe und blickte schweigend auf den Tisch. Schließlich wandte er sich an Mohammed und fragte misstrauisch: »Für wen arbeiten Sie? Was wollen Sie hier?«

»Mein Name ist Waris Dirie, und ich arbeite für die Vereinten Nationen«, wiederholte ich.

Aber er ignorierte mich, als sei ich taub oder blind, und schaute beharrlich Mohammed an. »Wer sind Sie? Was wollen Sie hier?«

Ich baute mich direkt vor ihm auf, sodass er mich nicht übersehen konnte. »Entschuldigung«, sagte ich, »ich rede mit Ihnen.«

»Was machen Sie hier? Was ist los?«, schrie er, immer noch in Richtung meines Bruders.

Zwei weitere Männer saßen weiter hinten im Raum, und da einer von ihnen einigermaßen intelligent aussah, sagte ich zu ihm: »He, Bruder, könntest du mir bitte helfen?«

Er warf mir und dem alten Schreihals einen Blick zu, dann wandte er sich an seinen Freund und sagte: »Lass uns hier verschwinden.«

Das kam mir verdächtig vor, und es machte mich umso entschlossener, etwas über dieses Projekt zu erfahren. Ich wandte mich wieder an den Mann aus Sierra Leone und sagte: »Entschuldigen Sie, mit allem gebotenen Respekt – aber sehen Sie mich bitte an. Ich rede mit Ihnen – nicht dieser Mann, er stellt Ihnen keine Fragen. Bitte schauen Sie mich an!« Der Mann wurde so wütend, dass er die Hand hob, um mich wegzustoßen, aber er hielt mitten in der Bewegung inne, als Mohammed sich vor ihm aufbaute. Mohammed sagte kein Wort, er stand einfach nur da. Dann erklärte er ihm ruhig, dass es uns lediglich um Informationen ginge. Wir wollten ihm keine Fehler oder Versäumnisse nachweisen.

»Sie müssen sich schon genauer ausdrücken. Was wollen Sie?«, tat der Mann ahnungslos und nagte wieder an seiner Unterlippe.

»Entschuldigen Sie bitte, wenn wir Ihnen das Gefühl vermittelt haben, wir wollten Sie ausspionieren. Ich hätte nur gerne Informationen über Frauen und Kinder und die diesbezüglichen Hilfsprojekte der Vereinten Nationen.«

»Ah«, wich er aus. »Da kann ich Ihnen nicht helfen. Sie müssen zu dem anderen Gebäude gehen – dort drüben.« Er wies auf ein Betongebäude um die Ecke.

Dort hing tatsächlich auch ein Schild über der Tür, das auf ein Projekt der Vereinten Nationen hinwies. Sechs oder sieben Männer saßen in dem einzigen Zimmer und spielten *shax*. Dabei gibt es zwei Spieler. Ein Mann zeichnet drei ineinander liegende Vierecke auf. Jeder Spieler legt zwölf kleine Steine auf die Ecken der Quadrate. Wenn man drei in einer Reihe hat, bekommt man die Steine des Gegners. Sie blickten nicht einmal vom Tisch auf, als wir eintraten. Als das Spiel beendet war, begrüßten sie uns widerstrebend, wobei sie genauso reagierten wie die Männer in dem anderen Gebäude. Alle dachten, ich versuchte, ihnen Geld aus der Tasche zu ziehen – obwohl ich ihnen erklärte, dass ich eine Freiwillige war und in friedlicher Absicht kam. »Ich bin nicht auf der Suche nach Arbeit und ich will mich auch nicht in Ihre Angelegenheiten einmischen«, beteuerte ich. »Nur aus Anteilnahme bin ich hierher gekommen. Ich liebe mein Land und würde gerne helfen. Da ich jetzt wieder nach New York zurückfliege, nehme ich nächste Woche an einer Konferenz mit wichtigen Persönlichkeiten der Vereinten Nationen teil. In dem Zusammenhang könnten ein paar Informationen nicht schaden. Für mich ist es wichtig zu wissen, was Sie brauchen und was zu organisieren wäre.« Sie traten von einem Fuß auf den anderen und brachten kein Wort heraus. »Es ist wichtig, dass ich Ihre Wünsche in New York vortrage«, wiederholte ich. »Ich will nichts von Ihnen, ich bin nur hier, um Auskünfte zu holen.« Verlegen standen sie herum und gaben mir keine Antwort. »Warum wollen Sie nicht, dass ich Ihnen helfe? Was ist hier nur los?«, fragte ich aufgebracht. Aber niemand redete mit mir. Sie trauten mir nicht, ganz gleich, was ich sagte. Mit einer Frau wollten sie nicht sprechen.

Als wir gingen, erklärte Mohammed mir: »Frauen tun das nicht, Waris. Du kannst nicht einfach irgendwo reinplatzen und Männern Fragen stellen. Das ist hier unmöglich.«

»Ich fasse es nicht«, rief ich auf. »Wie wollt ihr denn mit dieser Einstellung jemals das Land hochbringen?« Auf dem Weg zurück ins Hotel sah ich ein anderes, niedriges Gebäude mit einem UN-Schild. Drinnen hielten sich ein paar Frauen auf. Sie begrüßten mich herzlich und verwiesen mich an eine Person, die sich um Gesundheits- und Ausbildungsfragen für Frauen und Kinder kümmerte. Sie hatte ihr Büro in einem eingeschossigen Fertigbau am Stadtrand. Assia Adan war eine eindrucksvolle Gestalt mit einer sehr direkten Art, und ich verdanke ihr wertvolle Informationen.

»Ich beschäftige mich hauptsächlich mit Frauenthemen, wie zum Beispiel der Genitalverstümmelung an Frauen«, setzte Assia mich ins Bild. »Als Hebamme versuche ich mit anderen, die Frauen in Gesundheitsfragen aufzuklären. Wir bieten medizinische Versorgung an und halten auch Vorträge über die Gefahren der Klitorisbeschneidung. Diesen Brauch würden wir gerne vollständig ausrotten, aber es ist sehr schwer, die Leute überhaupt dazu zu bringen, darüber zu sprechen. Und es wird auch schwierig sein, ein Umdenken zu erreichen. Diese Praktiken gibt es in unserem Land seit jeher. Die Mütter kennen es nicht anders und sie stellen es für ihre Töchter nicht in Frage. Kulturell gesehen ist es für sie unvorstellbar, dass Mädchen nicht beschnitten werden.«

»Sie haben Recht«, erwiderte ich. »Meine Mutter wollte mir auch nicht wehtun. Sie glaubte, ich sei danach rein und sauber.«

»Bei manchen modernen Frauen in Somalia wird nur ein Teil der Klitoris entfernt; aber hier werden die gesamten inneren Schamlippen und die Klitoris amputiert, und die Frau wird zugenäht. Diese pharaonische Beschneidung ist die schwerste Form.«

»Der Gedanke, der dahinter steht, ist, dass die Frau anschließend völlig glatt und geschlossen ist«, erläuterte ich ihr. »Meine Mutter hat sorgfältig darauf geachtet, dass ich nach dem Eingriff auf dem Rücken schlief, damit die Wunde glatt und flach verheilte. Das war für sie das wichtigste Kriterium. Wie versuchen Sie denn, eine Veränderung herbeizuführen?«

»Wir halten Vorträge über die Sunna-Beschneidung bei Mädchen. Dabei handelt es sich mehr um einen rituellen Akt. Offenbar haben einige modern eingestellte Frauen in Saudi-Arabien das als Alternative gewählt.«

»Wie funktioniert es denn überhaupt?«, erkundigte ich mich. »In meinem Dorf konnte ich nicht eine einzige Person dazu bewegen, darüber zu reden. Nicht eine einzige! Sie haben mich alle angesehen, als sei ich verrückt.«

»Aber wie gesagt, wir stehen erst am Anfang und haben noch keine großen Fortschritte in den letzten sechs Jahren gemacht. Trotzdem ist es ein Wunder, dass es uns überhaupt noch gibt! Vorläufig hat man uns nicht zum Aufgeben gezwungen, und ich finde, das ist zumindest ein gutes Zeichen. Es gibt also Hoffnung«, sagte Assia.

»Ja.« Ich lächelte. »Das spürt man. Ich hatte Angst davor, in meine Heimat zurückzukehren, denn ich fürchtete, man würde mich angreifen, weil ich in der Öffentlichkeit über Klitorisbeschneidung spreche. Ich wurde gewarnt, dass man mich vielleicht an der Grenze abweisen, mich entführen oder Schlimmeres mit mir anstellen würde. Irgendwann komme ich zurück, Assia, dann arbeiten wir zusammen«, versprach ich. »Ich werde Ihnen helfen, wo ich nur kann.«

Ich erzählte ihr von meiner Stiftung, Desert Dawn, und dem Geld, das wir für Frauen und Kinder sammeln. Wir entwickelten den Plan, ein Gemeindegesundheitszentrum in Bosasso zu errichten, Seminare für Frauen abzuhalten und mobile Einheiten zur Verfügung zu stellen, mit denen auch Familien in entlegenen Landesteilen medizinisch versorgt werden konnten. Als wir uns verabschiedeten, umarmte und küsste ich sie. Solange es Frauen wie Assia gibt, darf man zuversichtlich sein.

Mohammed ist so groß, dass ich für einen seiner Schritte zwei machen musste. Als wir durch die Stadt zu unserem Hotel zurücksprinteten, kam ich kaum mit ihm mit – vor allem, weil mich das lange Kleid beim Gehen behinderte. Also hielt ich es hoch, um ihm nachzueilen. Daraufhin sagten zwei Frauen, die auf einer Treppe saßen: »Sieh dir die an! Sie hat sich das Kleid bis über die Taille hochgezogen!«

»Sie kann keine Somali sein! So wie die läuft!«

Als wir an diesem Abend essen gingen, hängte ich mir meine Kamera um, damit ich ein paar Fotos von der Stadt und den verschiedenen UN-Projekten machen konnte. Nach dem Essen sah ich ein Plakat mit wunderschönen Frauen und einer Landkarte. Es gefiel mir so gut, dass ich meinen Apparat zückte und es fotografierte. Plötzlich traf mich ein großer Stein am Oberschenkel. Ich zuckte vor Schmerz zusammen, und als ich mich umdrehte, sah ich, wie eine Karre voller Wasserflaschen umfiel, sodass viel Glas auf der Straße zersplitterte. Der Junge, der den Stein geworfen hatte, war offenbar mit seinem Arm an die Karre gestoßen. Ich wartete gar nicht erst ab, was weiter geschah, sondern rannte ins Auto zu meinem Bruder.

»Jemand hat einen Stein nach mir geworfen!«, schrie ich aufgebracht.

Mohammed säuberte sich gerade die Zähne mit einem Zahnstock und warf mir kopfschüttelnd einen Blick zu. Freundlich wie immer meinte er: »Sie hätten besser auf dich geschossen!«

»Du Bastard! Wenn ich nun ernsthaft verletzt worden wäre?«

»Waris, ich habe dich immer wieder ermahnt, nicht zu fotografieren. Sie bringen dich um! Manche Leute hier glauben tatsächlich, dass man ihnen mit einem Foto die Seele raubt. So denken sie eben vom Fotografieren, kleine Schwester! Es ist nicht gegen dich persönlich gerichtet. Ich würde auch so reagieren, wenn mir eine fremde Frau die Kamera vor die Nase hielte.«

An diesem Abend saßen ein paar Frauen in der Hotellobby und tranken Tee. Wir kamen ins Gespräch, und eine elegante Dame sagte, sie seien auch Somali. Sie meinte: »Wissen Sie, Sie erinnern mich an eine Person im Fernsehen!«

Ich überlegte, wo sie wohl Fernsehen haben mochte, und fragte: »Wo kommen Sie her?«

»Aus Schweden. Ich lebe dort.«

»Und da ist eine somalische Frau im schwedischen Fernsehen aufgetreten?«

»Ja, aber ich kann mich nicht an ihren Namen erinnern. Auch in Deutschland war sie zu sehen.«

»Oh«, sagte ich nur. »Und was tut diese Frau?«

»Sie spricht über Klitorisbeschneidung.«

»Was halten Sie denn davon?«, erkundigte ich mich leise.

»Ich finde, es ist an der Zeit, dass jemand endlich einmal das Thema aufgreift. Ich bin sehr stolz auf diese Somali-Frau«, erwiderte sie mit blitzenden Augen. »Wir reden ja nicht darüber. Aber sie ist so mutig, ich liebe sie dafür! Sie flößt uns allen Mut und die Hoffnung ein, dass sich endlich etwas verändert.«

»Wissen Sie noch ihren Namen?«, fragte ich.

»Ich glaube, sie heißt Waris«, erwiderte sie. »Sie sind es ganz bestimmt nicht?«

»Nein, so mutig bin ich nicht«, sagte ich mit gesenktem Kopf. Ich schämte mich, weil ich so feige gewesen war. Warum hatte ich eigentlich Angst davor gehabt, nach Somalia zurückzukehren? Warum hatte ich gedacht, sie würden mich umbringen? Meine Landsleute kannten und liebten mich. Ich glaubte jedem, der mir in New York riet: »Fahr nicht dahin! Fahr nicht nach Somalia, es ist zu gefährlich.« Ich stellte ihre Warnungen nie in Frage, dachte nie, ich kenne doch mein Volk, warum sollten sie mir etwas antun? Und ich glaubte auch den Nachrichten, die verkündeten, Somalia sei Kriegsgebiet. Aber als ich dann doch endlich herkam, empfand ich keine einzige Minute mehr Angst. Von allen Seiten wurde ich herzlich willkommen geheißen, und die Leute wollten mir alles zeigen und mir den Aufenthalt so schön wie möglich machen. Vielleicht gibt es ja irgendwo einen verrückten Stamm, aber ich wurde nicht von Soldaten im *khat*-Rausch mit Gewehren bedroht. Ich erlebte mein Land als wunderschön und mein Volk als liebenswert.

Es ist einfach, in der Öffentlichkeit über etwas Fernliegendes zu sprechen. Vor einem Saal voller Fremder fällt es einem nicht schwer, die Klitorisbeschneidung zu erörtern. Aber es erfordert Mut, die Missbilligung der eigenen Familie zu riskieren und die Meinung einer Person in Erfahrung zu bringen, die vor einem steht. Im Westen über Klitorisbeschneidung zu sprechen war leicht – der wirkliche Kampf findet in Somalia statt. Allah hat mich zurück in meine Heimat geführt, damit ich erfuhr, was getan werden muss. Ich bete darum, dass er mir die Kraft schenkt, auch vor meinem eigenen Volk so zu sprechen, dass es mir zuhört und mich versteht. Ich liebe mein Land, aber der Besuch dort hat mir gezeigt, wie schwer es sein wird, den Menschen die Zukunft zu weisen. Dennoch bin ich voller Hoffnung. Wenn Sie mich jetzt in diesem Moment fragen würden, wie mir zu Mute ist, dann sänge ich das Lied Afrikas: *Hallo, Mama Afrika! Bist du wohlauf? Mir geht es gut, und ich hoffe, dir auch.*